中国博士后科学基金资助项目（2013M531957）

Interaction & Imagination
Impression Formation in
Computer-Mediated Communication

J&C 未名社科·新闻与传播研究丛书

想象的互动

网络人际传播中的印象形成

张 放 著

北京大学出版社
PEKING UNIVERSITY PRESS

图书在版编目(CIP)数据

想象的互动:网络人际传播中的印象形成/张放著.—北京:北京大学出版社,2017.12

(未名社科·新闻与传播研究丛书)

ISBN 978-7-301-29169-6

Ⅰ.①想… Ⅱ.①张… Ⅲ.①计算机网络—传播学—研究 Ⅳ.①G206 ②TP393

中国版本图书馆 CIP 数据核字(2018)第 012716 号

书　　　名	想象的互动:网络人际传播中的印象形成 XIANGXIANG DE HUDONG:WANGLUO RENJI CHUANBO ZHONG DE YINXIANG XINGCHENG
著作责任者	张　放　著
责任编辑	武　岳
标准书号	ISBN 978-7-301-29169-6
出版发行	北京大学出版社
地　　　址	北京市海淀区成府路 205 号　100871
网　　　址	http://www.pup.cn
电子信箱	ss@pup.pku.edu.cn
新浪微博	@北京大学出版社
电　　　话	邮购部 62752015　发行部 62750672　编辑部 62753121
印　刷　者	三河市北燕印装有限公司
经　销　者	新华书店
	965 毫米×1300 毫米　16 开本　17 印张　245 千字 2017 年 12 月第 1 版　2017 年 12 月第 1 次印刷
定　　　价	49.00 元

未经许可,不得以任何方式复制或抄袭本书之部分或全部内容。

版权所有,侵权必究

举报电话: 010-62752024　电子信箱: fd@pup.pku.edu.cn

图书如有印装质量问题,请与出版部联系,电话: 010-62756370

序　　一

　　媒介技术的飞速发展,把当今社会卷入让·鲍德里亚(Jean Baudrillard)所指出的"虚拟真实"(virtual reality),甚至是曼纽尔·卡斯特(Manuel Castells)强调的"真实虚拟"(real virtuality)的漩涡之中。这种"真"与"虚"之间的暧昧含混,让人纠结,也充满了迷人的魅力:当今现实到底是虚拟真实,还是真实虚拟,"真"与"虚"的界限到底在哪里?甚至,我们可能会对问题本身进行追问:若任何真实都是符号感知的结果,那"真"与"虚"的区分是否本身就是一个"虚"的问题?

　　面对如此宏大的哲学式追问,我一直期待传播学可以从相对具体的现象入手,以"四两拨千斤"的方式来剖析和回应这个问题。而张放博士这本书的标题"想象的互动"也非常有意思——虚之想象、实之互动,这不就是贯穿于虚实之间的实在锚点吗?网络人际传播中的印象形成,作为一个具体现象却点出了一个普遍性的问题:真实世界的人,在虚拟的网络世界中互动,如何形成真实世界的人的印象?而这个"绕口令"一样的问题也进一步指向了一个更深层的问题:如此形成的印象到底是真实的还是虚拟的?

　　囿于人类认知对感官的依赖,我们总是依赖主观经验,来判断虚拟世界的结构与逻辑。比如,通常认为,依托于网络媒介进行的人际传播相比于面对面的人际传播,由于是通过一个缺乏伴随文本(作者所使用的术语是人际传播领域的"社交线索")的贫乏媒介进行的,因此在信息有限的情况下不足以直接完成印象形成的认知过程。而与人们的感官直接判断相反,作者在书中通过实验证明了网络人际传播条件下所形成的印象不仅比面对面的更为鲜明,而且更具好感。诸如此类判断,虽出乎意料,但细想又在情理之中。这显然是量化研究的长处,常常能够打破一些常识性的误区,使人们能够在一定程度上摆脱感官认知的局限,呈现出背后隐藏的规律性。

尽管客观经验主义范式的量化研究的最大优点是操作可重复,且通过数据说话体现出较强的说服力,但也容易陷入"旧瓶装新酒",即落入用不同的案例来重复前人结论的窠臼之中。因此,我一向认为量化研究的关键在于按照相同的"套路"得到全新的结果。换言之,量化研究的价值大小并不在于那些"程式化"的部分(如数据分析),而恰恰取决于在研究开头所提出的理论假设的深度和力度。事实上,这也是以量化研究为代表的经验研究得以与批判研究势均力敌的关键所在。这就要求研究者不仅要拥有类似理工科学者的数理思维,还需要具备人文学者所必需的思辨能力。没有较强的思辨能力,是绝不可能提出超越常识、超越前人的理论假设的。所幸张放博士在这本书中所表现出的宝贵的思辨能力,解除了我一开始对其选择控制实验方法来开展研究的担忧。

传播学是一个典型的研究范式多元化的学科,其典型程度甚至超越了在学科史上以范式冲突著称的社会学和心理学,一如威尔伯·施拉姆(Wilbur Schramm)所说的"十字路口"。私以为,面对这样的学科特点,仅仅保持包容开放的态度让各种研究范式和各种方法各行其是而"井水不犯河水"是不够的,而是应当进一步推动不同方法乃至范式之间的结合甚至融合。只有朝这个目标努力,传播学作为一个学科才能具有更为深厚的正当性基础,否则就永远无法打破被称为"一个领域"的"魔咒"。我很欣慰地看到,作者在这本书中正是进行了这方面的探索:一方面,以质性的访谈和扎根理论分析为方法的预研究同以量化的控制实验和数理统计分析为方法的主体研究很紧密地结合到了一起,形成一个相对完整的实证研究体系;另一方面,以整个实证研究体系为支撑,作者尝试将其与鲍德里亚、居伊·德波(Guy Debord)以及媒介环境学等经典文化研究理论相衔接。诚然,后者也许还可以做得更加深入一些,但无论如何已经是对本人在篇首提出的关于对"真实"与"虚拟"的问题的一个带有创新意义的回应。

作为张放博士的导师,我目睹了这本书从最初提出设想到后来形成博士学位论文,再到后来修订成书的全过程。毫无疑问,正如前文所述,本书的研究既堪称实证研究的一个范本,也是对传播学多范式融合的一个有益尝试,具有相当的学理价值。但我仍想指出的是,张放博士对于相关研究文献梳理的严谨和扎实程度,也为本书增色不少。即便是在修订成书的过程中,由于时间上已距博士论文完成之时过去了数年之久,他依然坚持花工夫将文献回顾更新到书稿定稿的前一年,这种学术精神是非常值得肯定的。

写到此处,我不禁想起了一句话:庖丁解牛,"奏刀騞然,莫不中音"。是为序。

蒋晓丽
2016 年 10 月

序 二

　　印象形成是人际传播研究的重要组成部分。然而在普通教科书中,印象形成总是作为一个自我概念问题,建立在自我实现的个人心理学基础上。自20世纪90年代人类传播媒介再次发生重要演变以来,互联网的"人性化趋势"和移动通信技术正跨越时间和距离,通过远程与中介方式,模拟人的七情六欲,将各种数字符号植入人的肉身感官,加强着人与人之间的网络联系与情感交集。人际交往方式在媒介历史变换的多重空间中,已然发生了革命性的变革。

　　网络人际传播不仅打破了原有而固定的私人空间与交往秩序,由互联网形成的即时个人和即时群体,也正通过虚拟化身(avatar)这种特殊的存在方式,对抗着真实世界难以更改身份认同和线下无法操纵他人印象所形成的缺陷。应该说,当下为人类新媒介技术所颠覆的不仅有政治、经济和传统的日常生活方式,还包含作为个体之人看待自我和世界方式的变化。1998年,媒介环境学家尼尔·波兹曼(Neil Postman)曾指出,人类面对媒介化发展的同时,还需要追问一个更值得深入思考的问题:"我们用一种新媒介解决或谋求解决什么问题?"

　　社会认知,即认识自我与他人一直是人类未能解决并始终面对的问题。"我应该是怎样的一个人"和"他应该是怎样的一个人"正是一对看似对立却又必须合为一体来看的元传播问题。从一种被规范的事实看,印象形成是"针对印象目标的个人特征进行感知的结果"——这是专业化的释义。若运用人际沟通的长期经验,印象形成则可以被看作是通过人际信息传递和关系感知而形成的一种认识自我与他人并做出相应评价的过程,通常表现为人在关系交流中试图按照自己的意愿塑造自己的形象,并通过对他人行为的感知来评价或评判他人。

一般而言,印象形成是个体主观感知的结果,即使在"万能的群"里,唯有印象形成是无法被代理的。印象形成也与个人表现、社会地位、社会关系、特定身份等因素影响有关,但事实上,印象形成更体现为人的一种隐含的交际偏好。人们特别需要自我认同,特别需要获得他人的好感。人凭借着诸种社交线索,认识自我,了解他人,开始交友,产生相互接纳、排斥、好感、恶感、积极印象、消极印象、吸引力,甚至还会形成刻板印象的传播等。自我概念不仅形成于个人印象,也有来自交往对象的他人印象。因此,印象形成不可能在没有人际交往关系的情况下发生,也非通过追寻个体在网络媒介中的"倒影"而获得。从积极的方面看,印象形成研究也是以"我—你关系"为基本单位的。由于没有人乐意给别人留下坏的印象,因此,印象形成也是一种可以激活人对良好关系想象的研究——这里正是人际印象形成机制与效果研究者发挥好奇心的地方。

进一步而言,传播技术的进步为人们的印象形成提供了更多的主动性和选择性。例如,社交网络就轻而易举地帮助实现了同步、准同步、异步的信息交流的双向性,促成了不同人之间对称与非对称关系的互动性。一方面,网络社交线索异常丰富,给日常的人际交流带来了无限的方便和体面;另一方面,用来形成人际情感与联系的视觉、听觉、文字通道也并非被割裂,而是已然变成一个联动的多重信道,相互集成,向他人传递着有关情感、关注和给予支持的关系性信息。

虽然网络上的非口语传播线索还很有限,使我们不能直接拍打朋友的肩膀,不能给他人一个真正的拥抱,也无法触摸到一个汗湿的手心,但正是因为这种非口语行为具有模糊不清的特点,才使网络人际传播更容易受到印象形成研究的关注,更容易为人重塑自我和他人印象提供帮助。网络生活包含一切可能性。可是,网络人际传播条件下的印象形成机制与效果的特征是什么?该研究领域使用的主要方法论或理性精神又是什么?无疑,研究者的使命就是对事物的因果关系形成做出解释。如果一个人际传播研究者足够敏感与聪慧,就一定会从交流者隐匿的欲望中找到解释印象形成的路径。甚至可以说,能进入这样一个隐匿领域的,必然是学理素养不低或颇具研究气质的人。因为,作为职业人群,研究者永远都是那"一小撮"。

想象的互动：网络人际传播中的印象形成

张放博士前后用了七年时间，认认真真地做了这项研究，扎扎实实地写了这本书。这是一本专题研究著作，也是一本有迹可循的方法之书。如果一本专著能把讲述方法作为一种自觉意识，那就是一本不错的书。人际传播研究素以经验主义为基本范式，沿袭心理学和社会语言学传统，因此控制实验法在人际传播研究中占据着重要地位。而张放博士在本书中对研究方法的展示和说明足以让人把这本书作为学习控制实验法的辅助教材。同时，书中对于质性访谈方法和扎根理论分析的应用，以及如何将质性研究与量化研究方法相结合，也完全可供后来者参考。

张放博士的研究对网络人际传播和面对面人际传播两种条件下的印象形成效果研究进行了比较，对网络印象形成的过程机制和影响因素进行了综合分析，最后构建出能反映网络人际传播印象形成过程、要素与效果的理论模型，这对网络人际传播研究体系的构建和社会认知研究的推动具有很大的意义。不仅如此，作者借用了社会心理学和认知心理学的方法和理论，从认知图式加工的视角，对网络人际传播交流者之间的印象形成机制进行了合理的解释。该成果的开创性表现在对人的社会知觉信息形成与加工机制的研究方面，这在我国传播研究领域属于前沿性未探索领域，对推动传播学与其他社会科学进一步融合具有积极作用。

在张放博士的这本书里，网络人际传播中的印象形成充满了有趣的想象互动。无论线上人际传播的多媒体，还是线下人际沟通的零中介，印象形成这种化"蛹"成"蝶"的过程，都可能存在众多的阻碍，也不会轻易出现符合自我愿望中的那种"我想要的"合拍与和谐。他人会怎样感知你，你自己说了不算数。虽然每个人都有各种自我实现的方式，但离开他人的互动和主动配合，就不可能实现意愿中的自我。如同本书作者同样怀有对读者形成良好印象的愿望一样，影响读者印象形成的不仅是读者的阅读过程，更是作者欲求做一个好的研究者和沟通者，朝向既定目标的一种自我实现。

王怡红
2016 年 10 月

目录

绪论 /1
 一、研究背景 /1
 二、研究目的 /10
 三、研究文献回顾 /14
 四、研究范式与研究方法 /34
 五、研究框架与内容 /47

第一章 网络人际传播的发展及现状 /49
 一、网络人际传播的界定 /49
 二、网络人际传播的技术形态及其模式演变 /51

第二章 网络人际印象形成影响因素的预研究 /67
 一、方法与设计 /67
 二、访谈资料的扎根理论分析 /74
 三、探讨与结论 /91

第三章 网络人际传播中印象形成效果的实验研究 /94
 一、研究问题与假设 /94
 二、实验方法 /103
 三、实验结果 /114
 四、解释与讨论 /119
 五、结论 /127

第四章 网络人际传播中印象形成机制的实验研究 /128
 一、研究问题与假设 /128
 二、实验方法 /136

三、实验结果 /146

　　四、解释与讨论 /155

　　五、结论 /162

第五章　网络人际传播中各类线索对印象形成影响的实验研究 /164

　　一、研究问题与假设 /164

　　二、实验方法 /169

　　三、实验结果 /173

　　四、解释与讨论 /191

　　五、结论 /195

第六章　网络印象形成双因素模型 /197

　　一、网络印象形成双因素模型的构建 /197

　　二、网络印象形成双因素模型的理论意义 /202

　　三、本书的不足与未来研究的建议 /207

附录一　论"computer-mediated communication"的中译定名问题
　　　　——基于学术史与技术史的考察 /210

附录二　NEO 五因素印象测评量表 /222

附录三　印象目标人物基本特征设定 /224

附录四　强启动材料 /226

附录五　弱启动材料 /227

附录六　个人资料线索单独呈现材料 /228

附录七　表达风格线索与交流内容线索结合呈现材料 /229

附录八　表达风格线索单独呈现材料 /235

附录九　交流内容线索单独呈现材料 /237

参考文献 /239

后记 /261

绪　　论

一、研究背景

(一) 社会背景：网络媒介改变社会结构与人的感知

人际传播即交流，是人类社会赖以存在的基础。被传播学学者埃弗雷特·罗杰斯(Everett M. Rogers)誉为"欧洲社会科学在美国的思想登陆点"[①]的芝加哥学派更是认为："社会不仅是由于传递、由于交流而得以存在，而且完全可以说是在传递、交流之中存在着。"[②]（约翰·杜威语）"既然交流的需要是如此原始和基本的人性特点，我们就不能把它看作是与思考和生存需要相分离的或是它们的附属物。"[③]（查尔斯·霍顿·库利语）"传播（交流）显然是社会过程中根本的东西，因为物理学使传播（交流）手段的延伸和改进对社会的存在显然发挥着至关重要的作用，尤其是对理性组织起来的社会形态即所谓文明发挥着至关重要的作用。"[④]（罗伯特·帕克语）这就是说，一旦交流的

[①] 〔美〕E. M. 罗杰斯：《传播学史：一种传记式的方法》，殷晓蓉译，上海：上海译文出版社 2005 年版，第 137 页。

[②] J. D. Peters(1989). Democracy and American Mass Communication Theory: Dewey, Lippmann, Lazarsfeld. *Communication*, 11, 199—220.

[③] 〔美〕查尔斯·霍顿·库利：《人类本性与社会秩序》，包凡一、王湲译，北京：华夏出版社 1999 年版，第 68 页。

[④] 转引自〔加〕哈罗德·伊尼斯：《传播的偏向》，何道宽译，北京：中国人民大学出版社 2003 年版，麦克卢汉序言。

结构发生变革,也就意味着社会的结构发生了变革。

而网络人际传播(网络交流)是人类人际传播史上的一座里程碑。随着计算机和网络技术的飞速发展,人类的交流结构和社会结构正在发生着巨大的改变。"几乎所有触及互联网络的人,都直觉地发现自己触及的不仅仅是技术,而是一种以信息为标识的崭新的生存方式。"① 而且,"当互联网开始以一种传播媒介的身份进入人们的生活时,最早承载的形态就是人际传播"②。应当说,这是即时人际传播的形态在人类进步的历史上继电话发明之后的第二次重大变革。如果说电话的发明使得人们首次在"面对面"(FtF)之外实现了远距离即时人际传播,那么计算机网络的诞生则赋予了"面对面"全新的内涵。

基于计算机网络的通信(传播)技术使得人与人之间的社会关系可以建立在一种远程的、中介的基础上,并像传统人际关系一样得以维持,从而催生了一种崭新的、依赖于技术的网状社会结构。这种网状社会结构曾在最早的网络人际传播研究文献、美国学者斯塔尔·洛克赛因·希尔茨(Starr Roxanne Hiltz)和莫雷·图洛夫(Murray Turoff)1978年的著作《网的国度:通过计算机进行的人类传播》中得到了极为生动的描述:

> 当这样的系统(指计算机化会议系统)使用越来越广泛,处于不同分散地理位置的人们之间存在的那种潜在的强交流网就会付诸现实。我们将会变成一个"网的国度",与天各一方的同事、朋友,甚至"陌生人"——但拥有相同的兴趣爱好——进行着巨量信息和社会情感性交流的交换。最终,随着通信卫星与国际分组交换网络向遍及世界的所有城市和村落的延伸,因网络人际传播而迅速壮大的社会网将演变成为一个国际化的社会网。③

这一描述正在被无数的相关研究所证实。2002年,著名互联网研

---

① 郭良:《网络创世纪:从阿帕网到互联网》,北京:中国人民大学出版社1998年版,编者的话。
② 彭兰:《网络传播概论》,北京:中国人民大学出版社2001年版,第265页。
③ S. R. Hiltz & M. Turoff(1978). *The Network Nation: Human Communication via Computer*. Reading, MA: Addison-Wesley, p. xxix.

究者詹姆斯·卡茨(James E. Katz)和罗纳尔德·莱斯(Ronald E. Rice)在经过大量的实证调查研究之后断言：

> 连在键盘和中央处理器上并连接着大量网络、服务器和其他构造的小小的计算机鼠标已经编织出一幅华美的织锦，描绘了各个国家、信仰、种族和经济阶层的人们之间的友谊与个人信息以及社区。亚当·斯密将市场描述为看不见的手，与此不同，鼠标移动和键盘敲击的总量(还有一直在增长的声音和图像流)允许个人和小群体寻找共同兴趣、进行各种形式的交换，并产生可以将他们联合起来的纽带，为他们提供关注、支持和情感。"无形的鼠标轨迹"引领了全世界，在人们和他们的软件之间产生电子和情感联系。①

虽然在互联网究竟为人类带来福祉还是祸害的问题上仍然存在着不小的争议，但有一点已经逐渐被所有人承认，那就是：计算机网络的出现，的确在改变着人与人之间的联系，并改变着建立在这个联系之上的整个人类社会。

卡茨和莱斯的比喻告诉我们，在计算机网络带来的社会结构改变的背后，必定也存在一只"看不见的手"在推动着这一切的发生。市场背后的"看不见的手"是市场经济的微观机制，那么，这只"看不见的手"究竟来自何方？分析社会学(analytical sociology)提出，任何特定的社会现象都有其解释的微观基础——换言之，任何特定的社会现象都可以归结为个体行动聚合于宏观层面的表现。② 因此，所谓"网的国度"这样一种宏观社会结构产生背后的微观层面的原因，必然在于网络媒介对人际传播中个体之间相互感知的影响。

媒介改变人的感知并非始于网络。在传播研究史上，这实际上是一个具有"悠久"历史的论断。早在1922年，著名报刊专栏作家、政论家沃尔特·李普曼(Walter Lippmann)就在其名著《舆论学》(*Public*

---

① 〔美〕詹姆斯·E. 凯茨、罗纳德·E. 莱斯：《互联网使用的社会影响》，郝芳、刘长江译，北京：商务印书馆2007年版，第4页。

② 参见陈云松：《分析社会学：寻求关于微观与宏观连接的机制性解释》，《浙江社会科学》2008年第5期。

Opinion)中提出了"拟态环境"(pseudo-environment)的概念。他认为,现代社会的规模性和复杂性以及个人直接的经验性感知有限导致了人们头脑中关于客观世界的图景主要是通过大众媒介间接形成的,是一种被媒介构造出来的"拟态环境"。拟态环境压缩和扭曲了真实环境,但我们却将其当作真实环境本身来看待并对之做出反应。不仅如此,李普曼还将原意为"铅版"的"刻板印象"(stereotype)概念引入到了社会科学研究之中,用以概括把对个体所属事物的整个类的评判简单地推论至该个体的一种特殊的类别思维,并提出大众媒介对于社会刻板印象的形成、维护和改变都有着深刻的影响。① 在李普曼之后,相继又有学者提出类似的观点。如法国思想家、实验主义电影艺术大师居伊·德波在其1967年的代表作《景观社会》(The Society of the Spectacle)一书中提出:"在现代生产条件无所不在的社会,生活本身展现为景观的庞大堆聚。直接存在的一切全都转化为一个表象。""在真实的世界变成纯粹的影像之时,纯粹影像就变成真实的存在——为催眠行为提供直接动机的动态虚构事物。为了向我们展示人不再能直接把握这一世界,景观的工作就是利用各种各样专门化的媒介。"② 在这里,媒介所制造的景观已成为一种物化了的世界观,其本质是以影像为中介的人们之间的社会关系。另一位著名的法国思想家、哲学家让·鲍德里亚则在其从马克思主义转向后现代主义的重要著作《象征交换与死亡》(L'échange symbolique et la mort,1976)中创造了"超真实"(hyperreal)这一概念,并在1981年出版的《拟像与仿真》(Simulacres et simulation)一书中做了进一步的阐释。鲍德里亚提出,仿真发展到拟像阶段,真实本身已经被瓦解,一种比真实更"真实"的状态或现实显现出来,那就是所谓的超真实,它打破了真实与想象之间的界限,甚至从根本上颠覆了真实存在的根基。也就是说,超真实不再是客观存在之物或反映之物,而是人为制造(再生产)之物或想象

---

① 参见黄晓钟等主编:《传播学关键术语释读》,成都:四川大学出版社2005年版,第260页。

② 〔法〕居伊·德波:《景观社会》,王昭风译,南京:南京大学出版社2006年版,第3、6页。

之物。①

不难看出,这一连串闪亮的思想结晶已经在不断地提醒我们:媒介时时刻刻地影响并改变着人们对这个世界的感知。而被改变的不仅包括人们对作为客体的物的感知,更包括了对同为认知主体的他人的感知。如果说传统的大众传播媒介更侧重于前者的话,那么计算机网络的出现不啻是后者的催化剂。与传统媒介尤为不同的是,计算机网络将为个体提供一种互动性的认知重构,而非对单向传输与展示的简单接受。这使得"网的国度"更像一个真正的社区甚至社会,人们在其中可以感知他人并与他人建立比基于大众传媒的准社会交往(parasocial interaction)②关系更进一步且存在现实化可能的社会关系。

所以,网络媒介催生社会结构的变革,其最主要的根源在于网络媒介改变了个体对他人的感知。在计算机(网络)中介的环境下,个体将重构其社会认知模式。这一过程可能通过交流者有意识地学习来加以完成,但也可能依靠交流者自身在网络虚拟环境下一种无意识的自发适应。正如《网的国度:通过计算机进行的人类传播》一书所指出的那样,网的国度中"存在着一个由于人们要学习怎样参与到'电子群体生活'中去而广泛存在的学习过程和社会化过程"③。个体社会认知的改变即是这一社会化过程("网络社会化"或"电子社会化")中最为重要的组成部分。

社会心理学和人际传播学告诉我们,人际感知是社会认知的基础,是社会交往与人际关系的前提。因此,探索网络媒介对于人际感知效果的影响并对其原因和机制做出解释,毫无疑问是考察网络媒介如何改变人的社会认知的关键所在。

---

① 参见汪民安主编:《文化研究关键词》,南京:江苏人民出版社2007年版,第26页。
② 准社会交往是指受众将大众传媒中的人物当作真实人物做出反应,并与之形成一种准社会关系,这一关系类似于面对面交往中建立的人际关系。参见 D. C. Giles(2003). *Media Psychology*. Mahwah, NJ: Lawrence Erlbaum Associates, p.188,转引自方移、葛进平、章洁:《缺陷范式抑或通用范式——准社会交往研究述评》,《新闻与传播研究》2006年第3期。
③ S. R. Hiltz & M. Turoff(1978). *The Network Nation: Human Communication via Computer*. Reading, MA: Addison-Wesley, p.76.

(二) 学术背景：人际传播、网络媒介、认知科学与中国传播学

首先，人际传播理论亟待发展。自从威尔伯·施拉姆创立传播学以来，大众传播学就占据了传播研究的主导地位。一个比较重要的原因在于，早期的传播研究主要集中于对广播、电视等媒介效果的研究。其中虽然间或也有涉及一些人际传播的相关理论，如保罗·拉扎斯菲尔德(Paul F. Larzasfeld)的二级传播流(two-step flow of communication)理论、卡尔·霍夫兰(Carl Iver Hovland)的说服传播理论等，但都是作为媒介效果研究的副产品，并非自成体系的、专门的人际传播理论。故此，罗杰斯在《传播学史——一种传记式的方法》中才遗憾地指出："我们的领域中的学术专业，诸如大众传播、人际传播、组织传播等，都本该可在我的著作中找寻到各自的历史发展的。可是，我坚持讲述着这个一般领域的发展史话。它足够复杂的了。我将每一个专业的历史留给其他人去阐述。"①

当然，也许有人会说传播学最早的源头——古希腊的修辞学(雄辩术)能够证明人际传播研究的历史源远流长。但就现代人际传播理论体系而言，与修辞学的关系已经是微乎其微，它是融合了基于心理学、社会学的传播理论和同样渗入了心理学、社会学、人类学等多学科影响的互动社会语言学(interactional sociolinguistics)二者而形成的，与大众传播学有着不同的发展脉络。然而，虽然同为传播学的分支，人际传播理论却不具有大众传播理论的显赫地位，其发展一直较为缓慢。直到计算机网络作为一种传播媒介技术的出现，才为人际传播研究带来了突破的契机。学者们开始关注技术中介下的人际传播，一方面加紧了对网络人际传播这一革命性的人际传播形态的研究，另一方面也注重回溯以往出现的其他形态的技术中介下的人际传播，如电话传播、书信传播等，为人际传播理论的发展拓展出一个崭新的创新空间。

其次，网络媒介研究逐渐深入。随着20世纪90年代以来互联网

---

① 〔美〕E. M. 罗杰斯：《传播学史：一种传记式的方法》，殷晓蓉译，上海：上海译文出版社2005年版，引言。

构筑的电子空间的飞速膨胀和相关技术的大众化,计算机网络逐渐从单纯的通信技术手段转化为人们用以联络和交流的传播媒介,从而引起了传播与媒介研究者的广泛关注,以网络媒介为主体的新媒介研究也日益成为传播学研究中的显学。

一方面,网络媒介与技术天生不可分割的紧密联系使得以哈罗德·伊尼斯(Harold Innis)和马歇尔·麦克卢汉(Marshall McLuhan)为代表的多伦多学派的技术主义传播思想再次成为研究的热点。伊尼斯可以被看作是第一位重要的技术主义者[①],其代表性理论是以媒介技术为考察对象的"传播偏向"(bias of communication)论,认为"传播媒介的性质往往在文明中产生一种偏向,这种偏向或有利于时间观念,或有利于空间观念"[②]。而麦克卢汉更是通过"媒介即讯息"(the medium is the message)和"媒介是人的延伸"(the medium is the extension of man)等论断把人们的目光引向媒介本身,而非传播的内容和效果。网络媒介的出现及其重大意义重新吸引了学者对媒介的研究兴趣,许多人使用技术主义的范式展开研究,相关成果也层出不穷。有学者通过对世纪之交国际学术会议与重要传播学核心期刊上发表的"传播与技术"专题的论文进行了统计,指出世界传播学界正在掀起一场"传播高新技术研究热"。[③]

然而,另一方面,对网络媒介的研究热潮却始终囿于技术主义的范畴,存在着使之单一化的危险。虽然有学者已经指出互联网兴起的意义更多地在于人际传播媒介的回归[④],但对于网络媒介本身之于人际传播的影响和作用,目前的研究还远远不足。不少传播学领域的学者依然沿袭着大众传播研究的惯性,将网络媒介视为一种"元媒体",即媒体的媒体,并因此而关注它是怎样为报纸、杂志、广播、电视等传

---

① 参见胡翼青:《传播学:学科危机与范式革命》,北京:首都师范大学出版社2004年版,第172页。
② 〔加〕哈罗德·伊尼斯:《传播的偏向》,何道宽译,北京:中国人民大学出版社2003年版,第53页。
③ 参见张咏华:《媒介分析:传播技术神话的解读》,上海:复旦大学出版社2002年版,第37—39页。
④ 参见罗春明:《人际传播媒介论——对一种蓬勃兴起的传播媒介的评说》,《西南师范大学学报(哲学社会科学版)》1998年第5期。

统的大众传媒提供一个统一的平台和载体,以及怎样促进后者的相互融合的。这种思维方式就使得网络媒介本身需要探索的东西至少有一半被遮蔽了。既然网络媒介对于人类传播的意义绝非只有变革大众传播模式这一维度,那么我们就应该全面地、从更为基本的传播的角度对其展开研究。

再次是认知科学的兴起。认知科学是一门探究人脑或心智工作机制的新兴交叉学科,其基本观点最初于20世纪40—50年代散见于一些各自分离的学科之中,60年代以后得到了较大的发展,目前已经成为最为热门的多学科交叉领域之一。认知科学的研究对象主要涉及感知觉(包括模式识别)、注意、意识、记忆、语言、表象(意象)、思维、情感等,研究领域跨越了哲学、文学、语言学、心理学、人类学、生物学、计算机科学、系统科学等多门传统和新兴学科。之所以涉及如此多的学科,是由于认知系统的复杂性要求运用多门学科所使用的工具和方法,从多个维度进行全方位的综合研究。

传播学研究在认知科学的发展大潮中处于何种位置呢?正如前文所述,传播媒介的发展史就是一部人类对客观世界认知的变迁史。李普曼的"拟态环境"、居伊·德波的"景观社会"、鲍德里亚的"超真实"以及麦克卢汉的"媒介即讯息""媒介是人的延伸"等概念和论断都极具创造性地揭示了这一点。不仅如此,从传统的媒介效果研究成果如乔治·格伯纳(George Gerbner)的涵化理论(cultivation theory)、阿尔伯特·班杜拉(Albert Bandura)的社会学习理论(social learning theory)、菲利普·蒂奇纳(Phillip J. Tichenor)等的知沟假说(knowledge-gap hypothesis)等理论也可以看出,人的认知是传播效果体现的主要层面之一。换言之,传播学自诞生以来就曾以认知为研究对象,其研究早与认知科学结下了不解之缘。这说明,传播学研究有可能,而且也应该为认知科学的发展贡献自己的力量。所以,研究媒介对人的认知,尤其是社会认知的影响和作用,既有利于传播理论大厦的构建,也有利于认知科学的发展和完善。

最后是当前中国传播学研究还存在一些不足。中国的传播学研究起步较晚,虽然发展迅速,也涌现了许多优秀的研究成果,但仍然存在一些不足。其中最为突出的是传播学各研究分支发展的不平衡和研究方法的单一。

众所周知,传播学研究一般可分为人际传播、大众传播、组织传播等几个主要研究分支,但国内的情况却是绝大多数研究都集中于大众传播领域,人际传播、组织传播等其他分支的研究论文寥寥可数。相反,从历年召开的国际传播学会(International Communication Association,ICA)学术年会的议题来看,研究成果都较为全面和均衡。而人际传播作为人类传播最早、最基本的形式,其重要性自不待言。因此,推动和发展国内人际传播领域的研究,加强与国际同行的对话,帮助实现传播学在中国的全面、均衡发展,是当今国内传播学学者应当努力的方向之一。

此外,从统计数据来看,国内的传播学研究方法也存在较为单一的问题。李彪曾使用文献计量法对1995—2007年间的《新闻与传播研究》《现代传播》《国际新闻界》《新闻大学》四种期刊所刊载的论文进行研究,结果表明采用实证研究方法的仅占5.6%(其中问卷调查4.2%、控制实验0.1%、内容分析0.9%、实地观察0.4%),而传统的思辨论证方法就占了全部论文的65.4%之多,再加上21.8%使用二手资料法的研究,有近90%都是间接研究[①]得到的成果。[②] 董天策等人也对2000—2009年间《新闻与传播研究》刊载的论文所使用的研究方法进行了统计分析,发现实证研究占19.5%(其中问卷调查4.5%、控制实验1.2%、内容分析13.1%、民族志0.7%),高于四大期刊的整体水平,但其中以二手资料为基础的文献档案分析研究比例仍然高达59.1%。[③] 由于近年来的情况缺乏相关文献研究,笔者对2011-2015年五年间《新闻与传播研究》刊载的495篇论文的研究方法进行了补充统计,得到的结果是问卷调查43篇占比8.7%、控制实验9篇占比1.8%、内容分析54篇占比10.9%、民族志4篇占比0.8%,相比

---

① 即克雷格·特朗博(Craig W. Trumbo)所说的"二手资料研究",一般也称为广义的二手资料研究。
② 李彪:《新闻传播学研究方法的构造:对1995—2007年我国四种主要学术期刊的考察》,《国际新闻界》2008年第1期。
③ 董天策、昌道励:《中美新闻传播学研究方法比较——以2000—2009年〈新闻与传播研究〉和 Journal of Communication 为例》,《西南民族大学学报(人文社会科学版)》2010年第7期。

2000—2009年间均有不同程度的增长。然而以上实证方法总计占比仅有22.2%，不及总量的四分之一；而使用二手资料分析的论文仍多达164篇，占33.1%，虽然较之前十年的59.1%降低了近一半，但也有约三分之一的比例。《新闻与传播研究》在国内新闻传播学专业期刊当中历来是实证方法占比较高的一种，可以推知其他专业期刊在实证方法使用的整体情况上也不容乐观。继续扩大直接研究所占的比例，进一步促进研究方法的多元化，仍是国内新闻传播学界的当务之急。

二、研究目的

(一) 学术目的

第一，比较全面、客观地展现网络人际传播研究的发展历程。自从20世纪70年代末网络人际传播研究发轫以来，迄今已走过近40年的历程，相关的研究也越来越多，研究焦点也已从笼统的网络人际传播效果研究中先后发展出了网络人际传播中的情感/情绪表达、去抑制行为、印象形成等研究分支。尽管国外传播学界在网络人际传播研究方面不断发展，但国内在这一领域的研究依然很不充分，更不必说实现本土化的网络人际传播研究了。对此，本书拟从各种可能的渠道尽可能地收集国际上主要的传播学期刊中关于网络人际研究的重要资料，努力厘清网络人际传播近40年来的发展脉络。

第二，深入探索网络人际传播中印象形成的影响因素、机制与效果，基于主要变量抽象出相对较为完整的过程模型。模型是用图像形式对某一客观现象进行有意简化的描述，它试图表明结构或过程的主要组成部分以及这些部分之间的相互关系。[①] 现有的网络人际印象研究虽然对人际印象效果测量指标、线索及身份因素以及印象效果对人际关系发展的影响等各方面都进行了研究，但没有一个研究能够把所

---

① 参见〔英〕丹尼斯·麦奎尔、〔瑞典〕斯文·温德尔：《大众传播模式论》（第2版），祝建华译，上海：上海译文出版社2008年版，第2页。

有的因素综合到一起,建立一个包含主要变量并反映网络人际传播中印象形成的机制与效果的完整模型。基于这一原因,本书力争在一系列相关实证研究的基础上,整合研究结论,提出一个相对完整的、兼具有描述功能和解释功能的网络人际印象形成过程的结构性模型。

第三,将网络人际传播中社交线索讯息的传播效果研究深入到知觉信息加工的层面。效果研究是传播学研究的传统领域,所谓"效果"是指对人产生的影响,故也称"影响研究"。可见,效果必然作用于人的心理层面。那么,对于传播效果的分析显然就有必要借助于对人的心理研究最为专业、最为深入的学科——心理学。当代新兴的心理学研究进路——认知心理学将人的心理过程视为对外界信息进行加工处理的过程,而感知(知觉)作为一个古老的心理学研究对象,在认知心理学中占有极其重要的地位。认知心理学将感知看作是感觉信息的组织和解释,即获得感觉信息的意义的过程。① 这一过程是由一系列连续阶段的信息加工过程构成的,并依赖于过去的知识和经验。认知(信息加工)的视角不仅影响了当代社会心理学,促进了社会认知研究的进步,更影响了传播学尤其是人际传播学的发展路向,使得人际传播研究越来越重视对社会知觉信息加工机制的研究。在人际传播中,社交线索是特定信息通道所传递的特定讯息,为人的认知提供依据,其包含的是知觉信息。交流者对社交线索的接收和处理实际上也是一个知觉信息加工的过程,而且,是一个社会知觉信息加工过程(social perceptual processing)。本书拟在这一基础上,将研究放在更为广阔的视野下展开,充分利用社会心理学和认知心理学目前已有的方法和理论成果,推动网络人际传播效果研究进入一个较深的层次。

第四,在社交线索分析框架的基础上,从认知图式加工(schematic processing)的视角对网络人际传播中交流者之间的印象形成机制加以解释。目前国际上的相关研究成果虽然绝大多数已经采用了控制实验方法,但由于人际传播的社会属性,大多数研究更偏重于社会心理学的解释角度,而尚未重视认知心理学的现有理论体系对其的解释效果。而图式是认知心理学中的重要概念,是过去经验中形成的关于

---

① 王甦、汪安圣:《认知心理学》,北京:北京大学出版社2006年版,第20页。

个人、群体、角色或事件等的一套有组织的认知系统或架构。当我们接触外界事物时,常在记忆中检索那些与输入信息最符合的图式与之对照,加以理解与解释,这个过程被称为图式加工。① 人的认知过程中存在大量的图式加工。如果将传播参与者对线索的接收和处理看作是社会知觉信息的加工过程,显然图式加工就有可能成为网络人际印象形成机制最为有力的解释之一。因此,本书拟在这一方面做出可能有益的尝试。

第五,结合经验研究与逻辑思辨,强化研究结果的体系性与理论性,构建出兼具实证基础、解释力和预测力的理论。从前面对现有研究成果的分析可以看出,"典型"的经验研究由于其自然科学导向,注重变量、因素之间关系的静态测量,往往显得过于刻板、机械。如果能将多样化的实证研究方法与适当的思辨推理相结合,取长补短而相得益彰,则有可能在理论的构建上取得前所未有的突破。具体而言,无论是提出印象评判的全面度指标和鲜明度指标,还是测定频次因素和持续时间因素对印象形成效果的影响,其研究结论都更像是"只言片语",在理论性和体系性上都有所欠缺。所以,本书对于网络人际传播中印象形成的考察不再停留在变量之间的关系测定上,而是在定量分析的基础上进行充分的定性思考,力求展现出一个既有实证基础,又不乏解释力和预测力的理论化的过程机制全景。

第六,推动传播学研究与心理学、社会学等基础社会学科从方法到理论上的进一步融合。作为新兴社会学科之一的传播学,从创立伊始就吸收了其他社会学科的大量养分,甚至学科的"四大奠基人"都来自于心理学、社会学、政治学等学科领域。随着社会科学的发展,下属各学科之间的联系越来越紧密,无论是从方法上还是理论上看,都有相互借鉴、相互融合的趋势。一方面,传播学研究大量采用心理学、社会学、人类学的代表性研究方法(分别为控制实验、问卷调查、田野考察);另一方面,传播学也为整个社会研究领域贡献了自己独有的研究方法——内容分析。理论上,传播学与其他社会学科也出现交叉融合的趋势:如美国学者理查德·佩蒂(Richard E. Petty)和约翰·卡西欧

---

① 章志光主编:《社会心理学》,北京:人民教育出版社1996年版,第116页。

珀(John T. Cacioppo)提出的精细加工可能性说服模型(elaboration likelihood model of persuasion),既是传播学理论,又是心理学理论。拉扎斯菲尔德提出的经典理论模型"二级传播流",则既是传播学理论,也是社会学理论。如今的传播学研究,越来越需要多学科交叉的知识背景。所以,本书力争在推动社会学科的整体融合方面体现出一定的价值。

(二) 现实目的

第一,对网络人际传播技术做一个发展史的纵向回顾和功能的横向比较,增强人们对网络人际传播的了解和认识。从历史的角度来看,网络人际传播具体形态的发展演变始终伴随着网络信息技术的更新。20世纪60年代末70年代初电子邮件的诞生掀开了网络人际传播舞台的大幕,网络游戏、电子公告牌、计算机协同工作、聊天室、博客、即时通信和社交网络服务等技术平台相继出现,使网络人际传播得到了空前的普及。而从传播的角度来看,不同的网络人际传播技术平台会塑造出不同的传播模式,并且在功能上具有差异性和互补性的特点。因此,本书拟尽量全面地对上述技术的出现和发展历程进行梳理,同时对各种不同的网络人际传播平台的传播模式特点进行比较,以把网络人际传播技术近40年来的变迁和当前的分布格局较为清晰地呈现出来。

第二,考察技术中介条件下人际传播中印象形成的规律,把握媒介技术进步对人的认知机制所带来的影响,为将来媒介技术发展的政策制定和人文调控提供相对精确的科学依据。随着媒介技术的发展,传播媒介已成为包括都市和乡村在内的绝大多数人日常生活的构成要素之一,其在人的认知结构中的作用日趋明显。它促进了人们精神生活方面的变化并使人们形成了一种新的生活方式,实质上相当于重构了人类的精神意识活动。这意味着,现代人的精神意识已与媒介进入一种共生的状态,人们对客观世界和相互之间的认知中的大部分将不可避免地由媒介来提供并最终反映在媒介文化之中。但由此也带来了一些难以回避的问题:首先,通过媒介呈现出的"现实"可能只是关于现实甚至脱离现实的虚拟镜像/影像,甚至是感知者完全的想象;

其次，在媒介环境中，人们的各种需要可能不必通过现实行动就能获得替代性满足，由此而导致行动力下降，其中媒介卷入度（media involvement）较高的人更是常常混淆现实与虚拟的界线。面对诸如此类的问题，本书力争通过实证方法对相关现象和规律进行探究，提高对媒介特性的认识和把握水平，为相关措施、政策的采取和制定打下坚实的基础。

三、研究文献回顾

（一）网络人际传播效果研究的历史脉络与基本理论框架

网络人际传播研究发轫于 20 世纪 70 年代末在美国兴起的计算机中介传播（computer-mediated communication, CMC）[①]研究，至今已有近四十年的历史。后者虽然近年来在内涵上基本等同于网络传播，但在问世之初却主要是指网络人际传播（网络交流）。[②] 这一研究领域的诞生和发展催生了多种相关专业的学术刊物。如问世于 1982 年的《社会科学计算机评论》（Social Science Computer Review）、1985 年创刊的《人类行为中的计算机》（Computers in Human Behavior）、1991 年创刊的《组织计算机化运作学刊》（Journal of Organizational Computing）以及创办于 1995 年并于 2004 年成为国际传播学会主办刊物的在线学术期刊《计算机中介传播学刊》（Journal of Computer-Mediated Communication）等，均已成为网络人际传播的研究重镇。近年来，国际传播学会旗下的传播学传统学术期刊《人类传播研究》（Human Communication Research）和《传播学刊》（Journal of Communication）中也刊载了大量网络人际传播的研究成果。纵观其研究的发展脉络，不难发现效果研究始终是其主轴，并形成了基本研究进路线

---

① 该术语的原意为"计算机（网络）中介下的传播"，目前其中译名称有较大分歧，笔者建议定名为"计算机中介传播"。参见本书附录一《论"computer-mediated communication"的中译定名问题》。

② 参见本书附录一《论"computer-mediated communication"的中译定名问题》。

索消除论(cues filtered-out theory)①和去个性化效果下的社会认同模型(social identity model of de-individuation effects,SIDE)②、超人际模型(hyperpersonal model)③两大理论框架。

1976年,英国学者约翰·肖特(John Short)、埃德林·威廉姆斯(Ederyn Williams)和布鲁斯·克里斯蒂(Bruce Christie)共同出版了《远程通信中的社会心理学》④一书,首次针对以技术为中介的交流提出了一种用以解释其与面对面交流之间差异的理论——社交在场感理论⑤。这一理论的核心概念是"社交在场感",约翰·肖特等将其定义为"经中介的交流中他人的凸显程度以及由此而形成的人际互动的凸显程度",并认为社交在场感是表明"使用者态度的一个维度,以及指向媒介的心理集合",而且是"传播媒介的一个主观性质"。⑥ 这就意味着,所谓的"社交在场感"并非指一种客观的状态,而是一种互动者自身的主观体验和意识。根据交流参与者社交在场感的强弱,可以判别媒介的传播性能。

1978年,美国学者斯塔尔·洛克赛因·希尔茨和莫雷·图洛夫的著作《网的国度:通过计算机进行的人类传播》正式宣告了网络人际传播研究的问世。书中主要探讨了一种新出现的交流形式——被定义

---

① M. J. Culnan & M. L. Markus(1987). Information Technologies: Electronic Media and Interorganizational Communication. In F. M. Jablin, L. L. Putnam, K. H. Roberts & L. W. Porter (Eds.), *Handbook of Organizational Communication: An Inter Disciplinary Perspective* (pp. 420—443). Newbury Park, CA: Sage.

② 参见 M. Lea & R. Spears(1992). Paralanguage and Social Perception in Computer-mediated Communication. *Journal of Organizational Computing*, 2, 321—341; R. Spears & M. Lea(1992). Social Influence and the Influence of the "Social" in Computer-mediated Communication. In M. Lea (Ed.), *Contexts of Computer-mediated Communication* (pp. 30—65). Hemel-Hempstead: Harvester-Wheatsheaf。

③ J. B. Walther(1996). Computer-mediated Communication: Impersonal, Interpersonal and Hyperpersonal Interaction. *Communication Research*, 23(1), 3—43.

④ 参见 J. Short, E. Williams & B. Christie(1976). *The Social Psychology of Telecommunication*. London: Wiley。

⑤ 这一理论名称的翻译有"社会在场感理论""社会临场感理论""交往在场感理论"等,笔者认为关键在于"social"一词的翻译。"social"在英文中除了"社会"的意思之外,还有"社交""交际"的含义。根据书中原意,译为"社交在场"要好于"社会在场",也更符合汉语的表达习惯。

⑥ J. Short, E. Williams & B. Christie(1976). *The Social Psychology of Telecommunication*. London: Wiley, p. 65.

为"使用计算机作为人与人之间传播中介的系统"[1]的计算机化会议。作者从这一交流形式的产生和发展开始,先后论述了其中的社会过程与心理过程及其在各种领域的应用,并提出了对技术发展可能带来的负面影响的忧思。值得注意的是,书中将交流信道分为听觉信道(包括语言内容和语音)和视觉信道(包括面部表情、衣着以及其他显示社会地位的外表特征、身体动作、心理生理反应等)两大类进行分析,从而首次明确提出了计算机中介传播具有交流信道窄化的特点以及去人际化的属性。可以说,这部著作关于交流信道与线索讯息的分析开创了此后网络人际传播研究的基本框架——社会心理学的研究取向和线索/信道分析的研究视角。直至今日,这一基本框架在网络人际传播研究领域仍然占有绝对的主导地位,约有数百篇相关论文在国际期刊和一些学术集刊上先后发表。

此后,随着希尔茨等人的著作《贝尔斯问题解决实验在计算机化会议条件下的重复:一个初步研究》(*Replicating Bales' Problem Solving Experiments on a Computerized Conference: A Pilot Study*, 1978)和罗纳尔德·莱斯等人发表于国际传播学会刊物《传播学刊》1983年第33卷第1期的论文《高校电子讯息系统:使用与效用的描述》[2]将社交在场感理论引入,再加上1986年"信息丰度理论/媒介丰度理论"(information richness theory)和"社交情境线索缺失假说"(hypothesis of lack of social context cues)的提出,在以线索体系和媒介信道性能为核心的基本框架基础上产生了网络人际传播研究的线索消除进路。

信息丰度理论,或曰媒介丰度理论是以美国学者理查德·达夫特(Richard L. Daft)和罗伯特·兰杰尔(Robert H. Lengel)为首的课题组在对组织中信息传递的过程与机制进行研究之后提出的理论。1984年,两人就在《信息丰度:管理信息加工与组织设计的新进路》一文中提出了"信息丰度"这一概念。"丰度"(richness)一词原本是化学

---

[1] S. R. Hiltz & M. Turoff(1978). *The Network Nation: Human Communication via Computer*. Reading, MA: Addison-Wesley, p. xviii.

[2] R. E. Rice & D. Case(1983). Electronic Message Systems in the University: A Description of Use and Utility. *Journal of Communication*, 33(1), 131—152.

术语,指某一元素的相对含量;此处借用这一术语,意在描述通过某一媒介传输的信息按照不同信道分布的情况。① 1986年的另一篇论文中,两人正式提出了媒介的信息丰度理论。② 该理论认为,所有的传播媒介都可以根据信道传输性能的不同划归富媒介(rich media)或者贫媒介(lean media),信息丰度越高的媒介,越能维持传播的进行。但使用者选择媒介的依据主要是媒介信息的丰度是否满足任务完成的需要,并非一味追求媒介的高丰度。信息丰度理论把不同媒介条件下社交在场感的强弱区分归因于媒介的自身性能,即该媒介能够传递的信息含量如何,而信息含量的衡量又直接指向线索体系的构成。约瑟夫·瓦尔特(Joseph B. Walther)等人在其著名的研究评论文章中将这一性能称为传输带宽。③ 这一理论的提出实际上等于告诉其他研究者,所谓社交在场感的区分只是一种表象,其背后有着更深层次的决定因素。

无独有偶,1986年刊登的另一篇论文所提出的理论不约而同地表示了相似的看法。美国学者李·斯普劳尔(Lee S. Sproull)和莎拉·基斯勒(Sara Kiesler)在《削弱的社交情境线索:组织传播中的电子邮件》一文中提出了社交情境线索缺失假说。④ 该假说认为,网络人际传播缺乏能够确定交流参与者个人特征及社会地位的社交情境线索(social context cues)。这些社交情境线索主要包含三个重要方面:第一,地理位置;第二,身份地位;第三,所处场合。这一假说虽然主要侧重于情境线索的探讨,但仍然能够看出其与社交在场感理论之间的内在联系。假说中界定的社交情境线索的三个方面,无一不是社交在场感理论中"场"的结构性要素。因此,与信息丰度理论类似,社交情境

---

① 参见 R. L. Daft & R. H. Lengel(1984). Information Richness: A New Approach to Managerial Information Processing and Organizational Design. In L. L. Cummings & B. M. Staw (Eds.), *Research in Organizational Behavior* (pp. 191—234). Greenwich, CT: JAI Press.

② R. L. Daft & R. H. Lengel (1986). Organizational Information Requirement, Media Richness and Structural Determinants. *Management Science*, 32, 554—571.

③ J. B. Walther, G. Gay & J. T. Hancock(2005). How Do Communication and Technology Researchers Study the Internet? *Journal of Communication*, 55(3), 632—657.

④ L. Sproull & S. Kiesler(1986). Reducing Social Context Cues: Electronic Mail in Organizational Communication. *Management Science*, 32, 1492—1512.

线索缺失也是对计算机网络中介条件下交流参与者社交在场感削弱的解释。

1987年,玛丽·科尔南(Mary J. Culnan)和林恩·马库斯(M. Lynne Markus)在总结社交在场感理论、社交情境线索缺失假说和信息丰度理论的基础上提出线索消除理论,标志着这一研究进路的最终形成。总体而言,建立在线索消除进路基础上的理论具有以下一些基本观点:第一,交流参与者之间的交流包含着不同信道所传输的社交线索讯息,如视觉线索、听觉线索、情境线索等,这些线索讯息是传播参与者借以判断他人的各种特征从而削减交际中的不确定性的主要依据。第二,以传播媒介作为中介进行的交流,会造成交流信道的减少,导致社交线索讯息的缺乏,而后者是致使交流参与者社交在场感削弱的直接原因,面对面条件下(零中介)的传播是信道和相应的线索最为齐全的交流方式。第三,网络人际传播是基于文本的交流方式,其他视觉线索、听觉线索和情境线索在经过计算机网络的中介之后都被消除掉了。

线索消除进路形成的直接后果是去人际效果(impersonal effects)论的提出。这一论断认为,网络人际传播是任务导向性的传播方式,"它慢慢去除了人的情感成分,着重于交流的实质而尽量减少人际交往的影响力"[1]。许多研究为其提供了支持,除了前文涉及的之外,还有莎拉·基斯勒1986年的论文《计算机网络中的隐藏讯息》,文中提到"缺少非言语行为线索,发送者很难通过讯息表达某种情绪、展示个性、实时控制或显现出感召力,互动者享有更多的自由却较少得知对方的个性"[2];乔治·莫里斯·菲利普斯(George Morris Philips)和杰拉德·桑托罗(Gerald M. Santoro)则得出了"计算机运作下的传播(computing communication)使得使用者不再考虑不相干的人际关系以及纯理论上的问题,而是专注于解决问题的过程和实质"的结论;罗

---

[1] V. Dubrovsky(1985). Real-time Computer-mediated Conferencing versus Electronic Mail. In *Proceedings of the Human Factors Society*: Vol. 29 (pp. 380—384). Santa Monica, Ca: Human Factors Society.

[2] S. Kiesler(1986). The Hidden Messages in Computer Network. *Harvard Business Review*, 64, 46—54, 58—60.

纳尔德·莱斯和盖尔·洛夫(Gail Love)的一篇论文将去人际效果论总结为:"计算机中介传播由于缺少音频和视频信道而被认为是去人际性的,无法像通常一样进行交流和反馈,所以缺少社交因素和个人情感的相互交流。"[1]

然而,在随后的研究中却发现了不少与去人际效果论相悖的研究结果,如网上结识的好友[2]、网上举办的虚拟婚礼[3]、网上的在线爱心组织[4]等;定量研究也表明,一些计算机会议和BBS中存在大量社交性的人际互动[5]。这使得网络人际传播研究的基本理论立场陡然转向,在社交信息加工理论的过渡之后,迅速出现了至今仍在发展中的两大主要研究理论框架:超人际模型与去个性化效果下的社会认同模型。

社交信息加工(social information processing,SIP)理论是由美国学者约瑟夫·瓦尔特在1992年的一篇论文《计算机中介互动中的人际效果:一个关系的视角》中提出的。[6] 该理论的提出是为了解决研究中出现的关于网络人际传播在人际传播维度上体现出何种属性的分歧,其基本观点是:网络人际传播的使用者与面对面情况下一样有建立和发展人际关系的强烈愿望,只要时间充足,网络人际传播通过自身特有的交流方式完全可以达到与面对面同等水平的人际传播效果。而约瑟夫·瓦尔特在之前就已经通过一些对网络交流基础上印象发展进行探索的论文[7]解析了网络条件下如何达到人际效果的具体过

---

[1] R. E. Rice & G. Love(1987). Electronic Emotion: Socioemotional Content in A Computer-mediated Network. *Communication Research*, 14, 85—108.

[2] 参见 S. G. Jones(1995). Understanding Community in the Information Age. In S. G. Jones(Ed.), *CyberSociety: Computer-mediated Communication* (pp.10—35). Thousand Oaks, CA: Sage.

[3] 参见 E. Reid(1995). Virtual Worlds: Culture and Imagination. In S. G. Jones (Ed.), *CyberSociety: Computer-mediated Communication* (pp.164—183). Thousand Oaks, CA: Sage.

[4] 参见 H. Rheingold(1993). *The Virtual Community: Homesteading on the Electronic Frontier*. Reading, MA: Addison-Wesley.

[5] 参见 J. B. Walther, J. F. Anderson & D. W. Park(1994). Interpersonal Effects in Computer-mediated Interaction: A Meta-analysis of Social and Antisocial Communication. *Communication Research*, 21(4), 460—487.

[6] 参见 J. B. Walther(1992). Interpersonal Effects in Computer-mediated Interaction: A Relational Perspective. *Communication Research*, 19(1), 52—90.

[7] Ibid.; J. B. Walther(1993). Impression Development in Computer-mediated Interaction. *Western Journal of Communication*, 57, 381—398.

想象的互动：网络人际传播中的印象形成

程：网络人际传播使用者一开始通过信息的传递与对方结识并形成简单的印象，此后在长期的持续联系之中不断加深对对方的了解以检验他们的最初印象，最终凭借不断积累的人际了解来促进双方关系的发展。[①] SIP 理论正是在这些实证研究的基础上提炼而出的，带有一种明显的关系视角。这种关系视角随着相关研究的进展一直延伸到了后来提出的一些理论和模型之中。

就在以人际关系为视角的 SIP 理论提出的同时，另一个有影响力的理论模型将注意力放在了网络人际传播的线索缺乏对网络群体行为的影响上。这就是 SIDE 模型的理论模型，由英国学者马丁·利(Martin Lea)和拉塞尔·斯皮尔斯(Russell Spears)于 1992 年提出。这一理论模型是在社会心理学领域的社会认同与自我归类理论(social identity/self-categorization theory)[②]的基础上发展而来的，同时吸取了由法国社会心理学家古斯塔夫·勒庞(Gustave Le Bon)提出[③]、由美国心理学者莱昂·费斯廷格(Leon Festinger)和菲利普·津巴多(Philip G. Zimbardo)展开深入研究的"去个性化"概念的核心成分。模型着重强调了网络人际传播中的线索在视觉遮蔽条件下对于社会认同的作用，提出线索的缺乏可能导致完全相反的两种去个性化效果：第一，在群体身份得到强化的情况下，会形成比面对面情况下更为强烈的群体认同；第二，在个人身份得到强化的情况下，个体会从社会规范或群体规范的约束中解放出来，形成去抑制行为(uninhibited behavior)。SIDE 模型将这一现象称为"交流者身份认同极化效应"(polarization of communicators' identity)。这一模型采用与 SIP 理论完全不同的视角，促进了对在线群体认同以及群体行为规范形成的一系

---

① J. B. Walther(1996). Computer-mediated Communication: Impersonal, Interpersonal and Hyperpersonal Interaction. *Communication Research*, 23(1), 3—43.

② J. C. Turner, M. A. Hogg, P. J. Oakes, S. D. Reicher & M. S. Wetherell(1987). *Rediscovering the Social Group: A Self-categorization Theory*. Oxford, UK: Blackwell; H. Tajfel and J. C. Turner(1986). The Social Identity Theory of Inter-group Behavior. In S. Worchel and L. W. Austin (Eds.), *Psychology of Intergroup Relations* (pp. 7—24). Chigago: Nelson-Hall.

③ 参见〔法〕古斯塔夫·勒庞：《乌合之众：大众心理研究》，冯克利译，北京：中央编译出版社 2005 年版。

列深入研究。①

约瑟夫·瓦尔特非常敏锐地注意到了 SIDE 模型的可取之处。他在保留关系视角的前提下,将 SIDE 模型的核心成分整合到自己的 SIP 理论之中,使后者发展成为超人际模型。在其 1996 年的《计算机中介传播:去人际互动、人际互动与超人际互动》一文中,瓦尔特用以下一段话陈述了"超人际互动"一词的由来:"与面对面的互动行为相比,网络人际传播在某些情况下超越了人际互动中的正常情感范畴。这种现象不仅仅发生在如 BBS、在线游戏、聊天室等以社会交际或娱乐活动为主要功能的电子媒介系统中,也发生在群体决策和商务情境中。我们将这一现象称为'超人际互动'(hyperpersonal interaction)。"除此之外,作者还进一步在注释中做了以下说明:"虽然'hyper'这一词缀在与各种不同的词语组合的时候有着变化的内涵,但这里所使用的是与其字典意义一致的基本含义。因此,'hyperpersonal'或者说'超人际'一词是表示比通常情况下尤其更有交际愿望以及更具私人属性的意思。"超人际模型的功能主要是探索网络条件下的交流参与者如何形成超越普通人际互动情感和关系的效果,并将其形成机制聚焦于四个交流过程的结构性要素:讯息发送者、交流信道、讯息接收者以及反馈,认为正是线索讯息的缺失与以上四个要素的相互作用导致了超人际效果的形成。具体而言:第一,当视觉线索缺失之时,讯息发送者可通过选择性自我展示(selective self-presentation)进行印象管理,侧重表现自己好的一面。第二,以文本为主导的传播信道有利于传播速率和节奏的控制,十分便于讯息的精心整饰。第三,由于可供判断的线索单一,讯息接收者很容易将对方理想化,造成对吸引力的过度归因。第四,接收者由于理想化而发出的积极反馈促进了交流的持续进行,形成了"行为上的确认"和"认知夸大"的循环。② 可以看出,一方面超人际模型延续了 SIP 理论的关系传播视角,以网络传播的人际关系效

---

① 参见 P. Rogers & M. Lea(2005). Social Presence in Distributed Group Environments: The Role of Social Identity. *Behavior & Information Technology*, 24(2), 151—158; M. Lea, R. Spears & D. de Groot(2001). Knowing Me, Knowing You: Anonymity Effects on Social Identity Processes within Groups. *Personality & Social Psychology Bulletin*, 27, 526—537; M. Lea, P. Rogers & T. Postmes(2002). SIDE-VIEW: Evaluation of A System to Develop Team Players and Improve Productivity in Internet Collaborative Groups. *British Journal of Educational Technology*, 33(1), 53—64; etc.

② J. B. Walther(1996). Computer-mediated Communication: Impersonal, Interpersonal and Hyperpersonal Interaction. *Communication Research*, 23(1), 3—43.

果作为考察的最终目标;另一方面,超人际模型还吸收了SIDE模型对于网络传播刻板化与夸张效果的论断,并将之体现在超人际效果形成的各个环节之中。特别具有突破性的是,超人际模型还将线索消除理论与网络交流的人际效果之间的冲突有效地转化为高度的关联性,有力地解释了计算机网络中介对人际传播过程的影响。

迄今为止,以线索消除理论为基础的SIDE模型和超人际模型仍在进一步的研究和不断完善之中,成为网络人际传播研究中最为主流的两大理论框架。

(二) 网络人际传播中的印象形成研究概述

自20世纪90年代起,各种围绕网络人际传播效果的分支研究在超人际模型和SIDE模型两大理论框架下延伸发展,其中比较突出的有网络人际传播情感/情绪表达研究[1]、网络人际传播中的电子副语言(electronic paralanguage)研究[2]、网络人际传播互动性(interactivity)研究[3]等。由于交流参与者相互之间的印象形成在两大理论中都是一

---

[1] 例如:D. Derks, A. H. Fischer & A. E. R. Bos(2008). The Role of Emotion in Computer-mediated Communication: A Review. *Computers in Human Behavior*, 24, 766—785。

[2] 例如:D. W. Sanderson(1993). *Smileys*. Sebastopol, CA: O'Reilly; D. A. Huffaker & S. L. Calvert(2005). Gender, Identity, and Language Use in Teenage Blogs. *Journal of Computer-mediated Communication*, 10(2); C. Constantin, S. Kalyanaraman, C. Stavrositu & N. Wagoner(2002). To Be or Not to Be Emotional: Impression Formation Effects of Emoticons in Moderated Chatrooms. Paper presented at the Communication Technology and Policy Division at the 85th Annual Convention of the Association for Education in Journalism and Mass Communication (AEJMC), Miama, Fl, August; A. Wolf(2000). E-motional Expression Online: Gender Differences in Emotion Use. *CyberPsychology and Behavior*, 3(5), 827—833; D. F. Witmer & S. L. Katzman(1997). On-line Smilies: Does Gender Make A Difference in the Use of Graphic Accents? *Journal of Computer-mediated Communication*, 2(4); C. Lee(2003). How Does Instant Messaging Affect Interaction Between the Genders? Stanford, CA: The Mercury Project for Instant Messaging Studies at Stanford University. http://www.stanford.edu/class/pwr3-25/group2/projects/lee.html。

[3] 例如:S. Rafaeli(1988). Interactivity: From New Media to Communication. In R. P. Hawkins, J. M. Wiemann & S. Pingree (Eds.), *Sage Annual Review of Communication Research: Advancing Communication Science: Merging Mass and Interpersonal Processes*: Vol. 16 (pp. 110—134). Beverly Hills: Sage; J. K. Burgoon, J. A. Bonito, B. Bengtssen, Jr. A. Ramirez, N. Dunbar & N. Miczo(2000). Testing the Interactivity Model: Communication Processes, Partner Assessments, and the Quality of Collaborative Work. *Journal of Management Information Systems*, 16, 35—38; J. K. Burgoon, J. A. Bonito, Jr. A. Ramirez, N. E. Dunbar, K. Kam & J. Fischer(2002). Testing the Interactivity Principle: Effects of Mediation, Propinquity, and Verbal and Nonverbal Modalities in Interpersonal Interaction. *Journal of Communication*, 52, 657—677。

个关键性的要素(超人际模型中的讯息发送者印象理想化和 SIDE 模型中基于身份归类的社会刻板印象),一些学者也逐渐展开了对网络传播条件下人际印象形成的专门探索。

印象形成研究是一个源于社会心理学领域的"古老"课题。从 1946 年美国心理学家所罗门·阿希(Solomon E. Asch)的著名实验得到人际印象的中心特质理论[①]以来,至今已有七十余年的历史。在印象形成研究的发展历程中,先后得到了印象形成中的特殊效应(首因效应、近因效应等)、印象形成的评价过程及机制(印象信息整合法则等)、印象形成的信息加工机制(印象形成双重加工模型[②]、连续印象形成模型[③]等)等显著的理论成果。当然,这些研究大多是在心理学的背景下展开的,但其与传播学的联系之紧密也是不言而喻的。这恰如早期大众传播学的诞生与发展是源于心理学背景下的媒介效果研究或曰大众传播效果研究一样,印象形成的有关研究也同时可以归入人际传播效果研究。

正当人际印象形成研究处于一个波澜不惊的前进过程中时,计算机网络的出现为这一传统的研究课题提出了一个时代性的问题域。计算机网络为传播(交流)的中介性(mediation)带来了新形态的人际交往,在这样的交往模式下,以往的印象形成研究结论是否还能适用? 其中的印象形成又是否具有新的特点和过程机制? 这些都是值得探究的问题。目前主要在这一研究方向上努力的既有心理学学者也有传播学学者,有的甚至既是心理学学者也是传播学学者。但总体而言可以分为两大研究路径:一是将网络人际印象视为自变量考察其如何

[①] S. E. Asch(1946). Forming Impressions of Personality. *Journal of Abnormal and Social Psychology*, 41, 258—290.

[②] M. B. Brewer(1988). A Dual Process Model of Impression Formation. In T. K. Srull & Jr. R. S. Wyer(Eds.), *Advances in Social Cognition*: Vol. 1 (pp. 1—36). Hillsdale, NJ: Erlbaum.

[③] S. T. Fiske & S. L. Neuberg(1990). A Continuum of Impression Formation, from Category-based to Individuating Processes: Influences of Information and Motivation of Attention and Interpretation. In M. P. Zanna (Ed.), *Advances in Experimental Social Psychology*: Vol. 23 (pp. 1—73). New York: Academic Press.

想象的互动：网络人际传播中的印象形成

影响网络互动行为和网络人际关系[1]，特别是自 2007 年以后出现的考察选择性自我展示即印象管理如何影响网络互动者个体及其行为、人际关系的研究[2]。二是探讨网络人际印象的测量工具、评价指标和影响因素。[3] 与本书密切相关的是后者的一系列研究成果，为避免使绪论部分显得过于冗长，笔者将在相应的章节中对各自涉及的相关研究

---

[1] 例如：J. B. Walther(1992). Interpersonal Effects in Computer-Mediated Interaction: A Relational Perspective. *Communication Research*, 19(1), 52—90; J. K. Burgoon & B. A. LePoire(1993). Effects of Communication Expectancies, Actual Communication, and Expectancy Disconfirmation on Evaluations of Communicators and Their Communication Behaviors. *Human Communication Research*, 20, 67—93; J. K. Burgoon, B. A. LePoire & R. Rosenthal(1995). Effects of Preinteraction Expectancies and Target Communication on Perceiver Reciprocity and Compensation in Dyadic Interaction. *Journal of Experimental Social Psychology*, 31, 287—321; T. R. Levine, L. N. Anders, J. Banas, K. L. Baum, K. Endo, A. D. S. Hu & N. C. H. Wong(2000). Norms, Expectations, and Deception: A Norm Violation Model of Veracity Judgments. *Communication Monographs*, 67, 123—137; Jr. A. Ramirez(2007). The Effect of Anticipated Future Interaction and Initial Impression Valence on Relational Communication in Computer-Mediated Interaction. *Communication Studies*, 58(1), 53—70。

[2] 例如：J. B. Walther(2007). Selective Self-Presentation in Computer-Mediated Communication: Hyperpersonal Dimensions of Technology, Language, and Cognition. *Computers in Human Behavior*, 23, 2538—2557; J. T. Hancock & C. L. Toma(2009). Putting Your Best Face Forward? The Accuracy of Online Dating Photographs. *Journal of Communication*, 59, 367—386; A. L. Gonzales & J. T. Hancock(2011). Mirror, Mirror on My Facebook Wall: Effects of Exposure to Facebook on Self-Esteem. *Cyberpsychology, Behavior, and Social Networking*, 14, 79—83; D. C. DeAndrea & J. B. Walther(2011). Attributions for Inconsistencies Between Online and Offline Self-Presentations. *Communication Research*, 38(6), 805—825。

[3] 例如：J. B. Walther(1992). Interpersonal Effects in Computer-Mediated Interaction: A Relational Perspective. *Communication Research*, 19(1), 52—90; M. Lea & R. Spears(1992). Paralanguage and Social Perception in Computer-Mediated Communication. *Journal of Organizational Computing*, 2, 321—341; J. B. Walther(1993). Construction and Validation of A Quantitative Measure of Impression Development. *Southern Communication Journal*, 59, 27—33; J. T. Hancock & P. J. Dunham(2001). Impression Formation in Computer-Mediated Communication Revisited: An Analysis of the Breadth and Intensity of Impressions. *Communication Research*, 28(3), 325—347; Y. L. Liu, D. Ginther & P. Zelhart(2002). An Exploratory Study of the Effects of Frequency and Duration of Messaging on Impression Development in Computer-Mediated Communication. *Social Science Computer Review*, 20(1), 73—80; P. M. Markey & S. M. Wells(2002). Interpersonal Perception in Internet Chat Rooms. *Journal of Research in Personality*, 36, 134—146; L. C. Tidwell & J. B. Walther(2002). Computer-Mediated Communication Effects on Disclosure, Impressions, and Interpersonal Evaluations: Getting to Know One Another A Bit at A Time. *Human Communication Research*, 28(3), 317—348; M. Tanis & T. Postmes(2003). Social Cues and Impression Formation in CMC. *Journal of Communication*, 53, 676—693; Jr. A. Ramirez(2007). The Effect of Anticipated Future Interaction and Initial Impression Valence on Relational Communication in Computer-Mediated Interaction. *Communication Studies*, 58(1), 53—70。

分别进行详细介绍。

(三) 相关研究在中国

自从互联网在国内逐渐普及以来,关于网络媒介的研究论著如雨后春笋般纷纷出现,作者中既有来自传播学的学者,也有来自哲学、伦理学、政治学、心理学、社会学、语言学、文学等学科的学者。根据杜骏飞的统计,仅2006年一年就发表了各类网络相关人文社科研究论文1753篇[①],其发展不可谓不迅速。然而,以传播学的学科视角对网络人际传播展开研究的论著却为数不多。

国内传播学界[②]最早开始关注人际传播媒介的论文是罗春明发表于《西南师范大学学报(哲学社会科学版)》1998年第5期的《人际传播媒介论——对一种蓬勃兴起的传播媒介的评说》。虽然该文的侧重点在于对整个人际传播媒介发展史的梳理和论述,但毫无疑问也引起了人们对网络这一当时的新兴人际传播媒介的重视。2000年,《国际新闻界》第3期刊载了茅丽娜的一篇对网络人际传播进行考察和分析的论文——《从传统人际传播角度观瞻CMC人际传播》,当数国内第一篇专门的网络人际传播研究论文。一年后,彭兰在《国际新闻界》第3期上发表的《网络中的人际传播》一文进一步吸引了国内传播学学者对网络人际传播的关注。此后在新闻传播类刊物上每年都会刊载一些关于网络人际传播的研究。根据CNKI数据库中对"网络人际传播""网络交流""网络交际""网络交往"和"网络互动"等主题词的搜索和筛选结果,2000—2015年间人文社会学者发表相关论文仅有70余篇。

这些研究的方法以传统的思辨论证为主,且多为描述性研究,对本书的参考价值较为有限。而且不能忽略的是,由于网络媒介研究本身所具有的多学科交叉属性,在心理学、社会学、情报学等领域中也有

---

① 参见杜骏飞:《我们研究了什么?——1994年以来中国大陆网络传播领域学术进展与趋势分析》,杜骏飞、黄煜主编:《中国网络传播研究》(总第1卷第1辑),上海:复旦大学出版社2007年版,第3—32页。

② 主要指由我国内地学者以及在内地学术刊物上发表相关论文的部分港台学者组成的学术圈。

少数对本书具有参考价值的论文或研究报告。

总的来看,与本书相关度较高的论文大致可以分为两类:

(1)一些对国外网络人际传播研究成果进行梳理和引介的论文(见表 0.1)。

茅丽娜引用了一部分西方该领域的经典理论和研究报告,从人际传播理论框架的角度对网络人际传播的各种要素进行了简要的评述。①

李宏利、雷雳则在初步归纳了 CMC 的主要特点及其影响的基础上,对社会认知框架模型、CMC 能力模型、纯人际关系理论、策略性认同理论等相关理论模型进行了介绍,并展望了未来研究的发展方向。②

而王德芳、余林从心理学的角度对虚拟交往的动机、影响虚拟关系发展的因素及"虚拟"与"现实"的关系等进行了阐述。其中,本书的主题——印象形成被列为影响虚拟关系发展的重要因素之一。文中所介绍的吸引力与印象形成研究、印象误差研究等均对本书有一定的参考价值。③

胡春阳的文章则比较特殊,是一篇对西方人际传播研究的发展源流及演变做出全面梳理和回顾的文献,但在"当代新议题"部分中将"CM 人际传播"作为"当代显题"进行了专门的介绍,归纳了持消极影响论、积极影响论、去价值论等不同基本立场的研究阵营。④

另一篇较有影响的研究综述是吴筱玫的《计算机中介传播:理论与回顾》,较为全面地介绍了网络人际传播研究在国外的发展历程。具体而言,该文以传播模型中的传播者、信道、反馈、受传者和效果等变量为基础,将计算机中介传播(网络人际传播)分为三个大类:计算机网络的媒介特质研究、计算机中介下的互动性研究,以及计算机中

---

① 参见茅丽娜:《从传统人际传播角度观瞻 CMC 人际传播》,《国际新闻界》2000 年第 3 期。
② 参见李宏利、雷雳:《计算机为中介的人际沟通研究进展》,《首都师范大学学报(社会科学版)》2003 年第 4 期。
③ 参见王德芳、余林:《虚拟社会关系的心理学研究及展望》,《心理科学进展》2006 年第 3 期。
④ 参见胡春阳:《西方人际传播研究的问题系及其由来》,《新闻大学》2007 年第 2 期。

介下参与互动的个体研究。① 但诚如前文所言,由于这一研究领域发展至今日,所覆盖的范围已经越来越大,分支研究越来越多,所以该文没有也不可能对其涵盖的所有方向做出详尽的介绍和梳理。尽管如此,该文仍然是进行网络人际传播研究不可多得的中文参考资料。

丁道群、伍艳以及王静、师家升、余秋梅都是针对去抑制行为研究的国外文献综述②,虽然与本书拥有相同的学术渊源和基本理论框架,但由于主题相关性不大,在此就不赘述。

夏云分媒介技术中心、网络媒介使用和社会研究三个视角对网络人际传播研究脉络进行了梳理③,其中提及的"信息提示缺失论""媒体丰富论""社会信息处理观念""网络交流的超人模式"和"网上印象管理模式"等虽在术语翻译上有欠考究,但仍然将主要的网络人际传播理论基本涵盖在内,可与前述吴筱玫一文相互参照。

张敏、杨翠采用情报学文献计量分析方法找出了30年间相对被引频次最高的50篇计算机中介传播研究论文,并根据"媒介中心论/社会中心论"和"价值中立/价值关联"两个维度将其划入"CMC网络服务研究""网络技术支持研究""网络结构与媒体规范研究"和"网民行为规范研究"等四个象限。④

胡春阳对2010年1月至2015年6月间EBSCO数据库中收入的研究目前网络人际传播中最具代表性的基于社交媒介的人际传播的78篇论文进行了梳理,将其分为"社交媒介使用动机""自我揭示与形象管理""语言传播与非语言传播""关系发展与保持""各类语境中的传播互动"及"关系冲突与挑战"等六个议题。⑤ 其中"自我揭示与形象管理"议题与本书的议题相吻合,介绍的5篇论文具有一定的参考价值。

---

① 参见吴筱玫:《计算机中介传播:理论与回顾》,杜骏飞、黄煜主编:《中国网络传播研究》(总第1卷第1辑),上海:复旦大学出版社2007年版,第35—61页。
② 参见丁道群、伍艳:《国外有关互联网去抑制行为的研究》,《国外社会科学》2007年第3期;王静、师家升、余秋梅:《导致网络去抑制行为的原因理论综述》,《哈尔滨学院学报》2007年第7期。
③ 参见夏云:《网络传播沟通学研究》,鲁曙明主编:《沟通交际学》,北京:中国人民大学出版社2008年版,第301—334页。
④ 参见张敏、杨翠:《网络传播(CMC)理论研究体系与价值取向——基于SSCI数据库(1983—2012年)的科学计量分析》,《情报杂志》2013年第5期。
⑤ 参见胡春阳:《经由社交媒体的人际传播研究述评——以EBSCO传播学全文数据库相关文献为样本》,《新闻与传播研究》2015年第11期。

表0.1 国内对国外网络人际传播研究进行引介的论文

作者	题目	期刊(出版机构)	时间
茅丽娜	《从传统人际传播角度观瞻CMC人际传播》	《国际新闻界》	2000年第3期
李宏利 雷雳	《计算机为中介的人际沟通研究进展》	《首都师范大学学报(社会科学版)》	2003年第4期
王德芳 余林	《虚拟社会关系的心理学研究及展望》	《心理科学进展》	2006年第3期
胡春阳	《西方人际传播研究的问题系及其由来》	《新闻大学》	2007年第2期
吴筱玫	《计算机中介传播:理论与回顾》	《中国网络传播研究》	2007年总第1卷第1辑
丁道群 伍艳	《国外有关互联网去抑制行为的研究》	《国外社会科学》	2007年第3期
王静 师家升 余秋梅	《导致网络去抑制行为的原因理论综述》	《哈尔滨学院学报》	2007年第7期
夏云	《网络传播沟通学研究》	《沟通交际学》(论文集)	2008年
张敏 杨翠	《网络传播(CMC)理论研究体系与价值取向——基于SSCI数据库(1983—2012年)的科学计量分析》	《情报杂志》	2013年第5期
胡春阳	《经由社交媒体的人际传播研究述评——以EBSCO传播学全文数据库相关文献为样本》	《新闻与传播研究》	2015年第11期

(2) 近十余年来出现的一些采用实证量化研究方法的相关论文(见表0.2),可大致分为两种不同的研究视角:技术采纳与使用研究、效果研究。前一种视角的代表是詹恂和严星[1]、王玲宁[2]、匡文波[3]等人的研究。而效果研究主要包括人际关系效果、沟通效果、社会认知效果等。

---

[1] 参见詹恂、严星:《微信使用对人际传播的影响研究》,《现代传播》2013年第12期。
[2] 参见王玲宁:《采纳、接触和依赖:大学生微信使用行为及其影响因素研究》,《新闻大学》2014年第6期。
[3] 参见匡文波:《基于技术接受模型的微信使用行为研究》,《国际新闻界》2015年第10期。

网络人际传播的人际关系效果研究出现相对较早,包括社交网络研究、亲密关系研究和社会资本研究。社交网络研究如社会学学者白淑英的文章,采用了社会关系矩阵法对BBS中的人际交往特征进行了测量。具体的测量指标包括密度、凝聚度、点出度、点入度、连接度等,数据的收集采用内容分析法,抽取了哈尔滨工业大学紫丁香BBS站的8个讨论版面进行量化分析,最终样本为552名作者的4068份帖子。① 这一研究具有明显的社会关系取向。心理学学者阳志平、陈猛的文章与白淑英的研究相近,也从关系视角入手,采用问卷调查和深度访谈相结合的方法,以43名使用者为调查对象,对计算机网络支持下的社交网络(computer-supported social networks,CSSN)进行了探索性研究。②

亲密关系研究如2007年周玉黍的文章,在问卷调查获取的数据基础上,使用了米勒社会亲密感量表(MSIS)对"友情"进行测量,并进行了相关性检验。③ 同年发表的我国台湾学者汤允一、吴孟轩的原创论文,研究思路、方案设计和分析方法与周玉黍一文相仿。④ 2015年胡春阳、周劲的文章以问卷调查法为主、深度访谈法为辅对基于微信的人际传播特征及其对亲密关系的影响进行了研究,对于问卷数据采用了频数分析和因子分析两种方法,得到了使用微信进行人际传播有利于维护亲密关系的结论。⑤ 同年申琦的文章则独辟蹊径,使用问卷调查法对亲密关系的一个重要相关问题——隐私保护进行了研究,文中既使用了描述统计对微信中的自我表露状况进行了分析,也使用了回归分析对人口特征与隐私保护行为的相关性、自我表露作为中介变量

---

① 参见白淑英:《基于BBS的网络交往特征》,《哈尔滨工业大学学报(社会科学版)》2002年第3期。
② 参见阳志平、陈猛:《虚拟与现实的互动:对CSSN的初步研究》,《思想理论教育》2003年第1期。
③ 参见周玉黍:《Blog使用对人际友情的影响研究》,《新闻与传播研究》2007年第2期。
④ 参见汤允一、吴孟轩:《博客书写之自我揭露行为对网络人际关系之影响》,杜骏飞、黄煜主编:《中国网络传播研究》(总第1卷第1辑),上海:复旦大学出版社2007年版,第147—172页。
⑤ 参见胡春阳、周劲:《经由微信的人际传播研究(一)》,《新闻大学》2015年第6期。

对隐私关注与隐私保护行为之间关系的影响进行了量化分析。[1]

社会资本研究如 2014 年朱炜等的文章和 2015 年王玲宁的文章，前者对两种不同社交媒介用户的四种社会资本（通过桥接型/结合型、线上/线下两个变量划分）进行了测量和比较[2]，后者也考察了微信的使用时间、强度以及动机与使用者社会资本之间的相关性[3]，二者均采用了问卷调查的研究方法。

沟通效果研究主要有姜进章研究团队的两篇论文，二者均对比了面对面与网络两种不同的交流形态对沟通效果的影响，使用媒介丰度理论（文中译为"媒体丰富度理论"）作为理论框架，双因素设计控制实验作为研究方法，其中的双因素在前一个研究中是交流形态和任务类型，在后一个研究中是交流形态和个体/群体主义价值观。[4]

而与本书相关的社会认知效果研究仅有一篇，即唐蕴玉等的研究。该研究采用了现场实验（field experiment）的研究设计，使用 MBTI 人格量表作为测量工具，对结果数据进行了相关分析和 Logistic 回归分析。研究中对于准确性的操作定义为使用 MBTI 自评与他评结果的一致性程度。[5] 这篇论文虽然借鉴了帕特里克·马奇（Patrick M. Markey）和香农·威尔斯（Shannon M. Wells）2002 年《网络聊天室中的人际感知》的部分研究思路和设计[6]，但对于本书仍然有着较大的参考价值：第一，准确性及其相应的操作定义作为考察网络人际感知的重要指标之一，进入了后者的测量体系；第二，MBTI 被运用于感知效果的评价，增加了测量工具的选择范围；第三，通过实证发现了一系列

---

[1] 参见申琦：《自我表露与社交网络隐私保护行为研究——以上海市大学生的微信移动社交应用（APP）为例》，《新闻与传播研究》2015 年第 4 期。
[2] 参见朱炜等：《基于社会资本视角的微信和微博的对比研究》，《情报杂志》2014 年第 6 期。
[3] 参见王玲宁：《微信使用行为对个体社会资本的影响》，《新闻大学》2015 年第 6 期。
[4] 参见姜进章、王姗姗：《FTF 与 CMC 与冲突强度、沟通满意度的关系研究》，《工业工程与管理》2010 年第 6 期；丁君风、姜进章、伍凌燕：《FTF 和 CMC 的沟通满意度、沟通效率与个体主义和群体主义价值观相关性分析》，《学海》2013 年第 1 期。
[5] 参见唐蕴玉、孔克勤、宋怡：《网络论坛情境中的人际知觉准确性及影响因素》，《心理科学》2007 年第 4 期。
[6] 参见 P. M. Markey & S. M. Wells(2002). Interpersonal Perception in Internet Chat Rooms. *Journal of Research in Personality*, 36, 134—146。

可能影响网络人际感知准确性的因素,为后来的研究提供了一定的参照。

可以看到,近年来的网络人际传播研究越来越多地选择以微信为代表的社交网络服务为对象,但国内学者更关注人际关系效果而非社会认知效果。

表0.2　国内使用量化研究方法对网络人际传播进行研究的论文

作者	题目	期刊(出版机构)	时间
白淑英	《基于BBS的网络交往特征》	《哈尔滨工业大学学报(社会科学版)》	2002年第3期
阳志平 陈 猛	《虚拟与现实的互动:对CSSN的初步研究》	《思想理论教育》	2003年第1期
周玉黍	《Blog使用对人际友情的影响研究》	《新闻与传播研究》	2007年第2期
唐蕴玉 孔克敏 宋 怡	《网络论坛情境中的人际知觉准确性及影响因素》	《心理科学》	2007年第4期
汤允一 吴孟轩	《博客书写之自我揭露行为对网络人际关系之影响》	《中国网络传播研究》	2008年总第1卷第1辑
姜进章 王姗姗	《FTF与CMC与冲突强度、沟通满意度的关系研究》	《工业工程与管理》	2010年第6期
丁君凤 姜进章 伍凌燕	《FTF和CMC的沟通满意度、沟通效率与个体主义和群体主义价值观相关性分析》	《学海》	2013年第1期
詹 恂 严 星	《微信使用对人际传播的影响研究》	《现代传播(中国传媒大学学报)》	2013年第12期
朱 炜 郑大庆 王文灿 周晗辉	《基于社会资本视角的微信和微博的对比研究》	《情报杂志》	2014年第6期
王玲宁	《采纳、接触和依赖:大学生微信使用行为及其影响因素研究》	《新闻大学》	2014年第6期
申 琦	《自我表露与社交网络隐私保护行为研究——以上海市大学生的微信移动社交应用(APP)为例》	《新闻与传播研究》	2015年第4期
王玲宁	《微信使用行为对个体社会资本的影响》	《新闻大学》	2015年第6期

(续表)

作者	题目	期刊(出版机构)	时间
胡春阳 周　劲	《经由微信的人际传播研究(一)》	《新闻大学》	2015年 第6期
匡文波	《基于技术接受模型的微信使用行为研究》	《国际新闻界》	2015年 第10期

专著方面,在众多的互联网研究著作中,近年来也陆续出版了一些涉猎网络人际传播的研究作品(见表0.3)。这些著作的作者既有传播学学者,也有社会学学者和心理学学者,其中的一些观点和见解不乏亮点,不过遗憾的是,涉及量化研究的仅有喻国明等人和陈秋珠的专著。后者从社会心理学的角度采用抽样调查方法完成了关于网络人际传播的一系列原创性实证研究,借助若干个具有较高信度的心理量表(如在线认知量表、一般问题性互联网使用量表、互联网行为量表、社会支持评定量表、孤独量表、人际信任量表、卡特尔16种人格因素量表等)对网络交往影响下的大学生个体人格进行了测量,并根据需要对调查数据使用了包括因子分析、相关分析、方差分析、回归分析在内的多种分析方法,还在对个体展开深度访谈的基础上就一个典型案例进行了具体而深入的挖掘。[①] 该书是国内网络人际传播研究中较为突出的成果,对于本书具有较大的参考价值。

表0.3　近年来国内出版的网络人际传播研究相关学术专著

作者	题目	期刊(出版机构)	时间
黄少华 陈文江	《重塑自我的游戏——网络空间的人际交往》	兰州大学出版社	2002年
童　星 等	《网络与社会交往》	贵州人民出版社	2002年
鲁兴虎	《网络信任:虚拟与现实之间的挑战》	东南大学出版社	2003年
孟　威	《网络互动:意义诠释与规则探讨》[②]	经济管理出版社	2004年

---

① 参见陈秋珠:《赛博空间的人际交往——大学生网络交往与心理健康关系的研究》,长春:吉林大学出版社2012年版。
② 此著作系在其同名博士学位论文(中国社会科学院,2002年)基础上修改而成。

(续表)

作者	题目	期刊(出版机构)	时间
蒋原伦 陈华芳	《我聊故我在：IM，人际传播的革命》	广西师范大学出版社	2006年
刘津	《博客传播》[①]	清华大学出版社	2008年
雷建军	《视频互动媒介》[②]	清华大学出版社	2008年
倪桓	《手机短信传播心理探析》	中国传媒大学出版社	2009年
黄瑞玲 肖尧中	《现代人际传播视野中的手机传播研究》	吉林大学出版社	2010年
侯宏虹	《颠覆与重建——博客主流化研究》[③]	中国社会科学出版社	2010年
喻国明 等	《微博：一种新传播形态的考察影响力模型和社会性应用》	人民日报出版社	2011年
陈秋珠	《赛博空间的人际交往——大学生网络交往与心理健康关系的研究》[④]	吉林大学出版社	2012年
刘德寰 等	《正在发生的未来：手机人的族群与趋势》	机械工业出版社	2012年
胡春阳	《寂静的喧嚣 永恒的联系：手机传播与人际关系》	上海三联书店	2012年
秦艳华 路英勇	《全媒体时代的手机媒介研究》	北京大学出版社	2013年

从以上大致的梳理可以看出，相比由美、英、荷等国学者组成的英文学界而言，我国的网络人际传播研究起步较晚，在研究方法上侧重于逻辑思辨，经验性的实证研究和微观的、细致的研究较为缺乏，尚未形成独具特色的研究进路和理论框架。

---

① 此著作系在其博士学位论文《"自媒体"与虚拟空间社会生活的公共化——博客传播研究》(中国人民大学，2006年)基础上修改而成。

② 此著作系在其博士学位论文《从人机互动到人际互动：整合过程中的视频互动媒介研究》(清华大学，2006年)基础上修改而成。

③ 此著作系在其博士学位论文《网络博客的主流化研究》(四川大学，2009年)基础上修改而成。

④ 此著作系在其同名博士学位论文(吉林大学，2006年)基础上修改而成。

四、研究范式与研究方法

(一) 网络人际传播研究的基本范式与多学科传统

范式(paradigm)是科学哲学家托马斯·库恩(Thomas Samuel Kuhn)在其著作《科学革命的结构》(The Structure of Scientific Revolutions)(1962,1970)中提出的一个核心概念。这一概念是指"某些实际科学实践的公认范例——它们包括定律、理论、应用和仪器在一起——为特定的连贯的科学研究的传统提供模型"[①]。简言之,范式就是科学共同体所共有的信念、理论观点、模型、范例。[②] 按照传播学学者刘海龙的概括,范式的特点表现在三个方面:第一,它是指导一个学术群体中大部分成员的范例和前提假设,它指导人们发现问题、解决问题。第二,范式是一个学术共同体公认并共享的世界观。第三,不同学术共同体之间的范式是不可通约的(incompatible),它们互相矛盾、针锋相对。[③]

社会科学研究中历来存在着不同的研究范式。作为威尔伯·施拉姆所说的"众多学科交汇的十字路口"的传播学,更是聚集了来自不同学术传统的学者的不同研究范式。其中最为学界所熟知和公认的是经验主义(empiricism)范式与批判理论(critical theory)范式的二元之争。前者源于法国哲学家孔德(Auguste Comte)的实证主义(positivism)哲学,并由三大古典社会学家之一的埃米尔·涂尔干(Emile Durkheim)加以实现和发扬;后者的基本认识论和价值观来源于三大古典社会学家中的另一位——卡尔·马克思,由法兰克福学派的代表人物马克斯·霍克海默(Max Horkheimer)所创立。[④] 经验主义范式

---

① 〔美〕托马斯·库恩:《科学革命的结构》,金吾伦、胡新和译,北京:北京大学出版社2003年版,第9页。
② 林德宏:《科技哲学十五讲》,北京:北京大学出版社2004年版,第141页。
③ 刘海龙:《大众传播理论:范式与流派》,北京:中国人民大学出版社2008年版,第76页。
④ 参见黎民、张小山主编:《西方社会学理论》,武汉:华中科技大学出版社2005年版,第238页。

的传播研究流行于美国,主要包括社会心理学和控制论(信息论)两个传统①;而批判理论范式的传播研究则主要见于德国、英国等欧洲国家,体现了哲学、文学、艺术学等传统人文学科的研究色彩。有学者也提出了不同的看法,如胡翼青认为以哈罗德·伊尼斯、马歇尔·麦克卢汉、约书亚·梅洛维茨(Joshua Meylowitz)等人为代表的多伦多学派创造了技术主义这一传统两学派之外的第三种传播研究范式②;刘海龙则提出经验主义范式应当进一步划分为客观经验主义和诠释③经验主义两种范式。④ 不过,无论学者认为传播学的发展史上有过多少种范式,这些不同的范式之间曾经并且在将来仍然可能发生冲突,这已是学者间的共识。⑤ 传播学作为一个学科而存在的合法性争议,也正是自此而起。当然,这一问题并非三言两语就能厘清,但对于任何一项传播学研究而言,确定和说明所使用的研究范式便有了足够的必要性。

网络人际传播研究同样面临研究范式的问题。由于发展历史较为短暂,学术队伍的来源较为单一,这一研究领域呈现出一种基本范式、多种学科传统的格局。

所谓一种基本范式,是指经验主义(客观经验主义)的研究范式。纵览前后近四十年的相关研究文献可以发现,网络人际传播研究的绝大多数文献具有以下特征:

---

① 参见〔美〕E. M. 罗杰斯:《传播学史——一种传记式的方法》,殷晓蓉译,上海:上海译文出版社 2005 年版,第 13 页。

② 参见胡翼青:《传播学:学科危机与范式革命》,北京:首都师范大学出版社 2004 年版,第 39 页。

③ 诠释(interpretation),也译为解释,是三大古典社会学家之一的马克斯·韦伯(Max Weber)创立的社会学方法论的核心概念,是指为了达致对社会行动意义的把握并揭示其因果关系而对其进行的一种理解。参见黎民、张小山主编:《西方社会学理论》,武汉:华中科技大学出版社 2005 年版,第 74—75 页。

④ 参见刘海龙:《大众传播理论:范式与流派》,北京:中国人民大学出版社 2008 年版,第 80 页。

⑤ 参见殷晓蓉:《传播学方法论的第一次冲突及其后果》,《新闻与传播研究》2002 年第 4 期;梅琼林:《架筑传播学方法论的桥梁——浅析拉扎斯菲尔德的经验主义研究》,《青年记者》2004 年第 11 期;常昌富、李依倩编:《大众传播学:影响研究范式》,北京:中国社会科学出版社 2000 年版,编者序;胡翼青:《传播学:学科危机与范式革命》,北京:首都师范大学出版社 2004 年版,第 31—39 页。

第一，承认网络人际传播具有规律性，并希图通过研究发现其中蕴含的客观规律。经验主义认为，世界存在着规律，规律是客观的，我们可以通过特殊的测量方法认识这些规律。① 网络人际传播研究一开始就提出了这样的问题：计算机网络作为传播的中介怎样改变人际传播？它使得人际传播具有了哪些属性？这样的改变在社会维度和心理维度上可能形成什么效果？② 等等。研究者希图通过解答这些问题对现象背后具有普遍性的规律做出一定程度的概括，因而社交在场感理论、信息丰度理论、社交情境线索缺乏假说、线索消除理论、SIDE 模型、SIP 理论、超人际模型等接踵而来。研究者在提出这些相关理论来解释网络人际传播这一客观事物的同时，也期望对相同或类似情况下可能发生的现象做出预测，以使得人们能够更好地认识和把握这一事物。

第二，采用科学的方法（如控制实验、量表测量、统计分析）来确定关于网络人际传播的可靠知识。从前文对网络人际传播研究重要文献的回顾可以看出，除极个别文献之外，几乎所有的研究都使用了控制实验的方法来进行研究设计，采用 NEO 五因素量表（NEO Five-Factors Inventory，NEO-FFI）③、交往量表（RCS）④等量表对印象效果、人际关系等进行测量来获取实证数据，并通过独立样本 t 检验、方差分析、多元回归分析等各种不同的统计分析方法来对数据进行分

---

① 刘海龙：《大众传播理论：范式与流派》，北京：中国人民大学出版社 2008 年版，第 78 页。

② 参见 S. R. Hiltz & M. Turoff(1978). *The Network Nation*：*Human Communication via Computer*. Reading, MA：Addison-Wesley。

③ NEO 五因素量表系 NEO 人格量表修订版（Revised NEO Personality Inventory，NEO-PI-R）的简化版本，包括五个维度，每个维度 12 个题项，共 60 个题项。后者则包括五个维度，每个维度下又分别设置六个特质分量表，每个分量表八个题项，共 240 个题项。参见 Jr. P. T. Costa & R. R. McCrae(1992). *Revised NEO Personality Inventory*（*NEO-PI-R*）*and NEO Five-Factors Inventory*（*NEO-FFI*）*Professional Manual*. Odessa, FL：Psychological Assessment Resources; Jr. P. T. Costa & R. R. McCrae(1998). The Revised NEO Personality Inventory（NEO-PI-R）. In S. R. Briggs, J. M. Cheek & E. M. Donahue (Eds.). *Handbook of Adult Personality Inventories*. New York：Plenum。

④ Relational Communication Scale, J. K. Burgoon & J. L. Hale(1987). Validation and Measurement of the Fundamental Themes of Relational Communication. *Communication Monographs*, 54, 19—41。

析。以上这些具有科学属性的实证方法无不体现了经验主义的认识论：大部分现象是可以测量的，我们可以用数学的逻辑来表示人类行为。①

第三，对网络人际传播加以研究所获得的知识可通过研究程序的重复而得到检验，而检验的过程是一个证伪的过程。科学哲学家卡尔·波普尔(Karl Raimund Popper)认为"应当把理论系统的可反驳性或可证伪性作为(科学与形而上学的)分界标准"②。网络人际传播研究中，去人际效果论被超人际模型所代表的超人际效果论所取代就非常充分地体现了这一点。前者本来建立在信息丰度理论、社交情境线索缺失假说、线索消除理论等理论的基础上，是经过多次研究的重复检验才建立起来的，但与其概括和预测相悖的一些实证发现(如网上交友、虚拟婚礼、在线爱心组织以及一些计算机会议和 BBS 中存在大量社交性的人际互动)将其证伪，从而启动了新的研究思路，并最终形成了替代性的超人际效果论。现在学者们又在进行着对超人际效果论的重复检验工作，试图将其证伪。

第四，重视网络人际传播参与者研究或者说网络互动者个体研究和小群体研究，希图发现传播过程中客观存在的结构和相应的功能。网络人际传播研究最初的社交在场感理论的核心概念——社交在场感就是对个体经验的描述，包含信息丰度理论、社交情境线索缺失假说等在内的整个线索消除进路也是围绕着个体对社交线索的感知而建立起来的对网络人际传播过程中线索缺失这一结构性特征以及由此而带来的传播功能限制的认识。SIDE 模型及相关理论则代表了网络人际传播的小群体研究，它们通过聚焦于小群体的结构要素之一——成员身份归属而对网络互动使个体行为产生两极化的功能性现象提出了较为合理的解释。社会认知研究的目标也是如此，期望找到网络人际传播条件下个体社会认知的特殊性(功能)及达致这一效果背后的作用机制(结构)。

---

① 刘海龙：《大众传播理论：范式与流派》，北京：中国人民大学出版社 2008 年版，第 79 页。

② 〔英〕卡尔·波普尔：《猜想与反驳：科学知识的增长》，傅季重等译，上海：上海译文出版社 2005 年版，第 367 页。

第五,追求价值中立,认为网络人际传播现象及其背后的运作规律是独立于研究者主观认识的客观存在。价值中立是经验主义研究独有的价值立场。经验主义源于孔德的实证主义,而实证主义本身就是按照自然科学的研究方式来进行建构的,自然也秉持着科学研究一贯的价值立场,即科学研究的目的就是解释世界,是一种价值中立的活动。① 价值中立意味着,任何研究者,不管他们属于哪个阶级、哪个党派,信仰哪一宗教,只要他们采用同样的科学方法,就能够得出同样的研究结论。② 从网络人际传播研究的众多文献中可以看出,学者们一直在尽量按照规范的研究程序和共同的研究方法、评价标准来进行着研究并实现相互检验的目的。这无疑是一种价值中立观的体现。

虽然网络人际传播研究以经验主义为基本研究范式,但由于传播学研究自诞生以来就一直存在着的学科交叉性,其经验主义范式具体又表现为多学科的研究传统。

首先,最为主流的是心理学的研究传统。作为五大基础社会科学③之一的心理学发展时间不长,因此其分支和学派众多,而对传播学形成影响的主要是早期的社会心理学和后期的认知心理学。可以说,传播学的诞生与社会心理学紧紧联系在一起并非偶然。④ 埃弗雷特·罗杰斯所记述的传播学发展史也表明心理学是与传播研究血缘最为亲近的学科之一。所谓的传播学四大先驱无不与心理学有着或多或少的联系:哈罗德·拉斯韦尔(Harold D. Lasswell)创建了政治心理学领域;拉扎斯菲尔德常常称自己为社会心理学家,而在中年以后他干脆认为自己就是一个心理学家;库尔特·勒温(Kurt Lewin)则是一位著名的实验心理学家,是社会心理学的主要奠基人之一;卡

---

① 刘海龙:《大众传播理论:范式与流派》,北京:中国人民大学出版社2008年版,第79页。
② 袁方主编:《社会研究方法教程》,北京:北京大学出版社1997年版,第16—17页。
③ 分别为经济学、心理学、人类学、政治学、社会学,参见〔美〕E. M. 罗杰斯:《传播学史——一种传记式的方法》,殷晓蓉译,上海:上海译文出版社2005年版,第127页。
④ 参见黄旦、李洁:《消失的登陆点:社会心理学视野下的符号互动论与传播研究》,《新闻与传播研究》2006年第3期。

尔·霍夫兰也是当时最令人敬重的实验心理学家之一。① 而随着近年来认知心理学的兴盛,传播学研究受其影响也越来越大,信息加工的观点在传播研究文献中随处可见。在传播学多分支领域齐头并进的今天,只要翻开《传播学刊》《人类传播研究》《传播研究》等著名的传播学国际刊物,就能感受到强烈的心理学色彩。网络人际传播作为传播学的一个当代分支,同样在相当大的程度上继承了心理学的研究传统,在大多数研究文献中都能看到心理学的术语(如感知、信息加工、去个性化、社会认同等)和研究方法(如控制实验、相关分析等)。

其次,语言学的研究传统也占有一席之地。与大众传播不同,人际传播研究一方面有着心理学"血统"[2],一方面又有着互动社会语言学的渊源。互动社会语言学,又称交际社会语言学,是西方语言学界在20世纪七八十年代兴起的一个语言学流派,其主要任务是研究语言知识和非语言知识在会话过程中的作用以及说话人的社会文化背景如何跟这些知识相互影响。简言之,就是用语言学的知识解释人际交流的过程和结果。[3] 社交线索是网络人际传播研究中的一个核心要素,而这一概念正是互动社会语言学奠基人之一的约翰·甘柏兹(John Gumperz)提出的语境化线索(contextualization cues)的基础。因此,对社交线索本身的研究就带有较强的语言学色彩,如朱迪·伯贡(Judee K. Burgoon)1985年的《言语代码与非言语代码之关系论》[4]和1994年的《非言语信号》[5]两篇论文。此外,互动社会语言学的研究方法也时常见诸网络人际传播研究,其中较有代表性的是丽莎·蒂德

---

① 分别参见〔美〕E. M. 罗杰斯:《传播学史——一种传记式的方法》,殷晓蓉译,上海:上海译文出版社2005年版,第182、217、278、286、314页。

② 卡尔·霍夫兰在20世纪四五十年代的理论方法激励了人际传播的分支领域,参见〔美〕E. M. 罗杰斯:《传播学史——一种传记式的方法》,殷晓蓉译,上海:上海译文出版社2005年版,第315页。

③ 参见陶红印:"总序",〔英〕亚当·肯顿:《行为互动:小范围相遇中的行为模式》,张凯译,北京:社会科学文献出版社2001年版。

④ J. K. Burgoon(1985). The Relationship of Verbal and Nonverbal Codes. In B. Dervin & M. J. Voight (Eds.), *Progress in Communication Sciences*: Vol. 6 (pp. 263—298). Norwood, NJ: Ablex Publishing.

⑤ J. K. Burgoon(1994). Nonverbal Signals. In M. L. Knapp & G. R. Miller (Eds.), *Handbook of Interpersonal Communication* (pp. 344—390). Beverly Hills, CA: Sage.

维尔(Lisa Collins Tidwell)和约瑟夫·瓦尔特在《计算机中介传播中的表露、印象及人际评价:一次相互了解一点点》一文中使用的会话分析(conversation analysis)。①

在这两种主要的学科传统之外,人类学也开始进入网络人际传播研究的视野。美国布兰迪斯大学(Brandeis University)人类学系学者戴维·雅各布森(David Jacobson)1999年发表了《网络空间的印象形成:文本虚拟社区中的在线预期与线下体验》一文。② 该研究采用人类学的田野考察方法,对4个MOO(面向对象的多人在线互动游戏)的38名游戏者进行了访谈,并在个案分析的基础上运用原型理论(prototype theory)对网络人际印象形成加以解释。2001年,戴维·雅各布森又发表了类似的研究论文《再论在场:文本虚拟世界中的想象力、能力与能动性》,再次使用了田野考察的方法研究了MOO社区中参与者的想象力、能力、能动性等个体因素对其在场感的影响。③ 虽然这不啻是一种开拓性的尝试,但也应该注意到,由于文化人类学研究更多地面向社会群体,其研究对象具有一定的宏观性,因而建立在田野考察基础上的个案分析主要依靠对象的自我陈述,就把握个体对象的心理与行为而言,其效度与信度都不如量表测量的结果,从而影响了研究结论的质量。正是因为这一先天性的不足,网络人际传播的人类学研究还只是一个尝试,尚未能与心理学和语言学比肩。

总而言之,网络人际传播研究目前以经验主义为其基本范式,包含心理学、语言学和人类学等多种研究传统。诚然,形成这样的格局有其历史沿革的原因,但最终起决定性作用的仍然是其研究对象的特性,即人际传播自身与人类心理、行为、文化的紧密联系。因此,在相当长的一段时期内,网络人际传播研究还将继续保持现有的研究范式。

---

① L. C. Tidwell & J. B. Walther(2002). Computer-mediated Communication Effects on Disclosure, Impressions, and Interpersonal Evaluations: Getting to Know One Another A Bit at A Time. *Human Communication Research*, 28(3), 317—348.

② 参见 D. Jacobson(1999). Impression Formation in Cyberspace: Online Expectations and Offline Experiences in Text-based Virtual Communities. *Journal of Computer-mediated Communication*, 5(1).

③ 参见 D. Jacobson(2001). Presence Revisited: Imagination, Competence, and Activity in Text-based Virtual Worlds. *CyberPsychology & Behavior*, 4(6), 653—673.

(二) 控制实验法的功能及其缺陷

前文已经述及,网络人际传播研究以经验主义为基本范式,主要沿袭了心理学和社会语言学的研究传统,作为心理学和社会学基本研究方法之一的控制实验法在其中占有主导地位。

所谓控制实验,是指在对外部变量①(extraneous variable)进行最大控制的条件下,对因果关系进行测试的实验程序。这种实验程序通过对外部变量的控制,使得研究者可以检测到一个变量对另一个变量的影响效果(或者是检验两个变量对第三个变量的共同作用)。② 这一方法是探索因果关系的有效工具。因此,从 20 世纪 20 年代的瑟斯顿(Louis L. Thurstone)到 40 年代的霍夫兰,一些对传播学有兴趣的心理学家把这种方法引入传播学,并借此发现了一系列传播效果的定律,控制实验方法也成了传播学研究的重要方法。③

美国心理学家罗伯特·普拉奇克(Robert Plutchik)曾经指出,所有实验研究追求的目的是增进我们对所研究事件的理解以及控制与预测事件的能力。④ 以下笔者将以网络人际传播研究为例阐明控制实验法的具体功能⑤。

第一,确定变量之间的关系。实验研究的目的是建立变量间的因果关系。通常研究者预先提出一种因果关系的尝试性的假设,然后通过实验操作来进行检验。⑥ 在网络社会认知研究中,利用控制实验对可能的影响因素(自变量)对网络印象形成效果的影响进行检验的研究模式时常见诸文献。如 2003 年马丁·塔尼斯(Martin Tanis)与汤姆·珀斯特默斯(Tom Postmes)的研究中就包含了二个控制实验。其

---

① 也译为"额外变量",此处保留引文原文。
② 〔美〕布鲁斯·H. 韦斯特利(Bruce H. Westley):《控制实验》,曾琳佳译,常昌富、李依倩编选:《大众传播学:影响研究范式》,北京:中国社会科学出版社 2000 年版,第 518 页。
③ 戴元光、苗正民编著:《大众传播学的定量研究方法》,上海:上海交通大学出版社 2000 年版,第 80 页。
④ R. Plutchik(1983). *Foundations of Experimental Research* (3rd ed.). Cambridge, MA: Harper and Row.
⑤ 四个主要功能的提出请参见朱滢主编:《心理实验研究基础》,北京:北京大学出版社 2006 年版,第 5—6 页。
⑥ 袁方主编:《社会研究方法教程》,北京:北京大学出版社 1997 年版,第 363 页。

中实验 1 采用了 2×2×2 的因素设计(三因素二价设计),三个自变量因素分别为群体归属(内群体/外群体)、肖像照片(有/无)和个人简介(有/无),因变量为网络人际传播印象形成的模糊度(ambiguity)和正面度(positivity)。在使用方差分析对数据进行分析之后发现,群体身份归属与印象模糊度和正面度之间都不存在主效应;而肖像照片和个人简介都存在与因变量之间的主效应。[①] 该实验因此证明了肖像照片、个人简介两种社交线索对于印象模糊度和正面度的关系。

第二,检验理论。控制实验法本身所蕴含的是演绎逻辑,所以在进行方案设计之前通常需要一个待检验的假设,而假设往往来源于某一理论框架。这就是说,实际上控制实验更多是一种用于验证的方法。因此,它常用于对现有理论的检验。但这种检验并非直接的,而是通过对理论框架所演绎出的研究假设(往往是一个简单命题)进行检验而完成的间接检验。网络人际传播研究中,作为基本理论框架之一的线索消除理论就是通过实验检验而确立起来的——这其中包括对社交在场感的实验检验、对信息丰度的实验检验以及对社交情境线索缺失的实验检验等。此外,SIDE 模型和超人际模型自从 1992 年和 1996 年提出之后,也不断处在一次又一次实验的检验之中。如前述马丁·塔尼斯与汤姆·珀斯特默斯的研究,使用一个包含群体归属(内群体/外群体)变量的实验设计检验了从 SIDE 模型中演绎而出的命题:基于社会认同的群体归属会影响交流参与者的印象形成。

第三,增强研究结论的信度。控制实验是一种依赖于重复(包括原条件重复和扩展条件重复)来提高研究结论信度的研究方法。美国科学哲学家休·高奇(Hugh G. Gauch)在一篇文献中曾经指出,按照统计学的规律,重复 5 次的平均结果有 73.2% 的把握,这比一次测量的结果更准确。要增加重复成功的比率到 90%,需重复 40 次。[②] 所以,与其他研究方法不同,使用控制实验对某一个问题进行研究的时候,在新的研究中对既有的实验进行部分重复乃至全部重复都是必要

[①] 参见 M. Tanis & T. Postmes(2003). Social Cues and Impression Formation in CMC. *Journal of Communication*, 53, 676—693。

[②] H. G. Gauch(2006). Winning the Accuracy Game. *American Scientist*, 94, 135—143. 转引自朱滢主编:《心理实验研究基础》,北京:北京大学出版社 2006 年版,第 5—6 页。

的。2002年刘余良等人的研究①就是对约瑟夫·瓦尔特1993年实验研究的一种扩展条件下的重复,重复的结果是不但发现了讯息交换频次这一新的影响因素,而且提升了约瑟夫·瓦尔特研究所得到的结论(时间是影响印象发展的因素之一)的可靠程度。当然,由于网络人际传播研究产生与发展的时间还不太长,所以许多研究结论都还在持续的重复检验之中。

第四,扩展变量研究的范围。控制实验法的控制(操纵)条件局限了研究结论的外部效度(external validity),因此,研究者往往能够在既有实验的基础上对相关变量进行扩展,从而发展出新的研究假设和实验设计。如在网络人际传播的去人际效果论时期,诸多的研究在实验设计中并未将时间考虑进去(将时间作为额外变量加以控制)。而1993年约瑟夫·瓦尔特的研究则在以往实验设计的基础上改进了这一点,将时间作为一个可能影响印象发展水平的自变量体现在实验方案中,设置了网络人际互动的三个时间水平进行组内测量,提出了在网络传播条件下互动者对他人的印象会逐渐发展并达到与面对面条件下相接近的水平的新论断。② 2002年刘余良等人则在约瑟夫·瓦尔特的实验基础上进一步将讯息交换频次(讯息交换量)和互动时间同时视为自变量进行测量,发现了前者对网络人际传播条件下印象发展水平的影响。③

虽然控制实验法具有自身特有的长处,但也有一些很难弥补的缺陷,这些缺陷在网络人际传播研究中同样有所体现。

第一,效度困境。效度困境问题在控制实验法中由来已久,并且成为一直为人所诟病的固有缺陷。控制实验法的关键在于"控制",只有严格控制额外变量,才能增加实验结论对于所检验的研究假设的有

---

① Y. L. Liu, D. Ginther & P. Zelhart(2002). An Exploratory Study of the Effects of Frequency and Duration of Messaging on Impression Development in Computer-Mediated Communication. *Social Science Computer Review*, 20(1), 73—80.

② 参见 J. B. Walther(1993). Impression Development in Computer-Mediated Interaction. *Western Journal of Communication*, 57, 381—398。

③ 参见 Y. L. Liu, D. Ginther & P. Zelhart(2002). An Exploratory Study of the Effects of Frequency and Duration of Messaging on Impression Development in Computer-Mediated Communication. *Social Science Computer Review*, 20(1), 73—80。

效性，即提高实验的内部效度（internal validity）。但如此一来实验环境的人工属性就可能过强，导致其不具有现实意义，从而降低了实验的外部效度。如果反其道行之，提高实验情境的真实性和样本的异质性使之更接近社会现实，虽然外部效度有所提高，但却使得额外变量的控制非常难以达到严格的标准，降低了实验的内部效度。简而言之，即实验的内部效度和外部效度是一对难以兼顾的矛盾，这被称为控制实验方法的效度困境。这一"永恒的问题"在网络人际传播的实验研究中也不能避免，被试之间利用网络人际传播进行的交往是否符合现实中的真实情况并达到相同的水平是很难完全控制的，但如果完全制造一个"逼真"的网络交际环境，又缺乏控制其他额外变量的有效手段。所以一般多用控制实验来对个体或小群体进行研究，对较为宏观、复杂的研究对象就无能为力了。

第二，过度简化。在研究中，常常会用到控制实验的析因设计（factorial design），或称因子设计，但囿于目前的数据分析技术和解释水平，一般最多只能够考虑三个自变量因素。[1] 这对于由不同人口特征和人格特征的多样化的个体构成的复杂社会系统而言实在是太过于简化了。也正因如此，控制实验法通常只能直接检验一些较为简单的命题。如 2002 年朱迪·伯贡等的研究中所检验的假设有如下 3 个：假设一：中介性互动（mediated interaction）与非中介性互动（nonmediated interaction）在传播过程的质量和结果上存在差异；假设二：近身互动（proximal interaction）的过程和结果优于远程互动（distal interaction）；假设三：面对面交流与基于声音渠道的交流其过程和结果优于基于文本与视觉渠道的交流。[2] 可以看出，上述假设都是较为简单、直接的陈述性命题，只是从极其复杂的社会情景中抽取出来的一个理想化的近似侧面。这种理想化的抽取对于机械的物理世界而言不啻

---

[1] 金志成、何艳茹编著：《心理实验设计及其数据处理》，广州：广东高等教育出版社 2005 年版，第 166 页。

[2] J. K. Burgoon, J. A. Bonito, Jr. A. Ramirez, N. E. Dunbar, K. Kam & J. Fischer(2002). Testing the Interactivity Principle: Effects of Mediation, Propinquity, and Verbal and Nonverbal Modalities in Interpersonal Interaction. *Journal of Communication*, 52, 657—677.

是一种卓有成效的探索方法,但对于复杂性与差异性远远高于物理世界的人类社会来说,就略有捉襟见肘的嫌疑。

总而言之,控制实验是一种用变量来观察与解释世界,力图寻找社会世界中存在的模式与秩序的方法。[①] 因此,一方面要充分发挥控制实验法的长处,另一方面又要有效规避其缺陷,比较可取的办法就是用其他研究方法对其进行补充和完善。

(三) 本书的方法:量化分析与质性研究相结合的经验研究

本书仍然沿袭经验主义的基本范式,但在具体研究方法上,将结合质性研究与量化研究,即采用个人访谈方法在控制实验实施之前进行一个预调查研究,作为量化研究的补充,以兼顾社会现实的复杂性和理论模型的概括性。

个人访谈,也称个人访问、个人采访,是最古老、最普遍的资料收集方法,也是社会研究中最重要的调查方法之一。它主要以研究者自身为研究工具[②],通过研究者与被访者的互动来获取资料,并希图用丰富的细节与描述来探索事物发生的社会环境和事物所传递的社会意义。因此,它是典型的质性研究(qualitative research)[③]方法。

按照对访谈过程的控制程度进行的分类,个人访谈分为结构式访谈和无结构式访谈两种。结构式访谈由于需要对访谈过程保持较高的控制水平,所以通常必须按照统一的标准和方法选取被访者,并对

[①] 唐盛明:《社会科学研究方法新解》,上海:上海社会科学院出版社2003年版,第78页。
[②] 其实所有质性研究均具有这一特征,其方法论基础为马克斯·韦伯的诠释经验主义。参见 R. D. Wimmer & J. R. Dominick(2003). *Mass Media Research: An Introduction* (7th edition). Belmont: Wadsworth, p.107.
[③] "qualitative research"一词一般译为定性研究或质化研究,但社会研究方法论学者陈向明提出,由于"qualitative research"以实证资料的收集为基础,强调自然情境下对研究对象的整体性探究,与国内一般意义上使用的以思辨为主的"定性研究"在内涵上有明显的差异,因而将其译为"质性研究"更为恰当。此处采此说。参见陈向明:《质性研究的理论范式与功能定位》,陈向明主编:《质性研究:反思与评论》,重庆大学出版社2008年版,第1—11页。而"质化研究"的译法主要对应"量化研究",但是"化"字具有从一个状态到另一个状态的含义,因此"量化"是将本身不具有数量特征的事物经过一定的处理之后变为能够用数值加以衡量的状态,此时使用"化"字是合理的;相反,对事物进行质的研究却不存在这样一个处理的过程,所以"化"字的使用就不甚恰当。故笔者认为"质性研究"的译法比"质化研究"更为准确。

45

想象的互动：网络人际传播中的印象形成

所有被访者按照同样的次序和同样的方式提同样的问题,再以同样的方式记录下来。显然,结构式访谈实际上比较接近于问卷调查,其目的是为了便于对访谈结果进行量化分析。鉴于本书采用访谈法进行资料收集的目的在于为量化的实验方法提供有效的质性资料补充,再选择结构式访谈对量化进行强化并无必要,所以最终决定采用非标准化的无结构式访谈,事先不预定问卷、表格或是提问的标准程序,仅为被访者提供一个大致的访谈主题,由研究者和被访者围绕该主题自由交谈。研究者只需准备一个较为粗略的访谈指南或访谈大纲,然后在访谈中根据访谈的即时进展随时按指南或大纲提出问题或是对不清楚的细节进行追问即可。

无结构式访谈是一种有利于研究者全面、深入地对所关心的问题进行了解和把握的方法,常常用于深入了解只按表面程式抓不住的复杂事实,以取得对个人动机、态度、价值观念、思想等无法直接观察的问题的把握。[1] 前文曾经提到的美国布兰迪斯大学人类学系学者戴维·雅各布森1999年发表的《网络空间的印象形成:文本虚拟社区中的在线预期与线下体验》一文就采用无结构式访谈对4个MOO社区的38名游戏者就感知对象的印象问题进行了调查。该研究将访谈分为两组:第一组采用在线访谈方式完成,被访者通过为期2周的网络招募而获得,共计15人,每人访谈时间为1—2小时,并在其许可的前提下将访谈记录保留下来。特殊情况下部分被访者还通过社区邮件补充一些资料。第二组则采用面对面的传统访谈方式,被访者为选修课程的23名大学生。这些大学生均在作为考察地的4个MOO社区与感知对象有过一定程度的观察和互动。[2] 而戴维·雅各布森于2001年发表的同类研究论文《再论在场:文本虚拟世界中的想象力、能力与能动性》,再次使用无结构式访谈对61名被访者实施了调查。与前一次研究相同,61名被访者来自不同的两个分组:其中第一组的36名大学生来自于课堂,他们分别被安排进入名为RuthMOO的虚拟大学

---

[1] 参见袁方主编:《社会研究方法教程》,北京:北京大学出版社1997年版,第272页。
[2] 参见 D. Jacobson(1999). Impression Formation in Cyberspace: Online Expectations and Offline Experiences in Text-Based Virtual Communities. *Journal of Computer-Mediated Communication*, 5(1).

MOO社区和名为LambdaMOO的虚拟社会MOO社区,通过面对面的方式完成访谈;第二组的25名被访者则通过在LambdaMOO社区的招募而来,同时采用观察其与他人的对话记录和研究者直接提问的方式进行调查。① 可以看出,前一项研究的研究对象为虚拟社区中参与者对他人的感知,后一项研究为虚拟社区中参与者的在场感,两者都是内在的、主观性的。在这样的情况下使用无结构式访谈的方法实施调查,是非常具有针对性的。

然而,个人访谈法也有其缺陷,那就是较为依赖被访者的自我陈述。这就意味着,当被访者的主观感受和自我认知出现偏差的时候,将会影响到访谈所获取资料的效度,当然也就会对研究结果造成不利的影响。而控制实验法中的心理测量所采用的投射原理和统计分析则恰恰能够较为有效地避免主观性偏差带来的误差,所以,本书拟采用二者结合的研究方法,首先使用个人访谈法对一定数量的被访者进行调查,通过调查获取的质性资料归纳出网络人际传播中影响印象形成的关键因素,再根据这些关键因素设计相应的实验进行量化分析,对调查对象主观上反映出来的因素加以验证。

五、研究框架与内容

(一) 基本框架

本书采用社会科学经验主义范式,以实证研究为主体,包含一个质性预研究和三个前后承继的实验研究。

(二) 内容安排

本书各章内容安排如下:

第一章是对网络人际传播进行界定并对其技术形态做一个发展史的纵向回顾和传播模式的横向比较。

---

① 参见 D. Jacobson(2001). Presence Revisited: Imagination, Competence, and Activity in Text-Based Virtual Worlds. *CyberPsychology & Behavior*, 4(6), 653—673.

第二章主要通过无结构式个人访谈的方法针对网络人际传播中的印象形成完成一个质性的预研究，以便初步把握网络人际传播过程中影响印象形成的主要因素，为后面的实验研究提供参考。

第三章是使用控制实验的方法对网络人际传播和面对面人际传播两种传播条件下的印象形成效果进行比较。实验采用单因素设计，以传播媒介(CMC/FtF)为自变量因素，然后通过独立样本 t 检验的统计分析方法比较两种传播媒介情况下的人际印象形成效果是否具有显著差异，同时验证印象效果的鲜明度、全面度、好感度和失真度等测量指标的有效性。

第四章采用析因设计的控制实验研究了认知图式（通过启动激活）对于网络人际传播条件下印象形成的影响。实验采用 2×2 的二因素二价析因设计，以认知启动（强/弱）和线索水平（强/弱）为自变量因素进行匹配，然后通过方差分析和独立样本 t 检验的统计分析方法探明两个因素对网络人际印象形成产生了何种影响。

第五章仍然使用析因设计的控制实验对个人资料线索、表达风格线索和交流内容线索三种主要类型的社交线索对网络人际传播条件下印象形成的影响进行研究。实验采用 $2\times2\times2$ 设计，以个人资料线索（呈现/缺失）、表达风格线索（呈现/缺失）和交流内容线索（呈现/缺失）为自变量因素进行匹配，然后通过方差分析的统计分析方法比较三个因素对网络人际印象形成的影响是否具有显著差异。

第六章是在实验研究结论的基础上对网络人际传播条件下印象形成的过程机制和影响因素进行综合，并构建出能够反映网络人际传播中印象形成过程、要素、效果的理论模型。

第一章　网络人际传播的发展及现状

一、网络人际传播的界定

(一) 网络人际传播的定义

网络人际传播,是指借助计算机网络进行的人与人之间的互动传播。在传播学理论中,人际传播有广义和狭义之分,广义的人际传播就是人与人之间的信息交流,主要包括一对一传播(dyadic communication)、小群体传播(small group communication)和公众传播(public communication),而狭义的人际传播仅指一对一传播。[1] 网络人际传播则是在广义上使用"人际传播"一词的,因此包含所有的人与人之间通过网络进行的互动性信息传递和交流活动。

(二) 网络人际传播的特征

相比面对面人际传播,网络人际传播具有以下几个特征:

第一,参与者处于身体隔离的地理位置,相互之间身体不在场。使用网络进行人际传播的人往往在物理空间上距离较远,互相无法直接看到对方,也不存在一个共同的现实社交情境。

---

[1] 参见董天策:《传播学导论》,成都:四川大学出版社1993年版,第98页。

第二,以计算机网络为传播媒介。计算机网络是用通信网络连接起来的自治计算机的集合。① 网络人际传播的参与者由于互相之间的空间关系不满足面对面交流的条件,而借助计算机网络完成信息的传递。在面对面交流中,参与者的感官介入度非常高,人体全部感觉器官都可能参与进来接收信息和传递信息。相比之下,网络信息传输的信道要少得多,而且通常以文本为主,感官的介入程度不如面对面情形。

第三,信息传递以文本为基本方式。虽然随着计算机多媒体技术的发展,视觉信道(如摄像头)和语音信道(如 IP 电话)已经为不少人所熟悉和使用,但一方面,多重信道之间在一定程度上是割裂的,视觉、听觉、文字等无法形成一个联动的整体而达到与面对面情况下同等的传播效果,另一方面,文本传输仍然是网络人际传播的主导性方式,大多数人还是使用电子邮件和文字聊天在互联网上进行交流。②

第四,同时具有异步、准同步、同步的双向性和互动性,信息反馈可延缓。网络人际传播与面对面人际传播一样而与大众传播不同的是传播过程具有双向性和互动性。但网络条件下的互动性仍然具有自身的特色,即可同时实现异步互动(asynchronous interaction)、准同步互动(quasi-synchronous interaction)和完全同步互动(synchronous interaction)。在异步互动中(如电子邮件),交流双方的信息反馈可以根据现实情况和需要加以延缓,讯息交换频率远低于面对面交流;在准同步互动(如聊天室、即时通信)中,讯息交换的频率可以接近同步的水平或稍有延迟;在完全同步互动中(如语音视频聊天),讯息交换频率又可以完全达到与面对面同等的水平。而在传统的面对面情境下,异步互动是不可能存在的。

---

① 张基温编著:《计算机网络基础》,北京:中国人民大学出版社 2002 年版,第 2 页。
② J. B. Walther, G. Gay & J. T. Hancock(2005). How Do Communication and Technology Researchers Study the Internet? *Journal of Communication*, 55, 632—657.

二、网络人际传播的技术形态及其模式演变

(一) 网络人际传播的主要技术形态

从技术的角度来看,网络人际传播具体形态的发展演变始终伴随着网络信息技术的更新。具体而言,网络人际传播的迅速普及主要依赖电子邮件、网络游戏、电子公告牌、计算机协同工作、聊天室、博客、即时通信、社交网站和微博等几项网络信息技术的先后出现。

电子邮件最早萌芽于何时目前学界认为已无法稽考,但至少有三个重要事件奠定了电子邮件发展的基础。一是 1969 年 10 月,互联网关键技术——分组交换(pachet switching)技术的发明者、美国加利福尼亚大学洛杉矶分校计算机科学教授伦纳德·克兰罗克(Leonard Kleinrock)通过联网的计算机发给他同事一条简短的讯息,内容只有两个字母——"LO"。二是 1971 年秋季,在美国马萨诸塞州坎布里奇受雇于美国国防部研制阿帕(ARPA)网的博尔特·贝拉尼克·纽曼研究公司(Bolt Beranek & Newman, BBN),一个高级工程师瑞·汤姆林森(Ray Tomlinson)博士把一个可以在不同的计算机网络之间进行文件拷贝的程序和一个仅用于单机的通信程序进行了功能合并,研制出一套可用于计算机网络发送和接收讯息的新程序 SNDMSG(Send Message 的简写),并确立了用"@"符号作为邮箱地址分隔符这一事实上的标准。三是专门从事阿帕网研究的工程师戴维·克罗克(David H. Crocker),在 20 世纪 80 年代发明了两项国家电子邮件系统,并因此而获得 IEEE(美国电气电子工程师协会)颁发的互联网贡献奖。这三人都被称为"电子邮件之父"。1988 年,美国伊利诺伊大学学生斯蒂夫·道纳尔(Steve Dorner)编写了一个名叫 Euroda 的程序,由于它是第一个有图形界面的电子邮件管理程序,很快就成为各公司和大学校园内主要使用的电子邮件程序,电子邮件也因此而开始在计算机爱好者以及大学生中广泛传播开来。到了 20 世纪 90 年代中期,互联网浏

览器诞生,全球网民人数激增,电子邮件被广为使用。①

电子邮件是异步网络人际传播形式的代表,在本质上是一种用电子手段提供信息交换的通信方式,其出现主要是为了满足大量存在的人与人之间进行快速(几秒钟之内可以发送到世界上任何指定的目的地)、低成本(不管发送到哪里,都只需负担电话费或网络费)通信的需求。由于电子邮件的功能主要是替代传统邮政,因而其传播方式和特征更接近书信,而非用来进行即时交流的工具。早期的电子邮件仅仅限于文字表达,但如今已经扩展到文字、图像、声音的多渠道联合传播。不过,异步性作为其标志性特征,迄今为止从未改变。除异步性之外,私密性也是电子邮件的一个鲜明特色。与 BBS、聊天室等网络人际传播方式不同,电子邮件的内容在形式意义上仅限于交流双方知晓。当然,有可能存在多人共同使用一个电子邮箱的情形,但从计算机或网络技术的专业角度来看,只要是同一用户名和密码,都只看作一名用户。因此,电子邮件是典型的私密性一对一异步网络交流工具。

网络游戏最早可追溯至 1969 年瑞克·布洛姆(Rick Blomme)以美国伊利诺伊大学的远程教学系统 PLATO(Programmed Logic for Automatic Teaching Operations)为平台编写的一款名为《太空大战》(*Space War*)的支持二人联网的游戏。此后的十年中,出现了更多为 PLATO 系统编写的游戏,如根据《星际迷航》(*Star Trek*)改编的 32 人联网游戏《帝国》(*Empire*,1972 年出品)。但最早真正具有社会互动性质的网络游戏当数 1973 年基于 PLATO 的飞行类模拟游戏《空战》(*Air Fight*)。游戏中,人们相互之间可以通过模仿虚拟人物来打交道。尽管游戏只是 PLATO 的附属功能,但共享内存区、标准化终端、高端图像处理能力和中央处理能力、迅速的反应能力等特点令 PLATO 能够出色地支持网络游戏的运行,因此 PLATO 成了早期网络游戏的温床。1978 年,罗伊·图鲁布肖(Roy Trubshaw)和理查德·巴特尔(Richard Bartle)在英国的艾塞克斯大学(Essex University)完成了运行在 PDP-10 上的一个多人游戏系统——MUD1,即之后被称为

---

① 参见刘本军、魏文胜:《历史回顾:究竟谁是 E-mail 之父》,《中国电脑教育报》2005 年第 19 期;李刚:《电子邮件发展史》,《中国计算机报》2005 年第 66 期。

《多人在线龙与地下城游戏》(泥巴)(multi-user dungeon,MUD)的第一个版本。MUD1 是第一款真正意义上的实时多人交互网络游戏,它有两个特征确立了它的里程碑意义:第一,它可以保证整个虚拟世界的持续发展。尽管这套系统每天都会重启若干次,但重启后游戏中的场景、怪物和谜题仍保持不变,这使得玩家所扮演的角色可以获得持续的发展。第二,它可以在全世界任何一台 PDP-10 计算机上运行,而不局限于埃塞克斯大学的内部系统。此后,泥巴游戏迅速发展,并从最初的纯文字形态演变成为今天诸如《传奇》(*The Legend of Mir*)、《魔兽世界》(*World of Warcraft*)式的集文字、图像、声音为一体并可数十万人同时在线的大众化多人网络角色扮演游戏(MMORPG)。①

网络游戏是最能体现虚拟社区形态的网络人际传播平台之一,包括策略类[strategy game,SLG,如《星际争霸》(*StarCraft*)]、动作类[action game,ACT,如《反恐精英》(*Counter-Strike*)]和角色扮演类(role playing game,RPG,如《魔兽世界》)等多种类型,其主要功能是提供娱乐。这一网络人际传播形式从早期到现今已经经历了较大的变化。早期网络游戏以射击类(shooting game,STG)为主,虽然具有一定的同在感(copresence),但由于游戏的内在设定相对较为固定,游戏者可支配的空间不大,因此互动性并不强烈,严格来说甚至还不能算是作为网络人际传播平台的网络游戏;而后期的网络游戏以角色扮演类为代表,画面生动,可控性强,参与者在进入游戏之后能够在真实身份隐匿的情况下扮演虚拟角色,并发生自由度相对较高的互动,特别是能够直接进行虚拟的语言交流,是不折不扣的网络人际传播平台。网络游戏通常是一个有偿使用的开放性系统,任何人只要注册账号和密码并缴纳一定的费用就可以使用,其传播特点类似于 BBS 系统,既包含一对一的人际传播,也包含小群体传播和组织传播,以及以系统公告方式出现的大众传播,但随着多媒体技术的发展,网络游戏中的具体交流形式已经逐渐从单一的文本交流变为文本交换与语音

---

① 参见〔美〕马科斯·弗里德里:《在线游戏互动性理论》,陈宗斌译,北京:清华大学出版社 2006 年版,第 2—9 页;博客中国:《世界网络游戏发展历程》,网易科技:http://tech.163.com/05/1011/12/1VPJ4QA6000915BF_all.html,2005 年 10 月 11 日。

对话相结合的交流方式。不过无论如何演变，网络游戏中的互动均以同步交流的方式为主，参与者不仅可以在其中通过印象管理进行选择性自我展示，也可以持续发展与现实生活中类似的虚拟人际关系。

1978年，美国芝加哥诞生了世界上最早的电子公告牌系统（bulletin board system，BBS）——基于8080芯片的CBBS/Chicago。证券公司使用这套BBS系统公布股市价格，以便股民们能方便、及时地了解股市行情。之后随着苹果机的问世，开发出了基于苹果机的公告牌系统和大众讯息系统（People's Message System）两种BBS系统。早期的BBS功能与一般街头或校园内的公告牌几乎没什么区别，而且只能在苹果计算机上运行。1981年个人计算机出现之后的第二年，巴斯·雷恩（Buss Lane）用Basic语言编写了BBS的原型程序，并经Capital PC User Group（CPCUG）的"通信特别兴趣小组"（Communication Special Interest Group）成员努力于1983年改写成为PC版本。这一版本由托马斯·马赫（Thomas Mach）整理后，终于形成了PC的第1版BBS系统——RBBS-PC。由于其源程序全部公开，因此后来的BBS绝大多数以此为框架。1984年美国的汤姆·琼宁（Tom Jonning）开发了一套具有电子功能的BBS程序FIDO，该软件具有站际连线和自动互传讯息的功能，站际间彼此可以在一个共同的预定时间传送电子邮件，使得BBS初步实现了网络化。[①]

BBS是一个由有兴趣的使用者共同组成的以计算机为基础的交互式传播系统，主要用于成员之间的信息交流与网络通信。现在通常也将之称为"网络论坛"或"在线论坛"。BBS使用者可以在版面上留言，等待其他成员的回复，也可以与同时在线的成员在版面上进行准同步互动（俗称"版聊"），或者利用系统自带的即时通信工具在在线成员之间进行完全同步的实时交流。此外，BBS版面的信息对于所有使用者而言是完全开放的，每一条主帖和回帖在未被管理员删除的情况下都会保留在版面上供每个使用者查阅，不具有私密性。同时，在BBS系统中，既可以进行一对一的交流，也可以进行一对多和多对多

[①] 参见周军荣：《互联网上的电子公告牌》，《电脑》1997年第4期；徐志刚：《走进BBS》，《微电脑世界》2000年第12期。

的群体交流,还可以以站务组公告的方式进行大众传播。不仅如此,现今的 BBS 还集成了电子邮件和即时通信的功能,成了一个复合性的网络交流平台。可见,与电子邮件不同,BBS 是一种集合了多种传播时位、多种传播形态的开放性网络传播工具,它的出现和发展成熟,使计算机网络中首次出现了具有社区意义的虚拟群体。

计算机协同工作的全称是"计算机支持下的协同工作"(computer-supported cooperative work,CSCW),是指在计算机支持的环境中,一个群体协同工作完成一项共同的任务。它的基本内涵是计算机支持下的通信、合作和协调。这个概念是 1984 年美国麻省理工学院的伊瑞恩·格雷夫(Irene Greif)和 DEC 公司的保罗·卡什曼(Paul Cashman)等人在讲述他们所组织的有关如何用计算机支持来自不同领域与学科的人们共同工作时提出的。CSCW 包括群体工作方式研究和支持群体工作的相关技术研究、应用系统的开发等部分,其主要目的是通过建立协同工作的环境,改善人们进行信息交流的方式,消除或减少人们在时间和空间上的相互分隔的障碍,从而节省工作人员的时间和精力,提高群体工作质量和效率。网络人际传播最初的研究对象——计算机会议系统(computer-conferencing system)以及群体决策支持系统(group decision-making support system,GDSS),都是 CSCW 的应用形式。CSCW 是一个覆盖面很大的技术体系,在科研、教育、医疗、商务、行政等领域都有广泛的运用,其具体实现技术和分支至今仍在蓬勃发展之中。[①]

从 CSCW 的设计宗旨可以看出,这是一种任务导向性的网络人际传播形态,并不用作情感导向性的社会交往,因而其中体现的情感因素或是人格的因素几近于无。这是 CSCW 区别于其他网络人际传播形态最大的不同点。通常在协同任务完成的过程中,使用者利用 CSCW 可以进行一对一传播,也可以进行组织传播,交流的时位特征是互动完全同步。实际上,时位同步只是 CSCW 发挥作用的基本功能

[①] 参见黄荣怀编著:《信息技术与教育》,北京:北京师范大学出版社 2002 年版,第七章第一节;陈敏、罗会棣:《分布式协同虚拟学习环境的交互技术》,《第六届全球华人计算机教育应用大会论文集》,2002 年。

设定,绝大多数协同系统还要或宽松或严格地实现共享互动,甚至达到"你见即我见"(What You See Is What I See,WYSIWIS)①的标准。CSCW 平台下的所谓"互动"也不仅仅限于言语交流,而是包括了各种计算机专业色彩浓厚的非言语互动形式(如按键式对话、共同编辑某一对象等)。因此,CSCW 具有比其他网络人际传播形式多得多的机械性。

聊天室的正式译名是"互联网中继聊天"(internet relay chat,IRC),中文俗称"网络聊天室"。它是由芬兰人雅可·奥卡瑞南(Jarkko Oikarinen)于 1988 年 8 月在芬兰奥卢大学(University of Oulu)信息处理科学院参加一个计算机编程的暑期实习项目时首创的一种网络聊天协议。在不到一年的时间里,IRC 传到世界各地,并架设了 40 余个服务器。1991 年海湾战争爆发,由于伊拉克的入侵,科威特的广播和电视信号大面积中断,网友利用 IRC 向外界发布最新的消息,有时甚至超过了主流新闻媒体的速度,IRC 一时间声名大噪并迅速流行开来。②

IRC 采用客户机/服务器(client/server,C/S)模式,能实现互联网用户之间的实时会话。每个用户通过客户端程序与远程主机建立连接,远程主机接受多个来自客户端程序的连接。IRC 的特点是速度非常之快,聊天时几乎没有延迟的现象,并且只占用很小的带宽资源。所有用户可以在一个被称为频道的特定界面中使用对应的昵称进行公开交谈或私密交谈。前者的情形下任何一名用户的发言都是公开显示在频道界面上的,在这一频道内的用户都可以看到;后者的情形下,发言内容只分别显示在会话双方的终端界面上,除了会话参与者以外的其他本频道用户都无法看到。如果说电子邮件重在联络功能、网络游戏重在娱乐功能、BBS 重在话题发布与评论功能的话,IRC 则重在社会交际功能。使用者进入 IRC 频道就如同进入了现实中的一个交际会所或沙龙,可以结识来来往往的许多陌生人。相比电子邮

---

① 一种表示级通信共享方式,其要求是:对于公共信息区的同一信息为用户提供统一的显示输出方式。当显示内容改变时,所有协作成员的显示屏幕都要随之改变。

② 参见 P. Mutton(2005). *IRC Hacks*. Cambridge, MA: O'Reilly.

件、网络游戏、BBS等形式的网络人际传播,IRC受多媒体技术发展的影响较小,虽然界面已不似最初那样单调,但至今仍是以文字交流为主。从基本框架上来看,IRC以话题区分频道,一对一传播与群体传播、组织传播相结合等特点都与BBS较为相似,所以不妨看作实时版的BBS。不过IRC的信息流量较大,一般不能像BBS那样持续保存,以致若不是在熟识的昵称之间发生的谈话,往往都停留在相互寒暄和客套的层面,更谈不上什么讨论的深度了。随着即时通信等多种实时聊天工具或平台的迅速发展,聊天室已日渐式微。

博客起源于个人主页,可追溯到1994年贾斯汀·霍尔(Justin Hall)用HTML语言手动编写的网页"Justin Hall's Link",这个网页带有鲜明的私人化风格和非正式色彩,充斥着日常生活记录。此后出现的博客大多集中在IT专业技术领域,属于极少数技术爱好者的自留地。1997年,Userland公司CEO戴夫·温纳(Dave Winner)开发出具有博客功能的脚本程序,创建了Scripting News网站,迈出了博客从手动走向自动的第一步。虽然如此,但当时的博客数量仍然少得可怜。同年12月,博客使用者佐恩·巴格尔(Jorn Barger)运行的博客主页"Robot Wisdom Weblog"第一次使用了"weblog"(网页日志)的说法。1999年春,另一位博客使用者彼得·墨霍尔兹(Peter Merholz)将之简称为"blog"(博客),博客这一名称才正式问世。也正是在这一年,博客网站Infosifit的编辑杰西·加勒特(Jesse J. Garrett)把收集到的博客地址制作成一份博客名单放在互联网上,吸引了很多人的注意,并由此形成了一个博客社区。8月,Pitas公司和Pyra公司发布了基于服务器的博客运行系统Blogger和GrokSoup,博客开始呈爆发式的增长。[1]

博客实际上是本书提到的几种网络人际传播工具中最不具有典型人际互动色彩的一种形态。博客使用者借助专门的博客工具创作个人主页,将日志按照逆时间顺序进行排列并定期更新,使博客成为个人思想和生活的"活的历史",也成为个体自身丰富性的写照。在此

---

[1] 参见刘津:《博客传播》,北京:清华大学出版社2008年版,第27—44页;方兴东、王俊秀:《博客:E时代的盗火者》,北京:中国方正出版社2003年版,第二章。

种意义上看,与其将博客归入网络交流工具,不如称之为网络个人表达工具。基于博客的互动一般而言是异步的(访问者留言或评论,博主回复),但也可以实现博主与访问者或是访问者之间的准同步互动(类似于BBS的"版聊")。除了用密码限制访问的少数博客之外,绝大多数博客都是开放性的个人空间,但其传播对象的数量是不确定的,既可能只有像普通博主的亲友那样的寥寥数人,也有可能像名人博客那样广纳各方网友而多不胜数。再者,博主与访问者之间的人际互动是明显不对称的,博主拥有大量访问者所不具有的特权,这也是博客区别于其他形态的网络人际传播工具的一个鲜明特色。而与其他网络互动工具相同的是,博客的传播符号也经历了从以文字为主到图文并茂再到如今文字、图片、视频、音乐多样化的变迁——当然,大多数权限都仅限于博主享有。

即时通信(instant messaging,IM)也称即时传讯,是目前最为普及的互联网应用之一。1996年夏,以色列的四个刚刚服完兵役的年轻人——26岁的高德芬格(Yair Goldfinger)、27岁的瓦尔迪(Arik Vardi)、25岁的维吉泽(Sefi Vigiser)和24岁的阿默尔(Amnon Amir)聚在一起,决定充分利用互联网的通信优势开发一种软件来实现人与人之间的快速交流,以方便几个人在网上及时联系。这就是ICQ(I Seek You)网络寻呼软件的最早版本,也是最早出现的即时通信工具。几个月后,他们将ICQ软件放到网上供人们免费下载使用,短短半年下载人数就突破了百万。结果,ICQ很快就演变成一种交友聊天工具。1998年,ICQ注册用户数达到了1200万,被美国在线(AOL)收购。至2001年5月为止,注册用户数已经突破1亿大关,平均每天有1000万用户在线,每个用户平均在线时间为3小时。[1] 继ICQ之后,各种类似的网络寻呼软件如雨后春笋般在世界各地疯长,到2006年年底全球使用者人数达4.32亿,注册账户数达11.5亿。[2] 目前,即时通信的功

---

[1] 参见张玥晗:《腾讯与自己赛跑》,《新电子·IT经理人商业周刊》2002年第5期。
[2] 资料来源:姜伟、武金刚:《即时通信 风雨十年》,《电脑报》2005年8月8日第31期;王瑞斌:《明天我们将怎样聊天:IM2.0的魅力和狂迷》,http://blog.sina.com.cn/s/blog_53f36050010006s9.html,2007年1月18日;陈锡钧:《网络即时传播软件使用者需求研究》,复旦大学博士学位论文,2007年。

能日益丰富,已不再是一个单纯的聊天工具,而是发展成为集交流、资讯、娱乐、搜索、电子商务、办公协作和企业客户服务等为一体的综合化信息平台。

如果说电子邮件是异步网络人际传播的代表形式,那么即时通信就是典型的同步网络人际传播形式的代表。它将电子邮件的讯息交换手段从异步变成了即时,大幅度提升了交流的效率,进一步满足了人与人之间在地理位置分散的情况下进行快速、低成本的联络和交流的需求。即时通信与电子邮件的功能完全不同,主要用于即时的互动交流,不仅可以实现一对一的即时互动,也可以通过组建群组或临时聊天室的方式进行一对多或多对多的即时互动。但与电子邮件相似的是,随着多媒体技术的发展,即时通信已从早期的纯文字交流扩展到如今的文字、视频、语音的多渠道传播,功能上也逐渐集成了电子邮件(如QQ邮箱)、博客(如QQ空间)、游戏(如QQ在线游戏)、音乐、电视和搜索引擎等。不过,即时通信作为一种交流方式仍然是私密性的,其内容在形式意义上仅限于参与交流的各方知晓。总体而言,即时通信是一种集一对一传播、小组会议式的群体传播或组织传播于一身的私密性同步网络人际传播形态。

社交网络服务(social network service,SNS),俗称"社交网站",是一种集交友、个人信息分享、即时通信等多种功能于一体的互动平台。2002年3月,一家名为"Friendster"的网站在美国加利福尼亚州出现,其注册会员可创建个人档案(可在其中列出最喜爱的电影、书籍以及约会状态)并链接到好友,成为全球第一家提供社交网络服务的网站。2003年9月,MySpace.com(聚友)成立,很快取代Friendster成为当时全球拥有最多用户的社交网络服务网站。2004年2月,美国哈佛大学大二学生马克·扎克伯格(Mark Zuckerberg)、爱德华多·萨维林(Eduardo Saverin)等人联合创办了一家名叫"The Facebook"的社交网络服务网站,并逐渐通过用户拓展成为Myspace的有力竞争对手。2008年5月,Facebook全球独立访问用户首次超过了Myspace,成为全球第一大社交网络服务网站。而中国的腾讯公司也于2012年4月19日在一年前推出的智能终端即时通信服务软件微信的基础上增加了社交网络服务功能——微信朋友圈;2013年1月15日,微信用户数突破3亿,成为中国本土首屈一指的社交网络服务平台。①

可以看到,社交网络服务作为一种网络人际传播形态,主要还是沿袭了博客的特征,即可以将个人主页的内容与他人进行分享。这种个人主页的内容呈现方式是多样化的,包括了文字、语音、视频等多种形态,同时在分享的过程中,也是通过与博客同样的准同步方式进行交流。但与传统博客不同的是,社交网络服务中的个人主页并不具有完全的开放性,仅仅只对"好友"展示,其私密性得到了较好的保障,从而体现出强关系的封闭性。此外,社交网络服务通常还附加了即时通信功能,以方便用户在个人主页的分享之外,能够通过对称性的、同步交流的方式加强彼此之间的互动,这也体现了网络传播平台越来越明显的整合性发展的趋势。然而需要注意的是,尽管几乎所有的社交网络服务都会绑定即时通信功能,但在对基于社交网络服务的网络人际传播进行考察之时,必须要将这一附加功能与其主体部分区分开来。明确了这一点之后,才可以将社会网络服务相对独立而清晰地界定为一种一对多的非对称私密性准同步网络人际传播形态。

微博客(microblog),简称"微博",尽管名称看上去与博客存在一些渊源,但事实上却是一种与传统博客有着较大差异而与社交网络服务血缘亲近的新型网络传播平台,其问世要追溯到 Twitter 的诞生。2006年3月,杰克·多尔西(Jack Dorsey)、埃文·威廉姆斯(Evan Williams)、比兹·斯通(Biz Stone)和诺亚·格拉斯(Noah Glass)创建了"Twttr"服务并于7月正式向公众开放,其主要功能是将用户个人的日常生活状态用不超过140个字符在网站上记录下来并向所有的关注者开放展示。最初其并不被看好,有人甚至认为"这是有史以来最愚蠢的创意,没有人会将自己的信息放到一个网站上供所有人阅读"。2006年8月旧金山地震时,相关消息通过 Twttr 很快传播出去。人们首次意识到,Twttr 并非只能传播"午饭吃什么"等无聊的讯息。

---

① Brad Stone、Sarah Frier:《Facebook 下个十年:这个公司正面临怎样的成长的烦恼》,贾慧娟译,《商业周刊(中文版)》2014年第4期;《前 Facebook 时代的社交网站失败史:Friendster 和 Myspace 是如何死掉的?》,http://tech2ipo.com/57761,2013年1月26日。

之后不久，Twttr 更名为今日广为人知的"Twitter"，人们开始习惯于在上面发布各种新闻信息，其中不乏一些突发性的重大新闻事件。2010 年 4 月，Twitter 注册用户超越 1 亿，每日访问量达到 30 亿次。2007 年，中国本土化微博产品开始出现，代表者为饭否、叽歪、嘀咕、做啥、腾讯滔滔等。2009 年 8 月，中国老牌门户新浪也发布了自己的微博产品，并借助其强大的媒体和名人资源，迅速占领了广阔的市场，直至今日呈现出其一枝独秀的局面。①

与社交网络服务类似，微博客的传播也是基于用户个人的人际关系，但由于微博自诞生以来就具有的开放模式，微博客上用户所建立的社交关系更多属于弱关系，再加上其特有的"一键转发"功能，其讯息的扩散速度远远高于社交网络服务。在这样的前提下，微博客就体现出了更明显、更突出的媒体属性而非单纯的社交属性，从而被称为社交媒体。当然，微博客在具备博客形态（微博个人主页）的同时，也整合了即时通信（如微博私信）；对于前者而言，其人际传播是非对称、公开的；对于后者而言，其人际传播是对称、私密的。按照之前所说的应将附加功能与平台主体本身区分开来的原则，应将微博客视为一种一对多的非对称开放性准同步网络人际传播形态。

（二）网络人际传播模式的演变趋势

以上对重要的九种网络人际传播技术形态进行了回顾和梳理，为了进一步形成一个较为清晰的对比，不妨从传播模式的角度对它们加以归纳和总结。一般而言，传播模式包含以下几个方面的指标：公开性/私密性；传播形态；传播时位；互动对称性；传播符号；主要传播功能。九种网络人际传播技术的传播特点如表 1.1 所示：

---

① 参见志翔编译：《Twitter 发展简史：从纸上创意到 10 亿美元估值》，新浪科技：http://tech.sina.com.cn/i/2009-10-01/00483483052.shtml，2009 年 10 月 1 日；夏雨禾：《微博互动的结构与机制——基于对新浪微博的实证研究》，《新闻与传播研究》2010 年第 4 期。

想象的互动：网络人际传播中的印象形成

表1.1 九种网络人际传播技术形态的传播模式特点

	公开/私密性	传播形态	传播时位	互动对称性	传播符号	主要传播功能
e-mail	私密	一对一	异步	对称	文字、图片	联络
网游	公开	均可	同步	对称	文字、视频、音频	娱乐
BBS	公开	均可	准同步	对称	文字为主	消息发布
CSCW	公开	均可	同步	对称	文字、图片、视频、音频	任务
IRC	均可	均可	同步	对称	文字	社交
blog	公开	一对多	准同步	非对称	文字、图片、视频、音频	自我表达
IM	私密	均可	同步	对称	文字、图片、视频、音频	联络、社交
SNS	私密	一对多	准同步	非对称	文字、图片、视频、音频	自我表达、联络、社交、消息发布
微博	公开	一对多	准同步	非对称	文字、图片、视频、音频	消息发布、自我表达、联络、社交

从表1.1中我们可以尝试归纳出网络人际传播模式发展演变的几大趋势：

第一，公开/私密，以及同步/准同步/异步的网络人际传播技术并行不悖、齐头并进。这一趋势所描述的情形是指，具有公开性的网络人际传播技术在发展演变的过程中，没有逐渐为私密性的技术所代替；反之亦然。从使用与满足进路（uses and gratification approach）的角度来看，其背后的动力非常明显，就是传播技术的使用者既有与他人或群体公开交流的需要，也有私下交流的需要。只有能达到不同私密性程度的多样性网络人际传播技术的同时存在，才能更好地满足这样的需要。对于传播时位而言也是如此。如果说曾经存在过"同步交流优于异步交流"的论断的话，那么这一论断已经被网络人际传播技术的历史发展所证伪。类似于传播的公开性与私密性，传播技术异步、准同步、完全同步等多样化的时位特征在发展演变的过程中并没有消弭或统一，而是各自按照自身的轨道前进：电子邮件历经近40年的发展历程仍然采用异步方式；网络游戏走过的岁月与电子邮件相差无几,虽然界面、显示、场景、人物形象等一变再变,当年的 2D 画面也已经被 3D 所替代,但同样保持了同步交流的形态;BBS 和博客、SNS 和微博,发展历史有长有短,然而始终是准同步交流。显然,这样的特征沿革也是基于网络人际传播技术使用者需要的多元化:异步交流侧重于内容存储的便利性和提取时间的灵活性,便于使用者在方便的时候查看;同步交流则可以强化使用者的会话感,提高交流的效率;准同步交流的内容则介于异步与同步之间,既具有前者的优点,也能够在一定程度上提高交流的效率。可以预见,无论网络传播技术在未来怎样发展,公开性与私密性以及不同传播时位的差异一定会延续存在下去。

第二,一对一传播、群体传播与组织传播乃至大众传播等各种传播形态相互集成。这是一个相对较为明显的趋势,除电子邮件依然"保持"一对一传播的形态之外,其他传播技术都逐渐走向了多种传播形态的相互集成。出现这一趋势的主要原因在于,现实生活中的面对面传播,总是可以根据需要进行一对一传播、群体传播或者组织传播,甚至使用媒介进行大众传播,无论是何种网络传播技术,其发展方向都是无限逼近面对面传播这一所谓的"最佳"传播状态,直至最终实现像现实生活中的传播一样可以根据需要切换选择特定的传播形态。这实际上也侧面凸显了网络媒介技术仿真现实的发展趋势。而且,看上去唯一的一对一传播技术——电子邮件,其所表现出来的传播形态也只是表象而已。由于电子邮件传输的异步性,当使用者用其进行群体传播和组织传播的时候,把其中的每一条传播线路孤立起来看,都表现出一种表面上的一对一形态。而一旦将多条一对一的传播线路综合在一起从宏观的角度加以审视,便会发现它们其实只是某个群体传播或是组织传播的一个组成部分。不仅如此,电子邮箱的服务供应商(一般是一些门户网站)通常还利用运营之便,向用户的电子邮箱中发送各种新闻链接,从而使电子邮箱涉及大众传播的传播形态。这就说明,所有的网络传播技术都在朝着集成并能自由切换各种传播形态的方向发展。

第三,从以对称互动为主流非对称互动为补充发展为二者相辅相成。归纳各种传播技术的对称性特征变迁历程可以发现,早期大多数网络人际传播技术在互动对称性方面的特点都是对称互动。这是由于网络人际传播技术存在的初衷是为人际传播打破物理上的空间隔离提供可能,因而主要是仿真现实中的人际传播(包括一对一传播、群体传播和组织传播)形态。而现实中人际传播的最大特点就是对称互动,这一点与大众传播形态不同,后者是非对称的,虽然也存在信息的反馈,但反馈的渠道与主传播的渠道是不一致的,信息量也不在同一个水平上。因此,绝大多数网络传播技术都是人际传播的工具,其实现的互动都是对称的。这其中例外的只有博客。虽然博客可以通过访问者留言、博主回复的方式实现准对称互动,但究其本质而言,与其称之为网络人际传播的平台,不如说它更多地属于一种"自媒体"。"自媒体"一词最早就是针对博客提出的,它所强调的是一种不同于专业媒体的个人媒体及其新闻信息生产机制。然而,尽管自媒体和传统的专业媒体在新闻生产的运作上存在一定的差异,但它毕竟是媒体的一种。这就意味着,博客的主要传播形态其实是大众传播。既然是大众传播,非对称互动自然就是其中的应有之义了。随着时代的发展,用户们并不满足于使用传统的完全"仿真"面对面交流的网络人际传播方式,而是开始从博客这种"非常态"网络人际传播形态中发掘出能让自身更具有话语权和影响力的人际传播模式。显然,非对称互动模式恰恰符合这样的一种需求,从而变得与对称互动同等重要。于是在新兴的网络传播平台如 SNS、微博中,都采用了这样的人际传播模式。从本质上来看,非对称互动的模式同样具有"仿真"的意义,其模仿的是类似演讲、发言的一对多的公众传播。

第四,单一的文字符号向文字为主,图片、视频、音频相结合的多元传播符号体系演变。由于早期计算机操作系统(OS)界面都非常简陋,故而只能以英文单词和一些符号作为传播符号,称为字符(character)。过于简单的传播符号体系很难传达人的情感,也很难进行社会性的交际互动,给人以机械化的、冷冰冰的感觉,因而主要用于达到任务导向性的目的。但这样是不能满足人的固有需要的,人本主义心理学家马斯洛(Abraham Maslow)认为,人作为"人"始终都有"爱与归属的需要"(love and belongingness need),而无论是爱的表达还是群体的融入都需要情感的表达,这就必然促使网络人际传播的方式向能够满足人们交际需要的方向发展。因此,计算机的传播符号系统就一直处于一种不断多元化、仿真化的演进之中,从最初的单一文字符号,到文字、图形符号结合,再到各种视频与音频格式的出现,最终形成一个更加直观且更容易为使用者所掌控的多元并行的传播符号体系。用计算机科学与技术的专业术语来说,就是"界面越来越友好"。而多媒体技术就成为当今信息技术领域发展最快、最活跃的技术,成为新一代电子技术发展和竞争的焦点。不过就目前多媒体技术的发展水平而言,虽然实现了历史的飞跃,但仍然以视听符号为主,尚未达到能充分调动人类全部感官功能的完全模拟仿真水平。可以预见,在强大的需求推动下,多媒体技术还将发展得更快、更远。

第五,传播功能的不断细化与相互融合。一方面,各种网络人际传播技术的主要功能越来越呈现出差异化的趋势。电子邮件可以低成本、低耗时传输文本和其他文件,凸显出通信联络的功能;网络游戏让使用者体验到越来越多的乐趣,显现出的是娱乐功能;BBS既便于保存讯息,又能实现准同步互动,是讯息公开发布、评论和探讨的主要平台;CSCW能够促进使用者的业务合作,使需要多个分布式参与者完成的大规模协作任务的完成达到更高的效率;IRC则是通过互联网结识陌生人的理想渠道,仿似一个俱乐部充斥着来来往往的各色人等,社交是其最主要的功能;博客又是一个自我表达的空间,让使用者充分享受到"我的地盘我做主"的待遇;IM可以让使用者与远在千里之外的朋友保持联系,并在需要的情况下随时聊上几句,真正实现了古人"海内存知己,天涯若比邻"的愿望。可见,这些传播技术都有一个自身最为侧重的功能,而且这一功能是其他传播技术所无法替代的。从最开始最基本的通信联络功能,再到自我表达功能、完全同步的即时交流功能,实现的特定功能越来越多,但仍然远远赶不上人们的需求。随着网络传播技术的进一步发展,可实现的传播功能将呈现分化的趋势,会针对具体的需要越来越细致。同时,各种网络传播技术之间又出现了相互融合的趋势。特别是SNS和微博的出现,使得博客变得更富有社交性,同时兼有IM的功能,用户能够在拥有自己的"个人媒体"之余进行即时交流或是接收他人发来的私下留言。但特别需要注意的是,这样的融合其实并非一种从内在结构上发轫的有机融合,而只是能实现不同功能的各种传播技术之间的互相绑定和集成。因此,对于某一种网络传播技术而言,功能呈现出细化的趋势;但对于具体的网络传播系统、软件或服务而言,功能又呈现出融合的趋势。

第二章 网络人际印象形成影响因素的预研究

一、方法与设计

(一) 方法:个人访谈与扎根理论

本书的预研究属于探索性研究,为了保证研究结果更加接近现实生活中的真实情况,采用质性研究方法更为适宜。从研究的具体情况来看,人际传播中的印象形成属于个体主观感知的范畴,由于个人访谈在获得调查对象的观点、价值观、动机、记忆、经验以及情感等方面的信息上具有突出的优势[1],因此,笔者拟采用无结构式个人访谈的资料收集方法,选择一定数量的符合研究条件的网络互动参与者分别实施访谈,并在此基础上采用扎根理论法对访谈资料进行分析,以期发现影响网络人际传播中印象形成的主要因素。

无结构式个人访谈是非标准化的,事先不制作问卷、表格或是提问程序,研究者只需准备一个较为粗略的访谈指南或访谈大纲,未尽事宜在访谈中可以根据被访者的应答情况随时予以调整。无结构式个人访谈的基本步骤如下:

---

[1] R. D. Wimmer & J. R. Dominick(2003). *Mass Media Research: An Introduction* (7th edition). Belmont: Wadsworth, p.124.

第一步:确定研究主题。

第二步:设计访谈大纲。

第三步:确定参访条件并征集被访者。

第四步:实施访谈。

第五步:整理所获取的资料。

第六步:根据整理出的资料情况进行必要的回访。

第七步:重复第五、六步直至获取到足够的资料。

一般而言,无结构式个人访谈的优势在于能够提供丰富的细节信息,但缺点在于研究结论的普适性不够充分。一个主要的原因在于其访谈对象使用的是非随机样本,不能严格保证样本的代表性。尽管如此,仍可以在抽样时根据常用的人口因素指标(如性别、年龄、职业、受教育程度等)来确保被访者之间的差异性(最大变异性抽样),使得被访者的选取尽量涵盖不同特征的人群,从而在一定程度上提高样本的代表性。此外,由于访谈是一个访谈者与被访者之间的互动过程,因而访谈结果也可能受到研究者主观偏见的影响。鉴于后续研究将采用相对客观的控制实验法对预研究的结论进行基于统计分析的验证,故在本次预研究中不对研究结论的效度作过高的要求。

本次预研究拟采用的资料分析方法为扎根理论分析法。扎根理论是社会学者巴尼·格拉泽(Barney G. Glaser)和安瑟尔姆·斯特劳斯最早于1967年在《发现扎根理论:质性研究的策略》(*The Discovery of Grounded Theory: Strategies for Qualitative Research*)一书中提出并由伊冯娜·林肯(Yvonna S. Lincoln)和埃贡·古贝(Egon G. Guba)在1985年加以改进[①]的一种质性资料分析方法,它强调从研究者与经验资料的不断互动中逐步抽象出关键概念再形成具有概括性的理论。由于所形成的理论牢牢地"扎根"于经验资料,所以称之为扎根理论(grounded theory)。扎根理论提出的目的是,"使质性探究的操作过程不再神秘"[②],并"使质性探究方法超越描述性研究,进入解释性理论框架的领域"[③]。因此扎根理论法具有两个明显的特征:一是质

---

① 参见 Y. S. Lincoln & E. G. Guba(1985). *Naturalistic Inquiry*. Beverly Hills, CA: Sage.

② 〔英〕凯西·卡麦兹:《建构扎根理论:质性研究实践指南》,边国英译,重庆:重庆大学出版社2009年版,第5页。此处所说的"操作过程"主要是指质性研究中的资料分析过程。

③ 同上书,第7页。

性资料分析过程明晰化、程序化;二是以理论建构为研究的最终目的。

扎根理论分析的核心是资料的编码,所谓编码,是将资料切分为许多片段并逐一贴上"标签"进行分类、解释和说明的过程。由于在编码的过程中最初的质性资料会被"打碎"并归入到不同的类属中去而归纳为相应的主题,所以扎根理论分析也被称为"类属分析"[①]。实际上,类属分析的编码过程也就是资料的分析过程。这个编码/分析的过程可以持续不断地进行下去,直至最终形成扎根理论为止。

具体而言,扎根理论的操作要点包括:首先,在资料中找出关键的要点,然后通过不断地比较加以归类;其次,不断地比较同一分类中的要点是否相似,若不相似则考虑改归于其他分类或是建立一个新的分类;再次,不断地比较不同分类间的差异性是否足够显著,如不够显著则考虑归并。正是通过这样不断地循环比对、分析,并随时对照资料进行检验,以达到从中提炼出核心主题要素的目的。由于其主要操作关键在于不断地比较,所以也有学者将之称为"持续比较法"(the constant comparative method)。[②]

实际上,扎根理论最早是归属于案例研究方法的分析技巧。案例研究是为人类学、社会学、法学、心理学、医学等多门学科的研究者所广泛运用的经典研究方法,能从个案的详细描述与分析中,发现影响事物的主要因素(变量)及其作用,从而导致假设的形成,并找出群体或类型的详细资料。[③] 而扎根理论是在多个案例研究的基础上进行分析和整合,所得到的结论比单个案例研究更具有普遍性(更高的外部效度)。

(二) 理论:概念框架

概念框架(conceptual framework)是"以图表或叙述的形式,解释有待于研究的主要事物——关键因素、概念或变量——以及它们之间

[①] 〔美〕约瑟夫·A. 马克斯威尔:《质的研究设计:一种互动的取向》,朱光明译,重庆:重庆大学出版社2007年版,第75页。

[②] R. D. Wimmer & J. R. Dominick (2003). *Mass Media Research: An Introduction* (7th edition). Belmont: Wadsworth, p.107.

[③] 袁方主编:《社会研究方法教程》,北京:北京大学出版社1997年版,第279页。

的假定关系"①。建立概念框架的目的是促使研究者在研究开始之前就用比较简洁、直观的方式将研究问题所包含的重要方面呈现出来。② 概念框架所囊括的关键概念主要来源于对前人文献的回顾以及研究者自身的经验性知识,因此有必要对相关文献中涉及的网络人际印象形成影响因素进行一个简要的梳理。从数量不算太多的相关文献来看,涉及的影响因素先后发现有以下一些:

传播媒介。1992 年 SIP 理论提出之前,大量的实验研究结果都表明网络人际传播是任务导向性的传播方式,计算机网络是适用于任务工作的传播媒介,因而研究者们普遍把传播媒介作为影响网络传播条件下人际印象形成的唯一主导因素,认为其与面对面条件下的印象形成差异是网络人际传播的固有性质。这一观点后被称为计算机中介传播固有效果观(static-effects views of CMC)。③

互动时间。约瑟夫·瓦尔特在 SIP 理论中指出,互动时间应当是网络传播条件下人际印象形成的关键影响因素之一。④ 随后,他对此进行了实验验证,并将结果发表于 1993 年的一篇论文中。相关的实验研究结果显示,随着时间的延长,网络传播条件下的人际印象呈线性增长式发展。⑤

原型。1999 年戴维·雅各布森发表于《计算机中介传播学刊》第 5 卷第 1 期的《网络空间的印象形成:文本虚拟社区中的在线预期与线下体验》,以田野考察的方法对影响在线印象形成的因素进行了探索性研究,提出了感知者固有的人物原型是网络空间印象形成的主要影响因素。

讯息频次。2002 年刘余良等人的研究以网络人际传播的交流持

---

① M. B. Miles & A. M. Huberman(1994). *Qualitative Data Analysis: An Expanded Sourcebook* (2nd ed.). Thousand Oaks, CA: Sage, p. 18. 转引自〔美〕约瑟夫·A. 马克斯韦尔:《质的研究设计:一种互动的取向》,朱光明译,重庆:重庆大学出版社 2007 年版,第 25 页。

② 陈向明:《质的研究方法与社会科学研究》,北京:教育科学出版社 2000 年版,第 91 页。

③ J. B. Walther(1992). Interpersonal Effects in Computer-Mediated Interaction: A Relational Perspective. *Communication Research*, 19(1), 52—90.

④ Ibid.

⑤ 参见 J. B. Walther(1993). Impression Development in Computer-Mediated Interaction. *Western Journal of Communication*, 57, 381—398。

续时间和讯息发送频次作为自变量测量了人际印象效果的变化,发现了二者均与印象发展的程度呈正相关,不仅支持了交流时间的长短是影响因素之一的结论,还把讯息频次也列入了影响因素之中。[①]

社交线索。自线索消除进路形成以来,社交线索就已经隐隐成为网络人际传播特性背后的主要决定因素,但直到近年来,才有学者进行相关的实证研究。2002年丽莎·科林斯·蒂德维尔与约瑟大·瓦尔特发表了《计算机中介传播中的表露、印象及人际评价:一次相互了解一点点》一文。这一研究借助普通人际传播中的不确定性降低理论(uncertainty reduction theory,URT)[②]的研究框架,提出了关于网络人际传播印象信息获取方式和效果的四个研究假设和两个研究问题,并在重点考虑传播时间因素的前提下采用组间设计控制实验、会话分析、内容分析等方法进行了验证和回答,其中,探究各类线索对于不确定性降低的作用则使用了多元回归的分析方法。[③] 2003年,马丁·塔尼斯和汤姆·珀斯特默斯也以照片和个人资料信息为例,用控制实验的方法初步验证了不同的社交线索讯息对印象模糊度和印象效价的影响。

社会认同。SIDE模型提出,网络人际传播中不同的社会认同会导致社会归类的不同,最终形成群体凝聚力增强和脱离于群体之外的身份极化效果。[④] 马丁·塔尼斯和汤姆·珀斯特默斯抓住了这一点,在前文提到的2003年研究中以SIDE模型为基础通过另一个实验提

---

① 参见 Y. L. Liu, D. Ginther & P. Zelhart(2002). An Exploratory Study of the Effects of Frequency and Duration of Messaging on Impression Development in Computer-Mediated Communication. *Social Science Computer Review*, 20(1), 73—80。

② 参见 C. R. Berger & R. J. Calabrese(1975). Some Explorations in Initial Interaction and Beyond: Toward A Developmental Theory of Interpersonal Communication. *Human Communication Research*, 1, 99—112。

③ 参见 L. C. Tidwell & J. B. Walther(2002). Computer-Mediated Communication Effects on Disclosure, Impressions, and Interpersonal Evaluations: Getting to Know One Another A Bit at A Time. *Human Communication Research*, 28(3), 317—348。

④ 参见 M. Lea & R. Spears(1992). Paralanguage and Social Perception in Computer-Mediated Communication. *Journal of Organizational Computing*, 2, 321—341; R. Spears & M. Lea(1992). Social Influence and the Influence of the "Social" in Computer-Mediated Communication. In M. Lea (Ed.), *Contexts of Computer-Mediated Communication* (pp. 30—65). Hemel-Hempstead: Harvester-Wheatsheaf。

出了社会身份认同在一定的条件下也会成为人际印象形成的重要影响因素。

对于以上发现,应当注意到所提及的网络印象形成影响因素互相之间并非完全的并列关系。如尝试将其进行逻辑上的归纳和梳理,则可以进一步发现:传播媒介、时间和讯息频次均是事实上导致社交线索水平及其信息量差异的原因;原型和社会认同,均属于认知框架的范畴。如此则可绘制出反映概念框架的概念图。① （图 2.1）

图 2.1　网络人际印象形成影响因素预研究的概念框架

(三) 设计:访谈实施方案

访谈的目的是通过对各类网络人际传播参与者的个人访谈,了解网络环境下被访者对他人的感知过程及特点,以期发现影响网络人际印象形成的主要因素。

访谈将围绕以下几个焦点问题展开:(1) 你认为××(印象目标的网名)在外表和个性等方面是怎样的一个人?(2) 你为什么觉得他(她)在这些方面是这样的?(3) 你认为网上哪些信息有助于你了解对方?除以上三个问题外,访谈人还将根据被访者的回答情况酌情进行一定范围和深度的追问,以获取必要的分析资料。

由于近年来网络使用的主要人群逐渐从 18—35 岁年龄段扩展为 10—40 岁年龄段②,故被访者将从该年龄段选取。被访者需要满足以下条件:第一,是经常性的网络互动参与者。设定标准为从第一次登

---

① 参见〔美〕约瑟夫·A. 马克斯韦尔:《质的研究设计:一种互动的取向》,朱光明译,重庆:重庆大学出版社 2007 年版,第 36 页。

② 参见 2006 年至 2015 十年间的中国互联网络信息中心(CNNIC)《中国互联网络发展状况统计报告》。

录网络互动平台(主要包括 BBS、网络游戏、IM①、SNS②、微博)③起迄今至少一年以上,且平均使用频度至少每周一次。第二,在注册有 ID 的虚拟社区中有至少一个在网上结识的人,以作为印象形成目标。第三,未接触过任何有关印象目标的真实的情境讯息,以保证印象形成完全建立在网络人际传播条件下仅有的社交线索讯息上。具体而言,即未与印象目标有过语音或视频聊天、线下见面等经历。第四,与印象目标有一定次数和持续时间的网上同步或非同步交流,确保至少达到最为初步的印象水平。

最终,遵循质性研究的目的性抽样(purposive sampling)原则,在按照最大变异性抽样(maximum variation sampling)方式兼顾性别、学历、专业、职业等媒介研究中常用的人口因素指标差异的情况下,筛选出符合条件的被访者 16 人,其基本情况如表 2.1:

表 2.1 16 名被访者的基本情况

网名	性别	年龄	学历/专业	职业	网龄	过去 3 个月内每天上网时间	使用平台
水仙 baby	女	23	本科/法学	法务咨询	11 年	3 小时以上	BBS
宁静雪	女	19	大专/艺术学	学生	7 年	3 小时以上	BBS
Salina	女	21	本科/护理学	学生	9 年	3 小时以上	BBS
小森	男	26	硕士/临床医学	临床医师	9 年	1—3 小时	IM
Dragonfly	女	22	本科/广告学	广告调查	6 年	3 小时以上	IM
Shawn	男	31	博士/政治学	高校教师	8 年	1—3 小时	IM
Daffodil	女	18	本科/汉语言文学	学生	5 年	3 小时以上	网游

---

① 尽管用户越来越不会使用相对独立的 IM 工具(如 QQ)将陌生人加为"好友",但目前的 IM 工具通常都捆绑于 SNS(如微信)或微博(如微博私信),所以仍会有不少用户使用其与纯线上交往对象互动,故其依然具有研究价值。

② 尽管 SNS 的大多数互动都发生在具有线下人际关系或是从线下延伸出的线上人际关系的用户之间,但仍有极少数"好友"属于纯线上交往对象(如网络游戏的队友间经常通过 SNS 加强讨论和联络),故其依然具有研究价值。

③ 之所以将计算机协同工作、聊天室和博客排除在外,是基于不同的原因:第一,计算机协同工作过于专业化,其用户多为计算机或相关专业人员,通过其获得的资料极有可能不具普遍性;第二,除少数名人用户之外,大多数博客都属私人博客,仅限于亲朋好友间的交流之用,相互间在现实中的熟悉程度较高,不符合考察条件;第三,聊天室虽然符合考察条件,但因其随着用户的大量流失日渐式微,几乎已经失去了考察的意义,也很难找到合适的被访者。

(续表)

网名	性别	年龄	学历/专业	职业	网龄	过去3个月内每天上网时间	使用平台
奔奔熊	男	28	硕士/信息与通信工程	工程研发	8年	3小时以上	网游
三寸日光	女	25	硕士/社会学	信息咨询	10年	3小时以上	BBS
a风和日丽	女	29	硕士/法学	公务员	8年	3小时以上	BBS
！听雨～	女	23	硕士/心理学	学生	4年	1—3小时	BBS
keeping moving	男	27	本科/林学	市场销售	14年	3小时以上	SNS
Aussie beau que toi	女	17	本科/法语	学生	9年	3小时以上	SNS
混世魔王	男	25	本科/电气工程	工程师	13年	3小时以上	SNS
佘小卉爱大凯哥	女	23	大专/新闻学	记者	12年	3小时以上	微博
小美的小窝	女	24	硕士生/数学	学生	10年	3小时以上	微博

笔者与被访者分别约定了专门时间进行一对一访谈。访谈采用在线方式，主要理由如下：(1) 由于话题涉及被访者的私人经历和体验，网络的私密性能够尽量保证被访者袒露真实的内心感受；(2) 在线访谈可以远程进行，成本较低，更利于多次进行访谈，以弥补遗漏信息以及临时决定了解的其他信息；(3) 系统拥有自动记录功能，可保证交流顺畅，并留下完整的原始记录，便于整理归纳。每人访谈时间设定为1小时左右，实际时间由访谈人根据访谈情况灵活掌控。此外，为保证获取信息的可靠性，仅在经被访者本人许可的情况下，方在本章中采用其在相关网络传播平台中的网名，否则使用化名。

二、访谈资料的扎根理论分析

（一）一级主题一：社交线索

本次预研究以被访者对印象目标的感知内容为主要材料来分析影响网络人际传播中印象形成的主要因素。在对所有12名被访者的访谈记录进行分解并按照内容单元区分、归类之后，形成了一系列互斥的分类,并将之标记为次级主题(sub-themes)。在若干次级主题的基础上,经过进一步的比较和归并,最终形成一级主题(themes)。

在通过访谈获取的资料中,大面积地涉及能够给感知者了解印象目标提供有效信息的讯息,我们初步将其编码为七个主题:网名(ID或昵称)、虚拟形象(头像或虚拟人物形象)、在线个人资料、个性签名、语言风格、电子副语言、交流内容。以下分别结合访谈记录进行分析。

(1) 网名(ID或昵称)。网名是每个网络互动参与者的身份符号,是网络世界一个人区别于他人的标识。虽然网名也有重名的情况,不过总的来说较少。当然,有极少数人没有网名,但"不取网名"这一事实本身就蕴含着一定的信息,因而实际上这也是一种网名。访谈材料显示,网名往往是首先触发印象形成的线索。以下是一些被访者的陈述:

> ……感觉(橙小妖)是个身材娇小的、长相比较可爱得(的)女生。小妖这个词,看到以后首先想起得(的)是《聊斋》里得(的)女鬼之类,而不是《西游记》里得(的)喽罗(啰)吧。而那种女鬼一般是长得可爱得(的),像聂小倩那种,所以总是女孩子用得多。而且是有点自恋得(的)感觉,可能跟之前认识得(的)一个昵称叫"妖精"得(的)女孩子是那种性格有关。橙让人感觉是比较活跃得(的)颜色。年龄很大或者性格很冷得(的)人,应该不会用这个字吧。(水仙baby,某BT下载社区成员)

> ……(无双华)不论从nick(注:昵称)中的"双"还是"华"字来看,我想都无法叫她学长吧。对,就是乆的。(Salina,某校园BBS成员)

> ……我觉得一个人选的头像和名字都是根据性格来的。她的名字(西窗剪竹)让我感觉像是一个比较内敛的女孩子。嗯,就是比较"宅"(注:不爱出门的意思)的感觉,深居简出的感觉。(小森,某IM软件用户)

> ……"河洛"这个名字……开始不懂是什么东西……后来他解释"河洛"就是河图洛书……就感觉他是个喜欢传统文化的人……应该比较有文化气质……(Dragonfly,某占星群组成员)

......在最初交流时,他用的网名是"大男孩粥粥",当时就感觉他应该和我不是同龄人,应该比我大吧,我周围的人都没有叫这种名字的,起这个名字的人应该是个比较热情的人,大男孩会给人一种挺阳光的感觉。(Aussie beau que toi,某 SNS 用户)

......我当时一看到她的名字就叫"小飞乐",后面还加了一架卡通的飞机和一根棒棒糖的符号,就感觉她是一个性格很开朗、可爱的女生,尤其是那两个卡通的符号,让我觉得她是个很有趣的人(keeping moving,某 SNS 用户)

......"小波讨厌摩羯座"这个名字,瞬间就感觉很有共同语言,也是一个对星座比较感兴趣,而且也是一个很讨厌摩羯座的女生,正好和我当时的情况一样,哈哈。(小美的小窝,某微博用户)

(2) 虚拟形象(头像或虚拟人物形象)。除了网名之外,大多数网络互动参与者在不同的网络人际传播平台都有特定的虚拟形象。通常的各种网络传播平台上都设有成员头像,而大多数在线 RPG 游戏则允许用户为自己指定一个全身的虚拟人物形象。不过也有部分网络平台没有虚拟形象的设置,如传统的文字聊天室以及基于 telnet 的 BBS,在这一类虚拟社区中,识别成员身份的只有 ID 或昵称。虚拟形象往往跟网名同时出现,共同触发网上对他人的第一印象。以下是一些被访者的陈述:

另一方面就是头像,是一张作业纸上,画着一只冒出桃心的杯子。很可爱的风格,应该是韩国的插画,所以感觉是应该比较时尚,而且有点可爱的女生。(水仙 baby,某 BT 下载社区成员)

"叶子"呢,最初以为是男的,因为看他的头像是沙迦(注:日本动漫《圣斗士星矢》中的人物),上面还加了"无敌叶子"四个字,让人感觉是有点酷。可能个子比较高,但是性格里还是有些俏皮的人,因为居然在头像上自己写字,汗。(宁静雪,某音乐网站社区成员)

......有时候觉得她没什么个性。可能跟她头像有关系。她头像就是个企鹅,很一般的感觉,或者说,第一眼看上去根本没什么感觉。(小森,某 IM 软件用户)

……我觉得她可能是个美女,因为就我个人经验来侃(看),我所交往的漂亮一点的女人用漂亮的"女士头像"的很少。后来有一次我干脆直接问了,结果她说她不漂亮,让我失望!(Shawn,某 IM 软件用户)

……之前是猫的头像,胖忽忽(乎乎)的呀,他也喜欢猫。所以感觉他有点胖忽忽(乎乎)的,温顺,有同情心。就是说性格比较好。(!听雨~,某心理网站论坛成员)

……她的头像是一个卡通女生,烫着大波浪卷头发,穿着一件小裹胸,还有一点异域风情,我就猜想她肯定是个美女,而且是个很开朗、奔放的女生,哈哈,事实证明我猜对了。(混世魔王,某 SNS 用户)

……他的头像有点非主流,我不太喜欢这样的男生,但是不太喜欢拒绝人,所以还是加了。(Aussie beau que toi,某 SNS 用户)

……我们俩是王凯的粉丝,她用的就是王凯的照片,后来发现她真是铁杆粉丝,好多信息都是她告诉我的。(佘小卉爱大凯哥,某微博用户)

……她的头像是她自己小时候的照片,圆嘟嘟的脸蛋,和她的名字"小飞乐"一样,一看就是那种很可爱、开朗的女生。(keeping moving,某 SNS 用户)

(3) 在线个人资料。在线个人资料是网络传播平台中可供他人查询的关于某成员或用户的资料,注册时由成员或用户自行填写,可随时修改。其中包含的个人信息通常有真实姓名、性别、年龄、生日、星座、职业、兴趣爱好等。以下是相关访谈内容:

……根据个人资料,网龄 2335(天),上站 956(次),看来比较少在网上灌水,面对电脑时间少,应该如我所想皮肤保养(得)非常好,或者也算比较好。所谓女孩的皮肤好便一美遮十丑,长相我想值得一看。503(篇)的文章数与 2335(天)的网龄实在让我诧异,而且是作为"斑竹"(版主)。因此我想性格应该是温善一点的,不随风头处处说话,当然不一定非(得)伶牙俐齿。(Salina,某校园 BBS 成员)

……但是资料里面真实姓名一栏填的是"大叔",我想可能是这人觉得自己比较老相,干脆自己写一个自嘲一下?因此刚开始就觉得他很老。(Daffodil,某网络游戏社区成员)

……当时我来四川不久,想找人聊天。而她个人资料中显示的是"四川"和"学生"。在来之前,我同学都说川妹子漂亮,所以我认为这很可能是个美女,久(就)找她了。(Shawn,某 IM 软件用户)

他个人资料里面,国家填的"南诏国",省份是"大理矅氏",让人想起《天龙八部》,就以为是少数民族或者是云南人。而且一般来说,星座这种信息我还是比较关注。他写的是巨蟹座,我爸和我男朋友都是巨蟹座,但他年龄应该跟我差不多大,所以我脑海中首先浮现的就是我男朋友的形象。然后就是觉得他可能也比较感情丰富、敏感、低调,比较顾家,有时候不太自信,总之就是一个典型的巨蟹座年轻人的形象吧。(三寸日光,某 IM 软件用户)

性格啊,典型处女座,他在个人资料里面就是这么填的。(a 风和日丽,某交友社区成员)

……我看了看他的个人资料,想推测他的职业、背景什么的,然后发现他就是个打工的吧,他的照片里就有工作地点、工作环境,还有发朋友圈的语气,就可以听出这些东西来。他也是看我资料知道我是学生,所以才加的。(Aussie beau que toi,某 SNS 用户)

……我发现她原来也是射手座,而且生日只和我差一天,年龄比我大五岁,就像我姐姐一样。(小美的小窝,某微博用户)

……她的粉丝数目比较多,而且微博的大部分内容和王凯有关,看到她经常和其他人互动,就感觉她是一个没有一点架子的人,加了她以后也经常私信交流,只要一有偶像的新动向,她就会告诉我。(佘小卉爱大凯哥,某微博用户)

……我看她的朋友圈,发现是个美女,就加了,而且发现她也炒股,我们经常一起吐槽中国股市。(混世魔王,某 SNS 用户)

……我看她朋友圈经常晒美食、旅游和自拍,应该还是个学生吧,好像对星座、心理测试这类也比较感兴趣,典型的小女生。(keeping moving,某 SNS 用户)

(4) 个性签名。个性签名最早产生于 BBS 系统,是固定附着在某人发表的帖子后面的文字、图形、图片等。因其能在一定程度上体现帖子作者的个性特色,甚至相当于作者的亲笔签名而起到一种身份证明的作用,所以称之为"个性签名"。后来个性签名扩展到 IM、SNS 和微博中,作为个人身份信息的补充。相关访谈内容如下:

> 从他签名来看也比较像老师,经常通知些什么时候开课的事情……像这种:"这段时间眼睛有些肿痛,上网不方便,有事请留言。"其他就是经常写些励志的话,不晓得是他鼓励他自己的还是鼓励他学生的……比如:"成功的秘诀是,坚持长期做正确的事情。"有时候就想,他真是个合格的老师。(Dragonfly,某占星群组成员)

> ……只看到(他)版面上签名经常在换,有时是些经典的句子,有时候就是感觉恶搞,所以觉得这人可能平时挺无聊的。(Daffodil,某网络游戏社区成员)

> 你看他的个性签名:"招工,招女工! 18—25 岁! 无经验者优先,试用期 N 天,用我的一生付工资,用我们的儿子做利息!"有点个性哇? 所以我感觉这个人应该是比较诙谐幽默、有点责任感的。(奔奔熊,某网络游戏社区成员)

> 他的个性签名经常我看不懂,他说是游戏的东东(西)。我想喜欢玩游戏,怕是比较有童心吧……贪玩是人之常情噻,说明性格应该还可以,他跟别人的关系都还不错。(! 听雨~,某心理网站论坛成员)

> ……他的签名经常换,大多是用一些网络流行语,或者是工作中遇见不顺心的事,发两句牢骚,发泄一下自己的情绪。前几天,他的签名就改成"醉了"。我会感觉他这个人比较情绪化,比较赶潮流,没什么个性。(Aussie beau que toi,某 SNS 用户)

(5) 语言风格。不论是同步或非同步,网络交流的主要渠道都是文字,也就是语言。一个人在网络交流中所使用的语言风格往往能够体现其个性特征。具体而言,主要包括用词偏好、句型偏好、标点偏好等方面。被访者的相关陈述如下:

……初次说话的时候,觉得他比较活跃……因为他打字非常快……说话非常简短……很干练的样子……(Dragonfly,某占星群组成员)

……他应该很年轻,比我年轻,很有活力,至少在游戏上面。我说的游戏就是《星际》(注:指《星际争霸》,一款经典的即时战略游戏)。他在游戏里面很活跃,因为游戏不是中国人做的,交流没有中文,只能用拼音表达。所以一般打这个游戏的人都很难得发话,但他经常发话,算说话比较多的。当然大多数都是战术指挥,比如"go! go! go!""rush!"之类的,非常善于组织,有可能平时也比较有主见,做事雷厉风行。(奔奔熊,某网络游戏社区成员)

……她说其(起)话来比较规矩。曾经我要求她给我照片看看,我给她的表情是这个"眼冒红心"的,一是表示有点好色,二是希望她是秀色可餐。其实我没打算能要到她的照片。这样的表情,只是处(出)于好玩,希望造点轻松的气氛而已。可她只是用文字说"我不好看,是个很一般的女孩子",很死板的语言。而且一直说话都是这样,所以和她聊没什么激情。我就觉得她太保守了,比较本分。(Shawn,某 IM 软件用户)

……感觉他应该是个子不太高、皮肤比较白的男生。因为在交谈中他比较喜欢用四川方言,什么"得嘛"啊、"喃"啊一类的,而我对四川男生的第一感觉差不多都是这个印象。说话很幽默,但是应该是比较不会掩饰自己的人,因为有时候说话虽然幽默但是还是有点尖刻,而且损起人来也不留情。(Daffodil,某网络游戏社区成员)

……强迫症(强迫他人认同自己的观点),太严肃,累。不过对事情很认真。也就是太认真了。是的,有个人资料的原因,当然真正感觉是和他谈话,非得把啥事的理说个透,还喜欢教育人。那语气,实在是让人敬而远之。(a风和日丽,某交友社区成员)

……情感应该比较细腻吧,从他看我写的文章后发表的评论能看出。比如这一段:"当一切明白以后,原来我们需要的仅仅是一个或好或坏的结果。一个早已在心底许下的结果。是好?是坏?时间将证明一切。没有人能预见未来怎样。而结果的好与坏,在明天的明天之后,实际上并不重要。明白以后,深呼吸,向前看,迎接……的到来。"感觉他文采好,心志(智)成熟,热心。(！听雨~,某心理网站论坛成员)

……她的语言风格真叫奔放啊,不过腼腆的也聊不下去,哈哈。(混世魔王,某 SNS 用户)

……他平时说话有点粗俗,会问我一些比较污的问题。他找我要照片看,还发了一个有点污的表情,我感觉有点过分,不太习惯,嫌烦。(Aussie beau que toi,某 SNS 用户)

……她说话有时候找到一个点就开始说个不停,吧啦吧啦,很容易说到激动的地方,可能和我俩是火象星座有关吧。(小美的小窝,某微博用户)

(6) 电子副语言。电子副语言是指以电子表情图标为代表的能对语言的表达效果起到辅助作用的各种符号。最初的副语言只是一些由标点符号组成的模拟表情,如":)"":p"等,也包括一些故意使用的大小写、错别字等。后来许多 IM 软件和网络社区都发展出了自身的一套表情图标系统,可以更为形象地辅助语言表达。一些资深网虫也发明了一些流传很广的副语言,其中最为典型的就是有意将一个汉字拆成两个字来写(如"强"字写为"弓虽")的所谓"火星文"。以下是被访者相关陈述:

……应该还是长得比较白净吧……然后是三七分头……文质彬彬。我感觉会把类似的人的形象拼凑到他身上……因为他比较感性,思维比较细腻吧,会有点偏女性化的特征……嗯……经常用一些表情,也觉得他这个人应该比较敏感……(Dragonfly,某占星群组成员)

……是个女生,比较老实和本分,用的表情都是系统自带的。没什么好玩的、有意思的新表情,也从来不用动画图片或魔法表情。(Shawn,某 IM 软件用户)

……不常用表情,所以猜测年龄可能比较大,或者可能为人比较认真,不苟言笑那种。(Daffodil,某网络游戏社区成员)

……他的表情挺丰富的,有的很搞笑,有的很污,本来只用打字是看不出人的语气的,加了表情会生动很多,感觉他人挺好的……他找我要照片看,还发了一个有点污的表情,我感觉有点过分,不太习惯,嫌烦。(Aussie beau que toi,某SNS用户)

……她平时会用一些表情,吃惊、开心、难过,也是最常见的那些,但是配合她的文字,感觉她是一个情绪波动很大的人。(混世魔王,某SNS用户)

……她喜欢用表情,大多数是卡通人物,卖萌那一类的。(keeping moving,某SNS用户)

(7)交流内容。在线交流的内容也包含了很多有利于形成人际印象的信息。这些有用的信息一般是通过传播参与者之间的言辞询问(verbal interrogation)或自我表露(self-disclosure)提供的。以下是一些被访者的陈述:

……肯定是个男的……他经常跟我们讲他和他女朋友的事……他还说他经常收钱给人看星盘,还开培训班招学生……应该是个老师的形象吧……但又不是学校那种老师……是像新东方俞敏洪那种……半学半商的……(Dragonfly,某占星群组成员)

……很开朗,容易相处。都是主动在给我发信,问我些问题,跟我交流三(语气词,方言),而且问的都是跟学习相关或者学术相关的问题。有时候觉得,这家伙简直是为学术而生的啊!相当地钻得!如果去查下聊天记录,估计没有哪次不跟学术有关的哦。还很有礼貌地喊人"师兄",应该是很乖的啦,所以是个很爱学习、很主动、很阳光的小弟弟形象。(三寸日光,某IM软件用户)

……当然真正感觉是和他谈话,非得把啥事的理说个透,还喜欢教育人……然后我就妥协嘛:"嗯嗯啊啊,是的,你对。"不过看得出来他挺上进的,能学习,知道的也挺多的,所以喜欢教育人。(a风和日丽,某交友社区成员)

他是个乐于帮助别人的人。我们是在一个心理网站认识的呀,他跟别人提了很多不错的建议。他也说过每次他去另(一)个地方帮别人看电脑总是要很多时间。他那工作就是做那些的,刚

开始是帮别人维修电脑之类的,后来是有个什么项目。(!听雨~,某心理网站论坛成员)

……我们聊的基本上是男男女女那点事,她说她男朋友怎么不好,有一次差一点要动手打他,感觉她也是个脾气比较火爆容易发脾气的人。(混世魔王,某SNS用户)

……他每天就问候一下,早上好什么的,在干嘛(吗)呀,不上班呀,出不出去玩,我不怎么和他说话,感觉没有共同语言,不想告诉他那么多,而且说多了他也不懂。(Aussie beau que toi,某SNS用户)

……我和我男朋友分手了,他是摩羯座,这个姐姐也是同样遭遇,我们就一起吐槽摩羯座男生,然后她就开导我,现在我们还经常聊炒股,股票涨了还是跌了,感觉她比我大几岁,就像姐姐一样很亲切。(小美的小窝,某微博用户)

……我们什么都聊,比如她担心考试呀,找工作呀,我会给她一些建议,感觉她还是个小孩子。(keeping moving,某SNS用户)

……我们的话题还是围绕偶像的动态,或者聊聊其他的共同兴趣爱好,他推荐一些好的英剧给我看。(佘小卉爱大凯哥,某微博用户)

各被访者访谈内容涉及以上七个主题的情况如表2.2。

表2.2 各被访者访谈内容涉及主题情况

被访者	网名	虚拟形象	在线个人资料	个性签名	语言风格	电子副语言	交流内容
水仙baby	√	√					
宁静雪		√					
Salina	√		√				
小森	√	√					
Dragonfly	√			√	√	√	√
Shawn		√	√		√	√	
Daffodil				√	√	√	
奔奔熊					√		

(续表)

被访者	网名	虚拟形象	在线个人资料	个性签名	语言风格	电子副语言	交流内容
三寸日光			√				√
a风和日丽			√		√		√
！听雨～			√		√	√	√
keeping moving	√	√	√			√	
Aussie beau que toi	√	√	√	√			
混世魔王			√			√	√
佘小卉爱大凯哥			√				
小美的小窝	√		√		√		√

接下来对七个主题进行合并和归类，可将其进一步归类为个人资料、表达风格和交流内容等三个更高一级的主题。之后重复这一步骤，可将之最终归类为一个一级主题：社交线索（表2.3）。

表2.3 社交线索一级主题归纳过程

三级主题	二级主题	一级主题
网名	个人资料	社交线索
虚拟形象		
在线个人资料		
个性签名		
语言风格	表达风格	
电子副语言		
交流内容	交流内容	

（二）一级主题二：认知图式

从访谈材料中还发现，网络人际传播中的感知者在对感知对象形成印象之时不仅依靠社交线索直接提供的信息，还常常结合自身的经验和所具有的知识进行联想和推断。笔者将其编码为四个主题：社会刻板印象、原型、语义联结、内隐人格。以下仍然结合访谈记录进行分析。

（1）社会刻板印象。社会刻板印象是指人们对某个社会群体形成的一种概括而固定的看法。① 它以许多形式影响着人们后继的信息加工。②

如"水仙 baby"认为比较活跃的通常是年轻人而不是年龄较大的人：

> 橙让人感觉是比较活跃得(的)颜色。年龄很大或者性格很冷得(的)人,应该不会用这个字吧。(水仙 baby,某 BT 下载社区成员)

"Dragonfly"从对方的情感细腻推想到三七分头、文质彬彬的形象：

> ……应该还是长得比较白净吧……然后是三七分头……文质彬彬。我感觉会把类似的人的形象拼凑到他身上……因为他比较感性,思维比较细腻吧……(Dragonfly,某占星群组成员)

"Shawn"认为对方是川妹子所以漂亮：

> ……在来之前,我同学都说川妹子漂亮,所以我认为这很可能是个美女……(Shawn,某 IM 软件用户)

"Daffodil"从书面"口音"判断出对方是个四川人因而个子不太高且皮肤比较白：

> ……感觉他应该是个子不太高、皮肤比较白的男生。因为在交谈中他比较喜欢用四川方言,什么"得嘛"啊、"喃"啊一类的,而我对四川男生的第一感觉差不多都是这个印象。(Daffodil,某网络游戏社区成员)

"三寸日光"认为对方是巨蟹座的人所以感情丰富、敏感低调：

> 而且一般来说,星座这种信息我还是比较关注。他写的是巨蟹座……就是觉得他可能也比较感情丰富、敏感、低调,比较顾家,有时候不太自信,总之就是一个典型的巨蟹座年轻人的形象

---

① 周晓虹:《现代社会心理学》,上海:上海人民出版社1997年版,第192页。
② 参见王沛:《刻板印象的社会认知研究述论》,《心理科学》1999年第4期。

吧。(三寸日光,某 IM 软件用户)

"a 风和日丽"对星座也有类似的看法:

> 性格啊,典型处女座。强迫症(强迫他人认同自己的观点),太严肃,累。不过对事情很认真。也就是太认真了。是的,有个人资料的原因,当然真正感觉是和他谈话,非得把啥事的理说个透,还喜欢教育人。然后我就妥协嘛:"嗯嗯啊啊,是的,你对。"不过他挺上进的,能学习,知道的也挺多的,所以喜欢教育人。(a 风和日丽,某交友社区成员)

"Salina"认为名字里面有"双"字和"华"字的应该是女性,且皮肤好便"一美遮十丑"从而形成对方长相不错的印象:

> ……(无双华)不论从 nick(注:昵称)中的"双"还是"华"字来看,我想都无法叫她学长吧。对,就是女的……根据个人资料,网龄 2335(天),上站 956(次),看来比较少在网上灌水,面对电脑时间少,应该如我所想皮肤保养非常好,或者也算比较好。所谓女孩的皮肤好便一美遮十丑,长相我想值得一看。(Salina,某校园 BBS 成员)

"!听雨~"认为喜欢玩游戏的人都比较有童心,而且有童心的人都比较容易相处:

> 他的个性签名经常我看不懂,他说是游戏的东东(西)。我想喜欢玩游戏,怕是比较有童心吧……贪玩是人之常情三(语气词,方言),说明性格应该还可以,他跟别人的关系都还不错。(!听雨~,某心理网站论坛成员)

以及写抒情散文的人通常都情感细腻:

> ……情感应该比较细腻吧,从他看我写的文章后发表的评论能看出。比如这一段:"当一切明白以后,原来我们需要的仅仅是一个或好或坏的结果。一个早已在心底许下的结果。是好?是坏?时间将证明一切。没有人能预见未来怎样。而结果的好与坏,在明天的明天之后,实际上并不重要。明白以后,深呼吸,向

前看,迎接……的到来。"(!听雨~,某心理网站论坛成员)

"Aussie beau que toi"认为和不是同一年龄段的人相处没有太多的共同语言:

> ……"大男孩粥粥"这个名字让我感觉到他是一个比我年纪大一点,应该已经进入社会了,但是又不是特别成熟的男生,感觉可能没什么共同语言吧。(Aussie beau que toi,某 SNS 用户)

"小美的小窝"认为人的性格和星座有关,情侣之间的感情发展和星座有密切联系:

> 在互相介绍了对方的情况以后,我们瞬间就有了一种同病相怜的感觉,认为摩羯座男生和射手座女生合不来,珍爱生命,远离摩羯男。(小美的小窝,某微博用户)

(2)原型。原型是指能代表某特写概念(及其各种实例)的一个模型,该模型由关于某特定概念的一组典型特征所构成,这些特征通常是这个概念的多数例子所普遍具有的,但其中单独的任何一个特征对于该模型的特定实例来说都不是必需的。①

如"水仙 baby"以《聊斋》里面的女鬼聂小倩和之前认识的网名叫"妖精"的网友为"小妖"的原型形成对"橙小妖"的印象:

> "小妖这个词,看到以后首先想起得(的)是《聊斋》里得(的)女鬼之类,而不是《西游记》里得(的)喽罗(啰)吧。而那种女鬼一般是长得可爱得(的),像聂小倩那种,所以总是女孩子用得多。而且是有点自恋得(的)感觉,可能跟之前认识得(的)一个昵称叫妖精得(的)女孩子是那种性格有关。"(水仙 baby,某 BT 下载社区成员)

"宁静雪"以对方头像圣斗士沙迦的形象为"酷"的原型而形成印象:

---

① 〔美〕罗伯特·斯滕伯格:《认知心理学》(第3版),杨炳钧等译,北京:中国轻工业出版社2006年版,第436页。

> 叶子呢,最初以为是男的,因为看他的头像是沙迦,上面还加了"无敌叶子"四个字,让人感觉是有点酷。(宁静雪,某音乐网社区成员)

"Dragonfly"以新东方学校的俞敏洪为原型形成对方半学半商的老师的印象:

> 他还说他经常收钱给人看星盘,还开培训班招学生……应该是个老师的形象吧……但又不是学校那种老师……是像新东方俞敏洪那种……半学半商的……(Dragonfly,某占星群组成员)

"三寸日光"以男朋友为原型而形成对方的"巨蟹座年轻人"的印象:

> 而且一般来说,星座这种信息我还是比较关注。他写的是巨蟹座,我爸和我男朋友都是巨蟹座,但他年龄应该跟我差不多大,所以我脑海中首先浮现的就是我男朋友的形象。(三寸日光,某IM软件用户)

三是语义联结。语义网络的激活扩散模型[①]认为,个体存储的某些概念(语义网络的结点)之间具有紧密程度不同的语义联系(结点之间的连线)。这一模型反映了如下加工过程:当一个概念被加工或受到刺激,在该概念结点就产生激活,然后激活沿该结点的各个连线,同时向四周扩散,先扩散到与之直接相连的结点,再扩散到其他结点。[②] 这一过程就是语义联结(semantic association)。

如"水仙baby"通过语义联结从橙色是一种暖色调联想到活跃:

> 橙让人感觉是比较活跃得(的)颜色。年龄很大或者性格很冷得(的)人,应该不会用这个字吧。(水仙baby,某BT下载社区成员)

"小森"从网名"西窗剪竹"联想到幽居家中而得到对方深居简出

---

① A. M. Collins, & E. F. Loftus(1975). A Spreading Activation Theory of Semantic Processing. *Psychological Review*, 82, 407—428.
② 王甦、汪安圣:《认知心理学》,北京:北京大学出版社2006年版,第119页。

的印象：

> 她的名字（西窗剪竹）让我感觉像是一个比较内敛的女孩子。嗯，就是比较"宅"（不爱出门）的感觉，深居简出的感觉。（小森，某IM软件用户）

"Dragonfly"从网名"河图洛书"联想到中国传统文化从而得到对方具有文化气质的印象：

> ……"河洛"这个名字……开始不懂是什么东西……后来他解释河洛就是河图洛书……就感觉他是个喜欢传统文化的人……应该比较有文化气质……（Dragonfly，某占星群组成员）

"Daffodil"从个人资料中填写的"大叔"联想到长相显老的人而推断对方较为老相：

> ……但是资料里面真实姓名一栏填的是"大叔"，我想可能是这人觉得自己比较老相，干脆自己写一个自嘲一下？因此刚开始就觉得他很老。（Daffodil，某网络游戏社区成员）

"！听雨～"从胖乎乎、温顺的猫的虚拟形象而联想到对方也具有同样的特征：

> ……之前是猫的头像，胖忽忽（乎乎）的呀，他也喜欢猫。所以感觉他有点胖忽忽（乎乎）的，温顺，有同情心。就是说性格比较好。（！听雨～，某心理网站论坛成员）

四是内隐人格。内隐人格（implicit personality）是普通人在人际交往过程中认为他人的人格特质之间具有典型联结的一种信念[1]，是普通人对人的基本特性（human attribute，如智力、品德和人格特征等）持有的基本认知图式。[2]

如"奔奔熊"由于网友在游戏中的组织能力较强而把"有活力""有

---

[1] 参见 J. A. DeVito(2004). Implicit Personality Theory. In J. A. De Vito. *The Interpersonal Communication Book* (10th edition) (pp.96—97). Boston：Allyn & Bacon.
[2] 参见王墨耘、傅小兰：《内隐人格理论的实体论——渐变论维度研究述评》，《心理科学进展》2003年第11卷第2期。

主见""做事雷厉风行"等相关个性特征也赋予了对方:

> ……但他经常发话,算说话比较多的。当然大多数都是战术指挥,比如"go! go! go!""rush!"之类的,非常善于组织,有可能平时也比较有主见,做事雷厉风行。(奔奔熊,某网络游戏社区成员)

"Dragonfly"在初次交流的时候由于对方打字很快且语句简练而形成了对方比较"干练"的印象,由此把"活跃"也关联到了印象之中:

> ……初次说话的时候,觉得他比较活跃……因为他打字非常快……说话非常简短……很干练的样子……(Dragonfly,某占星群组成员)

"混世魔王"把对方开得起玩笑和她性格"大方"联系到了一起:

> 即使聊到一些有点敏感的问题,怎么开玩笑,她也不会生气,我就觉得她这个人应该是那种很大方的、开朗的人,不是那种林黛玉式的小气敏感的女生。(混世魔王,某SNS用户)

各被访者访谈内容涉及以上四个主题的情况如下(表2.4):

表2.4 各被访者访谈内容涉及主题情况

	刻板印象	原型	语义联结	内隐人格
水仙baby		√	√	
宁静雪		√		
Salina	√			
小森			√	
Dragonfly	√	√	√	√
Shawn	√			
Daffodil	√		√	
奔奔熊				√
三寸日光	√	√		
a风和日丽	√			
!听雨~	√		√	
keeping moving				

(续表)

	刻板印象	原型	语义联结	内隐人格
Aussie beau que toi	√			
混世魔王				√
佘小卉爱大凯哥				
小美的小窝	√			

对以上四个主题进行合并和归类,可发现这些均是与认知相关的先前经验和知识,是把各种相关概念有意义地组织起来的认知模式[①],故可将其进一步归类为一个一级主题:认知图式(表2.5)。

表2.5 认知图式一级主题归纳过程

二级主题	一级主题
社会刻板印象	认知图式
原型	
语义联结	
内隐人格	

三、探讨与结论

通过访谈材料的扎根理论分析,研究共发现两个一级主题,并结合前人的研究和相关理论,将其分别命名为社交线索和认知图式。前者主要涉及能够为网络人际传播中感知者提供了解感知对象并对其形成印象的相关讯息;后者主要涉及存在于网络人际传播中的感知者自身存储的知识之中并能对可获取的讯息进行补充的信息。而且,七种基本社交线索可进一步归为三个类型:

(1)个人资料线索。个人资料线索包括网名(ID或昵称)、虚拟形象(头像或虚拟人物形象)、在线个人资料和个性签名。这一类线索的共同特征是能够提供印象目标的一些基本情况。在通常的情况下,个

---

① 〔美〕罗伯特·斯滕伯格:《认知心理学》(第3版),杨炳钧等译,北京:中国轻工业出版社2006年版,第437页。

人资料线索不会发生改变，是一个在线用户区别于其他用户的较为固定的身份标识。

（2）表达风格线索。表达风格线索包括语言风格和电子副语言（表情图标、个性文字等）。这一类线索与个人资料线索不同，附着在网络人际传播的交流话语之中，总体而言比较含蓄，加之由于网络传播条件下交流参与者选择性自我展示的存在，其不确定性也比其他类型的线索高很多。即便如此，表达风格线索通常也能够提供一定的印象信息。虽然表达风格线索不如个人资料线索稳定，但在大多数情况下，仍然能相对保持不变。

（3）交流内容线索。交流内容线索主要包括交流中通过自我表露和回答询问的方式展示出来的、以语言为载体的相关信息。所谓自我表露是指向他人揭示自己的私人信息的行为[1]；而回答询问是指个体对他人使用言辞直接询问的问题进行回答[2]。语言内容常常涉及一些发生在印象目标身上的特定事件。这些事件往往能够反映出印象目标的部分个性特征。但在不同的对话中，可能涉及不同的特定事件，因而也就可能使得不同的感知者对印象目标归纳出不同的个性特征，从而形成不同的印象。丽莎·蒂德维尔和约瑟夫·瓦尔特的研究表明，言辞询问和自我表露已经成为网络人际传播中最为常用的不确定性降低策略。[3]

如果将本书的结论与前人研究的结果相比较，就会发现两者似乎存在一定的差异。在绪论的文献综述中曾经提到，关于网络传播条件下人际印象形成相关因素的研究所涉及的影响因素主要有传播媒介、

---

[1] 〔美〕杰里·伯格：《人格心理学》（第6版），陈会昌等译，北京：中国轻工业出版社2004年版，第359页。

[2] C. R. Berger(1979). Beyond Initial Interaction: Uncertainty, Understanding, and the Development of Interpersonal Relationships. In H. Giles & R. St. Clair (Eds.), *Language and Social Psychology* (pp. 122—144). Oxford: Blackwell; C. R. Berger, R. R. Gardner, M. R. Parks, L. Schulman & G. R. Miller(1976). Interpersonal Epistemology and Interpersonal Communication. In G. R. Miller (Ed.), *Explorations in Interpersonal Communication* (pp. 149—171). Beverly Hills, CA: Sage.

[3] L. C. Tidwell & J. B. Walther(2002). Computer-mediated Communication Effects on Disclosure, Impressions, and Interpersonal Evaluations: Getting to Know One Another A Bit at A Time. *Human Communication Research*, 28(3), 317—348.

时间、讯息频次、线索、原型、社会认同等。其中传播媒介被视为造成面对面与网络传播两种条件下人际印象形成差异的因素,本次预调查不涉及这一问题。而其他的几个因素,稍加注意不难发现:(1)时间和讯息频次实际上都是间接因素,二者对印象形成产生影响主要在于互动时间和讯息频次的增加都能够提升感知者所接触到的线索讯息的数量,线索讯息数量的提升才进一步影响印象的形成效果。(2)原型和社会认同则均属于认知图式的范畴,前者在本书中被归纳为二级主题之一,而后者是本书中作为二级主题的社会刻板印象的一种。所以,前文所述的差异不过是反映了网络人际印象形成影响因素的层次性,与本预研究的结论并不冲突。

总之,预研究结果显示,社交线索和认知图式是影响网络人际传播中印象形成的最为主要的两个因素。在后续研究中,还将采用控制实验法对这两个因素与网络人际印象形成之间的因果关系展开进一步的探索。但是在此之前,我们拟先对网络人际传播中的印象形成效果与面对面人际传播进行一个实证性的比较,以验证网络人际印象的相关测量指标具有必要的效度,能够反映网络人际传播中印象效果的特征。

第三章 网络人际传播中印象形成效果的实验研究

一、研究问题与假设

(一) 网络印象发展与超人际效果

近年来,网络人际传播领域的学者们逐渐开始关注网络互动中的印象形成效果,在理论模型构建的同时形成了一系列的观点。

首先是约瑟夫·瓦尔特提出了网络人际印象形成的相对随意性,这一观点承认了线索消除进路所设置的前提,认为在网络传播中,与印象形成有关的信号被限制甚至消除了,以致印象发展出现了相对不定型的特点。但他同时又在其 SIP 理论的基础上认为网络媒介的中介作用并不仅仅是削减或消除了社交线索讯息,而且阻碍了印象形成的有关信息在交流参与者之间的交换(如降低了交换频率、准确性等)。网络传播条件下,初始印象的形成相比面对面交流是不完全的,但由于交流参与者在印象形成上具有相当的主动性,因此所形成的印象会随着互动时间的增加而发展,变得更加全面。[①] 但约瑟夫·瓦尔特的实验研究并未指明网络人际印象在随着时间逐渐变得更加全面

---

① 参见 J. B. Walther(1993). Impression Development in Computer-Mediated Interaction. *Western Journal of Communication*,57,381—398.

之时，与印象目标真实形象的符合程度是否也在不断地提高。

随后，研究者开始重视网络人际印象形成过程中的社会启发（social heuristic process）与社会推断（social inferential process）过程，其中颇具代表性的理论就是绪论中提到的马丁·利和拉塞尔·斯皮尔斯的 SIDE 模型。这一模型认为，网络人际传播中视觉遮蔽和身体隔离等特征会造成仅有的少量社交线索对传播参与者身份认同的触发，从而导致人际印象的刻板表征（stereotyped representation）和极化效应（bipolar effect）的发生。前者是指传播参与者会根据被网络媒介过滤后的极少量线索讯息对印象目标进行社会归类，从而形成相应的刻板印象；后者是指在身份认同效果触发的情况下，传播参与者会将印象目标自动归类于自身所认同的群体（内群体）或自身所认同的群体之外（外群体），继而将群体所具有的特征属性赋予该印象目标。概括而言，SIDE 模型认为网络人际印象实际上反映了背后潜在的社会归类程序的运作，具有刻板化和极端化的效果。

再后来约瑟夫·瓦尔特将 SIDE 模型关于少量线索讯息触发社会归类过程而导致印象形成刻板化的基本假设融入自己的 SIP 理论，在网络人际传播的超人际模型中提出了新的观点。他认为，网络人际传播的受传者会在对方个人信息缺乏的情况下过度归因而形成极端化的刻板印象；而讯息发送者则会利用网络传输的限制来进行选择性自我展示。两者结合起来，以致网络人际传播条件下形成的人际印象反而比面对面情况下更为鲜明。[①]

随着超人际模型受到学界的重视和进一步的深入研究，康奈尔大学计算机中介传播研究实验室（Computer-Mediated Communication Research Laboratory at Cornell University）的杰弗里·汉科克（Jeffrey T. Hancock）与菲利普·邓汉姆（Philip J. Dunham）在超人际模型的框架内对约瑟夫·瓦尔特的结论进行了验证和补充。他们认为，以全面度（breadth，形成印象的全面程度）和鲜明度（intensity，印象所包

---

① 参见 J. B. Walther（1996）. Computer-Mediated Communication: Impersonal, Interpersonal and Hyperpersonal Interaction. *Communication Research*, 23(1), 3—43; J. B. Walther（1997）. Group and Interpersonal Effects in Interpersonal Computer-Mediated Collaboration. *Human Communication Research*, 23(3), 342—369.

含的特征的突出程度)共同作为测量指标才能更准确地对网络人际传播中的印象水平做出评价。实验结果也表明,网络环境下的人际印象形成缺乏面对面情况下能够获取的更多细节,但前者形成的印象却比后者更为鲜明。而且,不同的人格维度在形成印象的时候受到计算机网络媒介的中介性影响也不同。①

总之,从已有的研究可以看出,网络人际传播条件下的印象形成效果可能具有与面对面情形相异的一系列特征,有必要提出相应的理论假设,并通过实验方法进行验证。

(二) 网络印象测量、网络印象效果测量与研究假设

在提出研究假设之前,有两个重要的概念要予以区分:网络印象与网络印象效果。所谓印象,是指对印象目标的个人特征进行感知的结果。而印象效果,是指感知者所形成的印象具有的特征。换言之,前者是对印象目标个人特征的主观判断,后者是对前者特征的客观测量。二者不仅主客观性不同,考察对象也不相同,且后者必须建立在前者的基础之上。

采用何种测量工具和指标体系对网络印象进行测量,这是一个前提性的问题,因而需要一个相对统一的测量工具和测量标准。

1993 年约瑟夫·瓦尔特发表的《印象发展定量测评的构造与检验》是这一问题的一篇奠基性文献,文中回顾了已有的各类印象测量工具,在对 1979 年格兰·克拉特巴克(Glen W. Clatterbuck)提出的 CLUES 量表的优势与缺点做出总结的基础上,构建了一个新的印象发展测评体系——印象发展评定量表(Impression Development Scale)。②量表包含 14 个形容词题项③,每个题项的选项为四级态度和一个附加

---

① 参见 J. T. Hancock & P. J. Dunham(2001). Impression Formation in Computer-Mediated Communication Revisited: An Analysis of the Breadth and Intensity of Impressions. *Communication Research*, 28 (3), 325—347。

② 参见 J. B. Walther(1993). Construction and Validation of A Quantitative Measure of Impression Development. *Southern Communication Journal*, 59, 27—33。

③ 14 个形容词分别是:诚实(honest)、愚钝(unintelligent)、懒惰(lazy)、合群(sociable)、有趣(interesting)、不善言辞(unpersuasive)、不友善(unfriendly)、富有攻击性(aggressive)、浪漫(romantic)、保守(conservative)、随和(easygoing)、思维严密(serious minded)、自觉(compulsive)、严谨(religious)。

选项(don't know,DK)。

尽管瓦尔特的论文已经提出了一个具有一定效度和信度的测量工具,但在涉及网络传播中人际印象的研究中,印象测量工具的使用仍然是各自为政。如1992年马丁·利和拉塞尔·斯皮尔斯在其所著论文中就使用了一个自编的16题项单极七刻度量表①,包括14个个性特征指标②(各一个题项)和一个态度指标(两个题项);2001年杰弗里·汉科克与菲利普·邓汉姆使用了人格测量中常用的NEO五因素量表来测量网络传播中形成的人际印象。③ 只有1993年约瑟夫·瓦尔特对人际印象随时间变化的测量④和2002年华人学者刘余良等在测量传播频次和传播持续时间两个因素对网络人际印象形成影响的时候⑤,才使用了约瑟夫·瓦尔特的印象发展评定量表。

除此之外,还有一些针对特定印象特征进行的测量。如约瑟夫·瓦尔特团队系列研究中2009年《自我陈述与他人陈述的对比及计算机中介传播中的印象》一文对Facebook用户内外向程度、身体吸引力(physical attractiveness)和真诚度(honesty)印象的测量⑥;2010年《计算机中介传播与语音传播的对比及预互动形成印象的衰减》一

---

① 参见M. Lea & R. Spears(1992). Paralanguage and Social Perception in Computer-Mediated Communication. *Journal of Organizational Computing*,2,321—341。

② 14个个性指标分别是:热情度(warmth)、聪明度(intelligence)、自我中心度(dominance)、圆滑度(flexibility)、竞争力(competence)、创造力(originality)、活泼性(liveliness)、自信度(self-confidence)、口才(verbal fluency)、责任感(responsibility)、决断力(assertiveness)、放纵性(uninhibited)、意志力(inner strength)、吸引力(attractiveness)。

③ 参见J. T. Hancock & P. J. Dunham(2001). Impression Formation in Computer-Mediated Communication Revisited: An Analysis of the Breadth and Intensity of Impressions. *Communication Research*,28(3),325—347。

④ J. B. Walther(1993). Impression Development in Computer-Mediated Interaction. *Western Journal of Communication*,57,381—398。

⑤ 参见Y. L. Liu, D. Ginther & P. Zelhart(2002). An Exploratory Study of the Effects of Frequency and Duration of Messaging on Impression Development in Computer-Mediated Communication. *Social Science Computer Review*,20(1),73—80。

⑥ 对内外向程度的测量使用了NEO-FFI量表中的外倾性维度题项;对身体吸引力的测量使用的是詹姆斯·麦克罗斯基等于1974年专文提出的人际吸引力量表(六题项五刻度);而对真诚度的测量使用了包含朱迪·伯贡等1995年研究中编制的感知欺骗量表的两个题项再加上三个原创题项共五个题项的五刻度简易自编量表。参见J. B. Walther, B. V. D. Heide, L. M. Hamel & H. C. Shulman(2009). Self-Generated versus Other-Generated Statements and Impressions in Computer-Mediated Communication. *Communication Research*,36(2),229—253。

文中对聊天室用户智力水平(intelligence)印象的测量[①];2011年《线上线下自我展示差异的归因》一文中对 Facebook 用户可信任度(trustworthiness)与虚伪程度(hypocrisy)印象的测量[②];2012年《计算机中介传播中的期望确认与期望失验》一文中为检验计算机中介传播社交线索缺失条件下是否仍然存在互动者的人际期望确认(comfirmation of expectancies)和期望失验(discomfirmation of expectancies)效应对印象目标在社交吸引力(social attractiveness)、社交能力(sociability)和内外向程度三个变量上给予互动对方的印象的测量[③]。

总的来看,网络人际印象的测量工具主要有三种:一是使用专门的印象测评量表,如约瑟夫·瓦尔特的印象发展评定量表;二是借鉴常用人格量表、智力量表、能力量表等较为成熟的既有量表,如 NEO-FFI、人际吸引力量表等;三是完全自编的简易量表。可以看到,随着研究的推进,后两种情况在近年来变得越来越常见,甚至出现了常用量表部分题项与自编题项结合形成的非完全自编量表。

那么接下来要解决的问题就是网络印象效果的测量。由于网络传播条件下与面对面条件下的印象形成效果有一定的差异,因此用什么样的指标来衡量印象效果,就是一个很重要的问题。现有的研究大致提出了如下一些对网络人际印象予以评价的指标,分别是印象的鲜

---

① 对智力水平的测量使用了包含九个双极形容词题项的七刻度简易自编语义量表。参见 J. B. Walther, D. C. Deandrea & S. T. Tong(2010). Computer-Mediated Communication versus Vocal Communication and the Attenuation of Pre-Interaction Impressions. *Media Psychology*, 13(4), 364—386。

② 对可信任度的测量使用了人际传播学学者詹姆斯·麦克罗斯基(James C. McCroskey)等于1999年提出的包含六个题项的七刻度量表,而对虚伪程度的测量使用了包含四个题项的七刻度简易自编量表。参见 D. C. DeAndrea & J. B. Walther(2011). Attributions for Inconsistencies between Online and Offline Self-Presentations. *Communication Research*, 38(6), 805—825。

③ 其中测量社交吸引力使用的是詹姆斯·麦克罗斯基研究团队于1974年专文提出的人际吸引力量表,参见 J. C. McCroskey & T. A. McCain(1974). The Measurement of Interpersonal Attraction. *Speech Monographs*, 41, 261—266。测量社交能力和内外向程度使用的是詹姆斯·麦克罗斯基研究团队同年在另一篇论文中提出的人际信源可信度量表,J. C. McCroskey, W. Holdridge & J. K. Toomb(1974). An Instrument for Measuring the Source Credibility of Basic Speech Communication Instructors. *Speech Teacher*, 23(1), 26—33; S. T. Tong & J. B. Walther(2012). The Confirmation and Disconfirmation of Expectancies in Computer-Mediated Communication. *Communication Research*, 42(2), 186—212。

明度/模糊度(intensity/ambiguity)、印象的全面度(breadth)和印象的好感度/正负效价/正面度(likeability/valence/positivity)。

(1) 印象的鲜明度,是指印象中各种特征的突出程度,见于前述2001年杰弗里·汉科克等的研究报告[①];印象的模糊度在马丁·塔尼斯和汤姆·珀斯特默斯2003年的文献中涉及,作者明确指出这一概念来源于印象鲜明度,是后者的反向指标[②]。其实,这一指标出现的时间应当更早。因为在大多数网络人际传播研究中,都要求被试对指定的几个人格特质进行印象深刻与否的评价,这实际上就是印象的鲜明度。

(2) 印象的全面度。杰弗里·汉科克等指出,这些研究要求被试在没有把握对印象目标的人格特质做出判断的情况下,仍然要对其水平做出选择,不能忽略其中任何一个特质。[③] 仅有的一个例外是约瑟夫·瓦尔特在1993年对印象随时间的发展变化情况进行的研究中,设置了"DK"选项,发现了在初次互动之后网络人际传播参与者对于交流对象的特征评价个数要少于面对面的情形[④],而且这一结果与线索消除理论和超人际模型的预测都是吻合的。杰弗里·汉科克等敏锐地抓住了这一点,提出了能够衡量印象的综合程度(the comprehensiveness of the impression)的印象全面度概念,认为这是印象鲜明度的有效补充,两者共用才能全面描述网络人际传播条件下人际印象的特征。[⑤] 其操作定义则沿用了约瑟夫·瓦尔特研究的测量设计,即用可评价特征的个数来加以衡量。

---

① 参见 J. T. Hancock & P. J. Dunham(2001). Impression Formation in Computer-Mediated Communication Revisited: An Analysis of the Breadth and Intensity of Impressions. *Communication Research*, 28 (3), 325—347。

② 参见 M. Tanis & T. Postmes(2003). Social Cues and Impression Formation in CMC. *Journal of Communication*, 53, 676—693。

③ J. T. Hancock & P. J. Dunham(2001). Impression Formation in Computer-Mediated Communication Revisited: An Analysis of the Breadth and Intensity of Impressions. *Communication Research*, 28 (3), 325—347。

④ 参见 J. B. Walther(1993). Impression Development in Computer-Mediated Interaction. *Western Journal of Communication*, 57, 381—398。

⑤ 参见 J. T. Hancock & P. J. Dunham(2001). Impression Formation in Computer-Mediated Communication Revisited: An Analysis of the Breadth and Intensity of Impressions. *Communication Research*, 28 (3), 325—347。

（3）印象的好感度/正负效价/正面度，是指所形成印象在感知者心目中的好坏评价。这一指标在网络人际印象研究中最早见于马丁·利和拉塞尔·斯皮尔斯 1992 年的论文，他们称其为好感度①，后被帕特里克·马奇(Patrick M. Markey)与香农·威尔斯在 2002 年的《网络聊天室中的人际感知》一文中所沿用。而在马丁·塔尼斯和汤姆·珀斯特默斯 2003 年的文献中则称之为印象的正面度，在 2007 年小阿特米奥·拉米雷斯(Artemio Ramirez, Jr.)发表的论文中称之为印象的正负效价②。利和斯皮尔斯首先提出，应当设置一个单独的总人际评价变量，如正负性评价(a positive-negative evaluation)，于是他们在研究中使用了好感度这一指标，并设计了两个题项来对之进行测量。塔尼斯和珀斯特默斯在文献中认为，印象特征中有两个方面最能体现传播媒介的基本社会效果。其一就是前文所提到的印象的模糊度。两位作者承认，所谓印象的模糊度实际上是与杰弗里·汉科克等提出的"印象的鲜明度"高度相关的概念。其二就是印象的正面度。两位作者指出，一些研究视角认为关于一个人整体的信息越多，其给人的印象就越好。换言之，社交线索对于印象的正面度有着直接的作用效果。例如，德里克·拉特(Derek R. Rutter)等人于 1979 年提出的人际传播的无线索模型(the cuelessness model)③就推断线索缺失的状态会导致形成特定的传播风格和结果："无线索的状态会使心理距离更加遥远，遥远的心理距离又会带来任务性的内容和缺乏人情味的内容，而任务性的、缺乏人情味的内容又带来做作的、不自然的风格和特定的几种结果。"④而较多的社交线索可以缩短交流参与者之间的心理距离，形成更为轻松的氛围。约瑟夫·瓦尔特的 SIP 理论也表达

---

① 参见 M. Lea & R. Spears(1992). Paralanguage and Social Perception in Computer-Mediated Communication. *Journal of Organizational Computing*, 2, 321—341。

② 参见 Jr. A. Ramirez(2007). The Effect of Anticipated Future Interaction and Initial Impression Valence on Relational Communication in Computer-Mediated Interaction. *Communication Studies*, 58(1), 53—70。

③ 参见 D. R. Rutter & G. M. Stephenson(1979). The Role of Visual Communication in Social Interaction. *Current Anthropology*, 20, 124—125。

④ D. R. Rutter(1987). *Communicating by Telephone*. Oxford, UK: Pergamon, p. 74.

了类似的观点,即交流者总是希图通过互动发展积极正面和富有意义的人际关系。后来小阿特米奥·拉米雷斯的研究正是对这一论断的检验和发展。他认为,虽然传播者对将来互动的预期(the anticipation of future interaction, AFI)是推动在线人际关系发展的动力,但印象的正负效价在其中,尤其是在关系的持续发展过程中也是一个极为关键的因素。① 事实上,人们对于网络人际关系的感觉和体验通常优于现实中的人际关系,很大程度上正是由于网络人际传播中的印象效价常常偏向于好的一面。因此,印象的好感度/正负效价/正面性指标也是体现网络人际传播与面对面人际传播形成的印象效果差异的有效指标之一。

虽然以上三个评价指标已足以描述网络人际传播与面对面人际传播效果目前已知的绝大部分差异,但笔者认为,还有一个最关键的综合性指标应该得到引入——印象的失真度(error of impression)。本章的开头曾经提到,约瑟夫·瓦尔特1993年对印象随时间发展变化的实验研究并未指明网络人际印象在随着时间逐渐变得更加全面之时,与印象目标真实形象的符合程度是否也在不断地提高。然而他在后来关于超人际模型的研究中,提出了感知者对印象目标形象的理想化以及印象目标的选择性自我展示。这实际上已经暗示了网络人际印象不可避免地带有一定程度的失真。SIDE模型的印象效果观也不约而同地认可了这一结论,并使用了与前者不同的"刻板表征"和"极化效应"两个术语来进行概括。总之,从大量的研究结论来看,学者们普遍承认通过网络人际传播形成的印象带有比真实形象更突出(刻板)、夸张的特点。② 这就足以证明,对于网络人际印象与真实形象

---

① 参见 Jr. A. Ramirez(2007). The Effect of Anticipated Future Interaction and Initial Impression Valence on Relational Communication in Computer-Mediated Interaction. *Communication Studies*, 58(1), 53—70。

② 参见 J. B. Walther(1996). Computer-Mediated Communication: Impersonal, Interpersonal and Hyperpersonal Interaction. *Communication Research*, 23(1), 3—43; M. Lea & R. Spears(1992). Paralanguage and Social Perception in Computer-Mediated Communication. *Journal of Organizational Computing*, 2, 321—341; R. Spears & M. Lea(1992). Social Influence and the Influence of the "Social" in Computer-Mediated Communication. In M. Lea (Ed.), *Contexts of Computer-Mediated Communication* (pp. 30—65). Hemel-Hempstead: Harvester-Wheatsheaf。

之间的总体差异,应该有一个对之进行衡量的指标。2002年,社会心理学者帕特里克·马奇和香农·威尔斯在研究报告《网络聊天室中的人际感知》中使用了一个类似的指标,他们称之为印象的自我判断与他人判断的一致性(self-other agreement),是指印象目标对自身特征的判断与他人对其特征的判断相吻合的程度。2007年,国内学者唐蕴玉等则明确地将之作为衡量人际感知准确性的指标。[1] 而在2009年杰弗里·汉科克和加塔丽娜·托马(Catalina L. Toma)的研究[2]、2011年戴维·德安德列亚(David C. DeAndrea)与约瑟夫·瓦尔特的研究[3]中也出现了相近的指标,分别被称为准确性(accuracy)和误导性(misleadingness),但与前述研究不同的是,二者在各自的研究中均是一个通过包含数个自我报告题项的量表进行测量的主观性指标。

当然,若将自我判断与他人判断的一致性作为印象准确性的量度,那么相当于把印象目标的自我评价等同于其真实形象。不能不指出,这两者之间是肯定存在差异的。但相比于对印象目标最为熟悉的他人所做出的评价而言,印象目标的自我评价可能更为接近其真实形象,也更便于操作。总之,以上内容都表明,对印象形成的准确性进行测量既是必要的,也是可行的。基于上述缘由,我们拟在本章研究中提出印象的失真度这一指标,并在实验中对之进行操作化定义和测量,以便于从整体上把握网络人际传播条件下印象效果与面对面条件下的差异。

根据以上论述,对于印象效果的四个测量维度指标,分别可形成如下研究假设:

H3.1 网络人际传播条件下所形成的印象比面对面人际传播更为鲜明。

H3.2 网络人际传播条件下所形成的印象不如面对面人际传播

---

[1] 参见唐蕴玉、孔克勤、宋怡:《网络论坛情境中的人际知觉准确性及影响因素》,《心理科学》2007年第4期。

[2] 参见 J. T. Hancock & C. L. Toma(2009). Putting Your Best Face Forward? The Accuracy of Online Dating Photographs. *Journal of Communication*,59,367—386。

[3] 参见 D. C. DeAndrea & J. B. Walther(2011). Attributions for Inconsistencies between Online and Offline Self-Presentations. *Communication Research*,38(6),805—825。

全面。

H3.3 网络人际传播条件下所形成的印象比面对面人际传播更为正面。

H3.4 网络人际传播条件下所形成的印象比面对面人际传播更为失真。

二、实验方法

(一) 实验设计

本实验采用 2 水平的单因素设计,以传播媒介(CMC/FtF)为自变量因素,然后通过独立样本 t 检验的统计分析方法比较两种传播媒介情况下的人际印象形成效果是否具有显著差异。

由于本实验拟考察传播媒介的不同是否是导致人际传播中印象形成效果差异的因素,并对 FtF 与 CMC 条件下人际印象效果的差异进行比较,因此,本实验只设置一个自变量(单因素设计),即传播媒介(CMC/FtF)。被试将据此分为两组,一组为 FtF 组,另一组为 CMC 组,各有成员 12 对(24 人)。

从四川大学选取 48 名学生(其中男性 24 名,女性 24 名)成为实验被试,以发给小礼品作为实验酬劳。为尽量提高实验的外部效度,实验将会以两人一组的形式进行交流,且事先以聚会的名义通知被试参加,而并不告知被试即将进行的是一次社会科学实验。在保证每一对被试在实验之前都互不相识的前提下,将被试按性别随机分配为 24 对,每对均为男女搭配,以排除性别效应的影响。

(二) 实验程序

FtF 组的实验在某水吧包间进行。为尽量淡化实验环境的人为氛围,我们没有将实验放在专门的社会科学实验室进行,而是选择了一个接近自然情境的地点。同时,我们指定了 12 名经过培训的实验指导员加入每一对被试之中,并在实验之前通过 1—2 个月的时间与自己所负责的两名被试分别达到比较熟悉的程度,以便在实验过程中对谈话进行适当的引导和协调,以防出现尴尬和冷场。在被试来到实验现场之后,由相应的实验指导员将其带到水吧的各个隔间中,确保配对的两人之间在"聚会"(实验)开始之前没有任何接触。同时告知被试,在本次"聚会"中可以谈论任何感兴趣的话题,以保证每对被试之间形成的人际印象达到一定水平。实验指导员在实验过程中要尽量调控话题,保持话题的中立性,以避免出现可能导致的偏激意见。通过预测试我们发现,任选话题已经能够有效控制印象效果指标测量中可能出现的天花板效应(ceiling effects),因此没有采用任务性互动,而仍然采用了社交性的设计。

CMC 组被试需要在隔离的计算机终端处完成实验任务,因此该组实验没有指定现场地点,而采用了在约定时间段内在线进行的方式。被试所使用的计算机终端都装有某即时通信软件。在宽松的"你见即我见"协同可视化界面的基础上,每对被试之间可以实现讯息的同步发送和接收。与 FtF 组相同,CMC 组也安排了实验指导员介入每对被试的实验过程,以达到以下目的:第一,建立多人会话群组,以便进行三人会话;第二,对被试之间会话进行协调和引导,避免出现可能的偏激意见;第三,在计算机终端上方便地取得会话记录。此外,若本群组被试出现操作方面的问题,实验指导员将随时负责解答。

实验任务完成之后,FtF 条件下的被试将被分别带到单独的包间去完成关于搭档印象的量表测试;而 CMC 条件下的被试则留在计算机终端前完成测试。

(三) 因变量的操作定义及其测量

本实验的因变量为人际印象效果,需测量的评价指标分别为印象鲜明度、印象全面度、印象好感度以及印象失真度。

首先要确定的是印象本身的测量工具。这在本章开头的研究回顾中已有提及。目前的研究文献中所使用的测量工具主要有三种:一是使用专门的印象测评量表;二是借鉴较为成熟的常用人格量表;三是完全自编的简易量表。

量表(scale)是社会科学研究中广泛应用的一种测量工具。其主要作用在于测量复杂的概念。由于社会研究者所希望研究的许多概念不可能只用一个单独的指标来测量,因而人们创造出各种量表来达到测量的目的。① 在社会研究中,与测量仪器的作用不同,量表最经常地用来表示包括判断或主观评价的测量。由于人际印象的测量主要反映感知者对印象目标个人特征的主观评价和判断,因此使用量表这一测量工具对其进行测量是恰当的。量表通常用于精确观测个体的某一特征(如智力、能力、人格),它的分析重点是个体,故而量表的设计要求尽量严格、精确且具有较高的信度和效度。按照这一标准,进行社会测量或心理测量之时应当首选已经操作检验过的成熟量表。但心理学中传统的印象实验都仅仅要求对感知对象部分指定的特质进行评价,因此尚没有体系比较完整地运用较成熟的印象测评量表。在这种情况下,只能采用变通的办法来自行设计。那么前面提到的三种印象测评量表,究竟哪一种比较好呢?

第一,约瑟夫·瓦尔特的印象发展评定量表问世的时间不长,也经过了一定的效度和信度检验,然而该量表的核心设计在于在答题选项中设定了"DK"这一项,然后通过所有印象特征形容词中测评人选择 DK 项的个数来反映其印象随时间的变化发展状况。② 可见,其效度是指用这一量表来测评印象随时间的变化发展状况之时所具有的效度,而本实验需要测量的是某个时刻点上静态的人际印象切片。这就要求量表所包含的印象维度尽量涵盖所有能够涵盖的特征。根据约瑟夫·瓦尔特的介绍,其量表中包含的 14 个人格形容词是从亚利桑那大学(University of Arizona)传播学学者朱迪·伯贡的"第一印象"课程所布置的课堂练习中采用的人格形容词借鉴而来的。③ 所以,若将瓦尔特的量表用于静态人际印象测量,每一题项使用的形容词不足以满足本实验研究的需要。

第二,完全自编简易量表的设计相对不甚严格,通常只有少量的题项,如马丁·塔尼斯和汤姆·珀斯特默斯 2003 年文献中第一次研究使用的自编印象量表只含有四个题项,其中两个题项用于测量印象

---

① 袁方主编:《社会研究方法教程》,北京:北京大学出版社 1997 年版,第 294 页。
② 参见 J. B. Walther(1993). Construction and Validation of A Quantitative Measure of Impression Development. *Southern Communication Journal*,59,27—33。
③ Ibid.

的模糊度,另两个题项用于测量印象的正面度,选项设置为双极七刻度。① 马丁·利和拉塞尔·斯皮尔斯1992年的文献所使用的自编量表题项要多一些,他们提出的14个人格特征指标来源于内隐人格理论研究、对人知觉的研究以及印象形成研究的实验报告,如所罗门·阿希1946年的经典论文《人格印象的形成》②、理查德·尼斯贝特(Richard E. Nisbett)等1977年发表的《关于社会判断中原因推断的口头报告:私人途径与公开理论》③、查尔斯·奥斯古德(Charles Egerton Osgood)等1957年出版的《语义测量》④一书和罗森博格(S. Rosenberg)等1972年的论文《内隐人格理论的结构表征》⑤等。可见,如此设置的人格特征题项仍然缺乏系统性。更不可忽视的问题是,完全自编的印象测评量表一般不能保证足够的测量效度和信度,这一弱点是非常致命的。

而如果采用在常用人格量表的基础上构造一个印象测评量表的方式的话,就可以在一定程度上扬长避短。常用的人格量表如艾森克人格问卷(EPQ)、明尼苏达多相人格测验(MMPI)、卡特尔16种人格因素问卷(16PF)、NEO人格量表修订版等都是经过长期使用并多次完善、修订的人格量表,具有较高的信度和效度。特别重要的是,这些人格量表对于人格维度体系的构建都是相对完善的,这就意味着,量表中的人格特征几乎可以涵盖一个人所具有人格的各个主要方面。因此,若采用以常用人格量表为基础的印象测评量表,就能使得量表既能达到测评某一时刻点的静态人际印象这一目的,又能保证具有相

---

① 参见 M. Tanis & T. Postmes(2003). Social Cues and Impression Formation in CMC. *Journal of Communication*, 53, 676—693。

② S. E. Asch(1946). Forming Impressions of Personality. *Journal of Abnormal and Social Psychology*, 41, 258—290.

③ R. E. Nisbett & N. Bellows(1977). Verbal Reports about Causal Influences on Social Judgments: Private Access vs. Public Theories. *Journal of Personality and Social Psychology*, 35, 613—624.

④ C. E. Osgood, G. J. Suci & P. H. Tannenbaum(1957). *The Measurement of Meaning*. Urbana: University of Illinois Press.

⑤ S. Rosenberg & A. Sedlak(1972). Structural Representations of Implicit Personality Theory. In B. Leonard(Ed.), *Advances in Experimental Social Psychology*: Vol. 6 (pp. 235—297). New York: Academic Press.

当的信度和效度。

笔者使用排除法最终选定 NEO-PI-R 作为印象测评量表的基础,其理由如下:

首先,MMPI 是明尼苏达大学(University of Minnesota)心理学者斯塔克·哈撒韦(Starke R. Hathaway)和精神科医师约翰·麦金利(John C. McKinley)于 20 世纪 40 年代初编制,后经过多次修订而成的。该量表在最初编制时的主要功能和目的是测查个体的人格特点,判别精神病患者和正常者,用于病理心理方面的研究,帮助医生在短时间内对各类精神疾病进行全面客观的筛查和分类,同时还用于对躯体疾病的患者的心理因素进行评估。① 由于其题项偏向病理性测量且数量过于庞大(目前最常用的 MMPI-2 包含四个效度量表、十个临床量表和五个附加量表,567 个题项),因而首先予以排除。

其次,EPQ 是伦敦大学心理学系学者汉斯·艾森克等人于 1964 年在毛兹利人格量表(Maudsley Personality Inventory)的基础上修订而成的人格量表,目前最新的版本是 1985 年的修订版 EPQ-R,含有四个人格维度(分量表)②,共 100 个题项。与 MMPI 类似,这一量表最早也是用于精神医学的诊断工具,所以其中不仅含有一个维度用于病理心理的测试[精神质(P)分量表],同时在其他维度中也含有病理性的评价题项[如情绪性(N)分量表中的疑病症相关题项],故也不适用于正常社会交际情况下的印象测评。

再次,16PF 是伊利诺伊州立大学(Illinois State University)人格与能力测试研究所(Institute of Personality and Ability Testing)的研究人员雷蒙德·卡特尔于 1949 年编制的,包括 16 个因素③共 187 个

---

① 解亚宁、戴晓阳主编:《实用心理测验》,北京:中国医药科技出版社 2006 年版,第 114 页。
② 四个分量表分别为内外向(E)分量表、情绪性(N)分量表、精神质(心理病态)(P)分量表和测谎(L)分量表。
③ 16 个人格因素分别为乐群性(A)、聪慧性(B)、稳定性(C)、恃强性(D)、兴奋性(E)、有恒性(F)、敢为性(G)、敏感性(H)、怀疑性(I)、幻想性(J)、世故性(K)、忧虑性(L)、实验性(M)、独立性(N)、自律性(O)、紧张性(P)。

题项,每个因素所包含的题项数目不等(13—26个)。① 量表以人的根源特质(source traits)理论②为基础,用16种人格特质代表人格组织的基本构成③。16PF的优势在于人格特质维度划分细致(16种因素)且各自独立,可以单独通过一种因素的测量使主试对于被测者某一方面的性格有着清晰而独特的认识。而且根据卡特尔指定的人格因素组合公式,可以对被测者的人格因素做一个综合性的了解。④ 但对于本书而言,16PF的这一优势反而成为缺点,16种基本人格因素(如乐群性、稳定性等)作为印象特征来评价显得过分粗疏,但如果按照题项设置来进行评价,又过于精细和具体,一方面不利于与评价目标不是特别熟悉的他人进行印象评价,另一方面完成量表所需要的时间过长,不利于测量的实施。

以上先后排除之后,剩下的就是NEO-PI-R。NEO-PI-R是保罗·科斯塔(Paul T. Costa)和罗伯特·麦克雷(Robert R. McCrae)于1992年基于人格五因素模型编制出的人格量表。特质理论(trait theory)是五大人格理论之一,其先驱沃伦·诺曼(Warren T. Norman)曾经借鉴戈登·奥尔波特(Gordon W. Allport)和雷蒙德·卡特尔的方法⑤,将英语字典中约18000个描述个体行为特征的词条加以归类,并运用统计分析方法归纳成不同人格特质类型。⑥ 以他的研究成果为基础,刘易斯·哥德伯格(Lewis R. Goldberg)提出了人格五因素模型(Five Factor Model,FFM)。保罗·科斯塔和罗伯特·麦克雷

---

① 参见H. E. P. Cattell(2001). The Sixteen Personality Factor (16PF) Questionnaire. In W. I. Dorfman & M. Hersen (Eds.), *Understanding Psychological Assessment* (pp. 187—215). New York: Plenum.

② 雷蒙德·卡特尔认为,人的行为之所以具有一致性和规律性是因为每一个人都具有一些共同的根源特质。这称为人的根源特质理论。

③ 16种基本人格特质是通过如下程序筛选出来的:首先从各种词典和心理学、精神病学有关文献中找出约4500个用来描述人类行为的词汇,从中选定171项特质名称,让大学生使用这些特质名称对同学进行行为评定,最后对评定结果进行因素分析得到16种人格特质。

④ 解亚宁、戴晓阳主编:《实用心理测验》,北京:中国医药科技出版社2006年版,第141页。

⑤ 参见G. W. Allport & H. S. Odbert(1936). Trait Names: A Psycho-Lexical Study. *Psychological Monographs*, 47 (1), 1—211。

⑥ 参见薛秀宜、陈利铭、洪佩圆:《人格理论新纪元:人格五因素模式之测验工具及其研究应用》,《教育与发展》(台湾)1995年第23卷第1期。

将五大因素细化,分为情绪性、外向性、开明性、宜人性、严谨性等五个特质维度(见表3.1)。

可见,与前述人格量表相比,NEO-PI-R具有一个先天优势,即它是在人格心理学理论的指导下编制和修订而成的,而非起源于以病态心理为研究对象的精神病学。而且,作为其理论基础的人格五因素模型能够最大限度地保证其所测量的人格特征较为全面地涵盖人格的所有方面。

然而,与其他专门的人格量表一样,NEO-PI-R包含的题项数目很多(共计240个题项,每个维度均含48个),完成大概需要30—45分钟,虽然其具有较高的信度[克朗巴赫α信度系数(Cronbach's α)为:情绪性0.71;外向性0.83;开明性0.74;宜人性0.79;严谨性0.88],但将其直接用于印象测评显然也不太适合,不仅题项过于烦琐,完成量表耗时也太长。

表3.1　NEO五因素标准及含义[①]

人格特质高分者	特质标准	人格特质低分者
焦虑的、紧张的、情绪化的、缺乏安全感的、不适应的、忧郁的	情绪性(Neuroticism, N)	冷静的、放松的、非情绪化的、勇敢的、有安全感的、自我满足的
	个体忧虑的倾向,如:不切实际的念头、过度欲望或冲动,以及不适应等	
高度社交的、活跃的、健谈的、交际导向的、乐观的、享受爱情的、亲切的	外向性(Extraversion, E)	保留的、冷漠的、不热情的、严肃的、工作导向的、羞怯的、安静的
	人际互动的特质和强度,如:积极主动程度、刺激需求的程度,以及喜悦感	
好奇的、兴趣广泛的、有创造性的、具有原创性的、富有想象力的、非传统的	开明性(Openness, O)	保守的、兴趣缺乏的、不具有艺术细胞的、不具有分析能力的
	个体积极寻求的自身经验状况,以及个体对于陌生事物的接受度和冒险度	

---

① 参见薛秀宜、陈利铭、洪佩圆:《人格理论新纪元:人格五因素模式之测验工具及其研究应用》,《教育与发展》(台湾)1995年第23卷第1期。

(续表)

人格特质高分者	特质标准	人格特质低分者
温暖的、本性良好的、可信赖的、乐于助人的、能原谅人的、相信他人的、正直坦率的	宜人性（Agreeableness，A）	严肃的、粗暴的、多疑的、不合作的、复仇心重的、无情的、易怒的、虚伪的
	个体的人际互动特质，探讨个体面对事物时展现的同情或敌对的认知、情感、态度表现	
有组织能力的、负责的、工作热心的、自律的、守时的、有道德原则的、井然有序的、热忱的、锲而不舍的	严谨性（Conscientiousness，C）	缺乏目标的、不可信赖的、懒惰的、粗心的、散漫的、享乐主义的、随便的、缺乏工作意志的
	个体的组织能力、坚持度，以及目标导向行为的动机状态	

  正因如此，2001年杰弗里·汉科克等人在研究中采取了变通的办法，没有直接采用NEO-PI-R，而是选择了其简化版、同属NEO系列量表的NEO五因素量表。[①] 后者同样含有五个特质维度，不同的是每个特质维度只包含12个题项，共60个题项。[②] 从与印象目标进行人际互动次数不多的量表填写人的角度而言，这60个题项仍然显得过于细致、具体，可能造成绝大多数题项无法回答的情况。如"他（她）总是把自己的东西保持得干净整齐""他（她）时常和周围的人起争执"等，若非与印象目标较为熟悉，是很难对此做出评价的。如此就可能出现地板效应（floor effect）[③]，影响到本实验研究测试结果的区分度。当然，杰弗里·汉科克等人的实验选用NEO-FFI还有一个重要原因，就是拟对网络人际传播与五个特质维度的特殊屏蔽效应进行测量和检验。本书研究设计中不包含这一现象的探索和验证，因此NEO-FFI也并非最佳选择。

---

  ① 参见 J. T. Hancock & P. J. Dunham(2001). Impression Formation in Computer-Mediated Communication Revisited: An Analysis of the Breadth and Intensity of Impressions. *Communication Research*, 28 (3), 325—347。

  ② 参见 Jr. P. T. Costa & R. R. McCrae(1992). *Revised NEO Personality Inventory (NEO-PI-R) and NEO Five-Factors Inventory (NEO-FFI) Professional Manual*. Odessa, FL: Psychological Assessment Resources。

  ③ 在实验设计中，当要求被试完成的任务过于困难而导致测量结果差异不明显时，称为地板效应；若相反，即当要求被试完成的任务过于容易而导致测量结果差异不明显时，则称为天花板效应。

不过,汉科克等人的思路是具有借鉴价值的。实验完全可以在基于 NEO 人格五因素模型而编制的众多量表中选择一个相对较为适合印象测评的版本作为测量工具。按照这一思路,本书最终采用了基于 NEO-PI-R 中五个特质维度的 15 项特征描述的五因素人格形容词评定量表作为人际印象的测量工具。

这一量表仍然来自于 NEO-PI-R 的编制者科斯塔和麦克雷。他们在最初提出五个特质的维度之时,曾经对五个维度以语义差异的形式进行特征界定。其中,每个维度包括三对形容词特征界定,共 15 对形容词(见表 3.2)。相关性测量表明,所使用的形容词对特质维度的界定结果与 NEO-PI-R 具有较高的相关度,可以认定其一致性。[①] 故有学者在此基础上将其编制成为 NEO 五因素人格形容词评定量表(Five-Variable Personality Rating Scale),为七刻度量表,含 15 个题项。[②] 这一量表用于印象测评主要具有以下优点:

第一,该量表基于 NEO 五因素人格模型编制,具有较为坚实的理论基础。

第二,该量表与 NEO-PI-R 的对应特质维度之间具有较高的相关度,效度和信度都得到了保证。

第三,该量表系评定量表而非自陈量表,适合由第三人对测试对象进行评价。

第四,量表采用形容词的语义差异量表(Semantic Differential Scales)形式,通俗易懂,能够在一定程度上减少由于理解产生偏差而带来的误差。

第五,量表仅含 15 个题项(五个人格特质维度各有三个题项),完成仅需 7—10 分钟,有利于实验的实施;但同时题项又能有效地覆盖人格全部的五个特质维度。

[①] 参见 R. R. McCrae & Jr. P. T. Costa(1986). Clinical Assessment Can Benefit from Recent Advances in Personality Psychology. *American Psychologist*, 41, 1001—1003。

[②] 参见 L. R. Aiken(2003). *Psychological Testing and Assessment* (11th ed.). Boston, MA: Allyn & Bacon, p. 375。

表 3.2　NEO 五因素特征的形容词界定[①]

NEO 五因素	形容词特征界定
情绪性	容易紧张(worrying)：沉得住气(calm)
	缺乏安全感(insecure)：有安全感(secure)
	自怜(self-pitying)：自我满意(self-satisfied)
外向性	热爱交际(sociable)：喜欢独处(retiring)
	幽默风趣(fun-loving)：不苟言笑(sober)
	率直外露(affectionate)：矜持内敛(reserved)
开明性	爱幻想(imaginative)：现实(down to earth)
	喜欢变化(prefer variety)：喜欢稳定(prefer routine)
	敢于突破(independent)：墨守成规(conforming)
宜人性	心肠柔软(soft-hearted)：冷漠无情(ruthless)
	容易相信他人(trusting)：容易怀疑他人(suspicious)
	乐于与人共事(helpful)：喜欢单打独斗(uncooperative)
严谨性	做事有条不紊(well organized)：做事杂乱无章(disorganized)
	认真谨慎(careful)：粗心大意(careless)
	自控力强(self-disciplined)：意志力薄弱(weak-willed)

所以，本书以 NEO 五因素人格形容词评定量表为基础构造出一个专门用于印象测评的工具——NEO 五因素印象测评量表(见附录二)。这一量表可分别通过不同的测量方式实现印象本身的测量和印象效果的测量：对于前者，直接由感知者根据对印象目标的印象完成量表即可，其信度与效度即该量表所基于的 NEO 五因素人格形容词评定量表的信度与效度；而对于后者则需要一系列转换性的计算，笔者设定其各项印象效果指标的操作定义与测量方法[②]如下：

(1) 印象鲜明度。该指标是指感知者所感受到的印象目标特征的突出程度。感知者对印象目标所具有的特征的感受越明显、越突出，那么形成的印象也就越鲜明。鲜明度的测量方法如下：首先由每一名被试根据自己对搭档被试形成的印象各自完成一份 NEO 五因素人格

---

① 参见 R. R. McCrae & Jr. P. T. Costa (1986). Clinical Assessment Can Benefit from Recent Advances in Personality Psychology. *American Psychologist*, 41, 1001—1003.

② 此处印象效果指标的测量虽借助于多维度多题项的人格量表，但在变换性计算之后每份量表均只能得到一个测量值而非一组测量值，故其实质上等同于单题项测量，无法报告作为内部一致性信度的克朗巴赫 α 系数。

形容词评定量表。该量表采用七刻度语义差异量表形式,可以通过每一题项回答所得到的分数在语义差异轴上偏离中点的程度来衡量印象鲜明度的大小。换言之,即每一题项的分数不考虑正向或负向(取绝对值),均根据位置记 0 分(中间水平)至 3 分(极端水平)。具体而言,选择语义轴上最左边的点和最右边的点都记 3 分(极端水平);选择语义轴上左边第二个点或者右边第二个点都记 2 分;选择轴上左边第三个点或右边第三个点都记 1 分;选择语义轴的中点则记 0 分(中间水平)。将所有题项的分值累加起来再计算平均值,即为感知者对该印象目标所形成印象的鲜明度分值。

(2)印象全面度。该指标是指感知者对印象目标形成的印象所涵盖的范围大小。如果感知者对印象目标各方面的特征都形成了印象,那么这一印象的全面度就较高;如果感知者只对印象目标的一部分特征形成了印象,那么该印象就属全面度较低的印象。全面度的测量方法如下:仍然采用 NEO 五因素人格形容词评定量表,但在每个题项的后面增加一个答题选项"目前还看不出来"。在量表的导语和实验指令中将告知被试,如果没有充分依据和把握在该题项上对对方做出判断,那么就选择这一选项。这一选项与语义轴的中点意义不同,后者是指介于一对反义词之间的一种中间水平。在语义轴上做出选择的题项越多,或者说选择"目前还看不出来"的题项越少,就说明形成的印象更为全面。

(3)印象好感度。该指标是指所形成印象在感知者心目中的好坏评价。好的印象对应正值效价,坏的印象则对应负值效价。对于正负效价的测量,本书采用一个附加问题,即"你对这个人总体印象如何?"。该问题附在要求被试完成的 NEO 五因素人格形容词评定量表的 15 个题项之后。答案仍然设计为七刻度的语义差异形式,反义词为"不好"(负向端)及"好"(正向端)。

(4)印象失真度。该指标是指感知者对印象目标所形成的印象与印象目标的真实特征相比较的偏差程度。二者的偏差越小,则准确性越高。根据约瑟夫·瓦尔特的超人际模型和马丁·利的 SIDE 模型,网络人际传播条件下形成的印象虽然具有种种特征,但最根本的特征是其与面对面人际传播条件下形成的印象在总体上存在差异。这种总体的差异并非鲜明度、全面性以及正负效价等现有的任何一个指标可以衡量,因此失真度的提出就填补了这一空白。失真度的测量方法如下:除 NEO 五因素人格形容词评定量表之外,被试每人再完成一份含有相同形容词的 NEO 五因素人格自陈量表,以便通过自测的方式测出量表填写人在五个特质维度上的特征。由于两者题项设置完全相同,因此具有直接的可比性。印象的失真度由前述评定量表和自陈量表所测出的全部题项的分值差异(对应题项分值相减再取绝对值)的平均值加以衡量:平均值越大则失真度越高,所形成印象的准确性越低。

三、实验结果

实验方案为组间设计(被试间设计),测量结果包含了 FtF 和 CMC 两组数据;实验目的是对两种传播方式(传播媒介)下各测量指标的均值水平进行比较,故采用独立样本 t 检验的统计分析方法(选定显著性 $p<0.05$)。各测量指标统计分析结果如下:

(一) 印象鲜明度

印象鲜明度这一测量指标的数值在实验中的变化范围为 0 到 3。FtF 传播方式下($N=24$)鲜明度的均值为 $M=1.467404$,标准差为 $SD=0.4253057$;CMC 传播方式下($N=24$)鲜明度的均值则为 $M=1.836833$,标准差为 $SD=0.5853782$,说明网络人际传播条件下的印象鲜明度平均水平高于面对面人际传播。首先对两组数据进行莱文方差齐性检验(Levene's Test for Equality of Variances)[1],以确定对实验数据进行 t 检验还是校正 t 检验。分析结果显示,$Sig.=0.265>$

---

[1] 莱文方差齐性检验也称为莱文检验(Levene's Test),由霍华德·莱文(Howard Levene)在 1960 年提出,用于判断两个总体的方差是否具有同质性,若方差齐性,则可以进行比较,否则应当经过校正之后再进行比较。参见 H. Levene(1960). Robust Tests for the Equality of Variance. In I. Olkin, S. G. Ghurye, W. Hoeffding, W. G. Madow & H. B. Mann(Eds.), *Contributions to Probability and Statistics* (pp. 278—292). CA: Stanford University Press。

0.05,即两组数据方差无显著差异,具有同质性,可直接进行 t 检验。独立样本 t 检验的分析结果为 $t(46)=-2.501, p<0.05$,显著性 Sig. (2-tailed)=0.016<0.05,可以认为 FtF 组与 CMC 组在印象的鲜明度上存在显著差异(详细分析结果参见表 3.3)。

(二) 印象全面度

印象全面度这一测量指标的数值在实验中的变化范围为 0 到 15。FtF 传播方式下($N=24$)全面度的均值为 $M=11.5000$,标准差为 SD=1.81779;CMC 传播方式下($N=24$)全面度的均值则为 $M=10.4583$,标准差为 SD=2.51913,说明网络人际传播条件下的印象全面度平均水平略低于面对面人际传播,但由于标准差较大,数据的离散性(变异性)要大于后者,没有后者集中。两组数据的莱文方差齐性检验结果为 Sig.=0.075>0.05,即两组数据方差无显著差异(具有同质性),可采用 t 检验进行统计分析。独立样本 t 检验的分析结果为 $t(46)=1.643, p<0.05$,显著性 Sig.(2-tailed)=0.107>0.05,不能认为 FtF 组与 CMC 组在印象的全面度上存在显著差异(详细分析结果参见表 3.4)。

(三) 印象好感度

印象好感度这一测量指标的数值在实验中的变化范围为 -3 到 3。FtF 传播方式下($N=24$)好感度的均值为 $M=1.3750$,标准差为 SD=1.01350;CMC 传播方式下($N=24$)好感度的均值则为 $M=1.9583$,标准差为 SD=0.95458,说明网络人际传播条件下印象好感度的平均水平要高于面对面人际传播,数据的离散性(变异性)则较为接近。两组数据的莱文方差齐性检验结果为 Sig.=0.442>0.05,即两组数据方差无显著差异(具有同质性),可采用 t 检验进行统计分析。独立样本 t 检验的分析结果为 $t(46)=-2.053, p<0.05$,显著性 Sig.(2-tailed)=0.046<0.05,可以认为 FtF 组与 CMC 组在印象的好感度上存在显著差异(详细分析结果参见表 3.5)。

表 3.3　FtF 与 CMC 两种条件下印象鲜明度的 t 检验结果

分组统计

分组		样本数	均值	标准差	均值标准误
印象鲜明度	面对面组	24	1.467404	.4253057	.0866152
	网络组	24	1.836833	.5853782	.1194898

独立样本检验

		莱文方差齐性检验		均值等同性 t 检验						
									差值95%置信区间	
		F 值	显著性	t 值	自由度	显著性（双侧）	均值差	标准误差	下限	上限
印象鲜明度	同方差	1.276	.265	-2.501	46	.016	-.3694292	.1476980	-.6667298	-.0721286
	异方差			-2.501	41.990	.016	-.3694292	.1476980	-.6674978	-.0713606

表 3.4 FtF 与 CMC 两种条件下印象全面度的 t 检验结果

分组统计

印象全面度	分组	样本数	均值	标准差	均值标准误
	面对面组	24	11.5000	1.81779	.37105
	网络组	24	10.4583	2.51913	.51422

独立样本检验

		莱文方差齐性检验		均值等同性 t 检验						
		F 值	显著性	t 值	自由度	显著性（双侧）	均值差	标准误差	差值95%置信区间	
									下限	上限
印象全面度	同方差	3.322	.075	1.643	46	.107	1.04167	.63411	-.23474	2.31807
	异方差			1.643	41.843	.108	1.04167	.63411	-.23817	2.32150

表 3.5　FtF 与 CMC 两种条件下印象好感度的 t 检验结果

分组统计

	分组	样本数	均值	标准差	均值标准误
印象好感度	面对面组	24	1.3750	1.01350	.20688
	网络组	24	1.9583	.95458	.19485

独立样本检验

		莱文方差齐性检验		均值等同性 t 检验					
		F 值	显著性	t 值	自由度	显著性（双侧）	均值差	标准误差	差值95%置信区间	
									下限	上限
印象好感度	同方差	.601	.442	−2.053	46	.046	−.58333	.28420	−1.15539	−.01128
	异方差			−2.053	45.836	.046	−.58333	.28420	−1.15544	−.01122

(四) 印象失真度

印象失真度这一测量指标的数值在实验中的变化范围为 0 到 6。FtF 传播方式下（$N=24$）印象失真度的均值为 $M=1.257117$，标准差为 $SD=0.3657909$；CMC 传播方式下（$N=24$）失真度的均值则为 $M=1.626021$，标准差为 $SD=0.5555998$，说明网络人际传播条件下的印象失真的平均水平高于面对面人际传播，数据的离散性（变异性）也远远大于后者。两组数据的莱文方差齐性检验结果为 $Sig.=0.134>0.05$，即两组数据方差无显著差异（具有同质性），可采用 t 检验进行统计分析。独立样本 t 检验的分析结果为 $t(46)=-2.717$，$p<0.05$，显著性 $Sig.(2\text{-tailed})=0.009<0.05$，可以认为 FtF 组与 CMC 组在印象的失真程度上存在显著差异（详细分析结果参见表 3.6）。

四、解释与讨论

(一) 关于印象鲜明度与好感度

实验对两种传播方式下印象形成的鲜明度进行了考察，结果是网络人际传播条件下的印象鲜明度显著高于面对面人际传播，研究假设 H3.1 成立。这意味着，通过网络进行的人际互动中所形成的印象比面对面情况下更为鲜明，在互动双方的眼中，对方所具有的各项特征更为突出。这一结果与杰弗里·汉科克和菲利普·邓汉姆 2001 年的研究结论是吻合的。与此相匹配的是，对印象好感度的考察结果也显示网络人际传播条件下形成的印象要比面对面人际传播更具好感，研究假设 H3.3 成立。不过，虽然数据分析结果判别两种传播条件下的印象好感度存在显著差异，但从具体数据可以看出，这里的显著差异非常接近临界点。换言之，传播方式的改变对于印象鲜明度的影响要大于对印象好感度的影响。马丁·塔尼斯和汤姆·珀斯特默斯 2003

表 3.6 FtF 与 CMC 两种条件下印象好感度的 t 检验结果

分组统计

分组		样本数	均值	标准差	均值标准误
印象失真度	面对面组	24	1.257117	.3657909	.0746667
	网络组	24	1.626021	.5555998	.1134113

独立样本检验

		莱文方差齐性检验		均值等同性 t 检验						
		F 值	显著性	t 值	自由度	显著性（双侧）	均值差	标准误差	差值 95% 置信区间	
									下限	上限
印象失真度	同方差	2.329	.134	-2.717	46	.009	-.3689042	.1357839	-.6422229	-.0955854
	异方差			-2.717	39.785	.010	-.3689042	.1357839	-.6433797	-.0944286

年的研究也发现了这一现象,并将之归因于社交线索的作用。① 可见,网络人际传播中印象效果与面对面人际传播的差异与互动过程中所传输的线索讯息有着极其密切的联系。下一章我们将对这一问题进行进一步的研究。

尽管如此,两种传播条件在印象鲜明度和好感度上存在的显著差异仍然验证了约瑟夫·瓦尔特的超人际模型中的一个重要假设:网络人际传播中互动双方通常容易对对方的吸引力过度归因,从而将对方的形象理想化。而且,实验结果还揭示了这种形象理想化过程包括了人物特征的突出和总体印象的优化两个重要的维度。这在支持超人际模型中讯息接收者理想化对方的假设之外,还为该模型的另一个假设——接收者由于理想化而发出的积极反馈促进了交流的持续进行,形成了"行为上的确认"和"认知夸大"的循环②——提供了强有力的经验基础。可以预见,随着时间的推移,网络人际传播条件下的互动双方在一定时期内相互之间的印象好感度将会以一定的规律持续上升,并对双方线上人际关系的维持起到根本性的作用。因此,使用网络人际传播的人不但不像线索消除理论所说的那样只能进行任务性的交流,还能够感受到比面对面情况下的普通人际交往更多的交际性色彩。这一结论彻底击破了网络人际传播去人际效果论的代表性观点——计算机网络的中介作用拉远了讨论者之间的心理距离,从而削减了网络人际传播过程中的人际吸引力和群体凝聚力。③

(二) 关于印象全面度

实验也对两种传播方式下印象形成的全面度进行了考察,但结果表明,网络人际传播条件下的印象全面度并未显著低于面对面人际传播,未能证明研究假设 H3.2 的成立。这似乎与约瑟夫·瓦尔特和杰

---

① 参见 M. Tanis & T. Postmes(2003). Social Cues and Impression Formation in CMC. *Journal of Communication*,53,676—693。
② 参见 J. B. Walther(1996). Computer-Mediated Communication: Impersonal, Interpersonal and Hyperpersonal Interaction. *Communication Research*,23(1),3—43。
③ G. DeSanctis & R. B. Gallupe(1987). A Foundation for the Study of Group Decision Support Systems. *Management Science*,33(5),589—609。

弗里·汉科克等人的相关研究结论产生了矛盾。约瑟夫·瓦尔特曾经在1993年的研究之中对网络人际传播条件下的印象发展进行了探索,并用实验证明了以下两个研究假设:(1)交流初期面对面条件下的印象形成要快于网络人际传播;(2)当讯息交换量达到一定水平之后,两种条件下的印象水平会非常相似和接近(参见图3.1)。[1] 从图3.1可以看出,网络人际传播条件下初始印象的水平要远远低于同一时间点的面对面人际传播。而2001年杰弗里·汉科克和菲利普·邓汉姆的研究也检验出了网络人际传播与面对面条件下一次性互动印象的全面度水平存在显著差异。[2]

图3.1 CMC与FtF印象水平随时间发展的对比曲线

由于本实验中全面度指标的操作定义与以上研究相同,因此在数值上具有一定的可比性。瓦尔特研究中,网络人际传播条件下量表题项的平均回答率(没有选DK的题项平均数与总题项数之比)为59.7%,面对面为75.1%;而汉科克与邓汉姆研究中前者的数值为59.9%,后者的数值为74.6%。本章研究中,这两个数值则分别为

---

[1] J. B. Walther(1993). Impression Development in Computer-Mediated Interaction. *Western Journal of Communication*, 57, 381—398.

[2] 参见 J. T. Hancock & P. J. Dunham(2001). Impression Formation in Computer-Mediated Communication Revisited: An Analysis of the Breadth and Intensity of Impressions. *Communication Research*, 28 (3), 325—347。

69.7%和76.7%。三组数据的对比如表3.7所示：

表 3.7　三次研究中量表题项的平均回答率比较

	CMC	FtF
瓦尔特(Walther)(1993)	59.7%	75.1%
汉科克和邓汉姆(Hancock & Dunham)(2001)	59.9%	74.6%
本章研究	69.7%	76.7%

从表中不难发现，三次研究中面对面条件下的印象全面度水平是非常接近的，而本章中网络人际传播的印象全面度水平远远高于另外两次研究。这说明，导致实验结果最终差异的不显著，原因不在于面对面条件下形成印象的全面度水平不够高，而在于本次实验中网络人际传播所形成的印象全面度水平并不像前人研究中那么低。这是什么原因造成的呢？

经过对三次研究的实验条件、实验环境以及实验任务的比较，笔者试将其中的原因归结为以下几点：

(1) 实验任务的目的性差异。瓦尔特研究的实验任务设定为历时五周的三个决策任务。这三个决策任务都是要求被试通过讨论对某个问题(包括师资建设的策略、辅助论文软件的使用许可和学生配置个人电脑的相关规定等问题)做出相应的政策建议。[1] 很显然，这一实验中设定的网络人际传播都是任务性的。与之非常接近，汉科克与邓汉姆的研究在实验中要求被试按照一定的规则完成一个抽象图形[2]配对任务。作者对此还解释道：之所以要采用任务性的互动方式，是为了避免印象全面度和鲜明度测量中出现天花板效应，因为任务性的互动情境能够比纯粹的社交情境形成更为适中的印象。[3] 相比之下，本章的实验为了保证与现实生活的接近性，并未告知被试即将进行的是一次社会科学实验，而是以聚会的名义完成。既然是"聚会"，自然对

---

[1] J. B. Walther(1993). Impression Development in Computer-Mediated Interaction. *Western Journal of Communication*, 57, 381—398.

[2] 包含16个不同形状的几何图形，类似于中国的七巧板和俄罗斯方块。

[3] 参见 J. T. Hancock & P. J. Dunham(2001). Impression Formation in Computer-Mediated Communication Revisited: An Analysis of the Breadth and Intensity of Impressions. *Communication Research*, 28(3), 325—347。

谈论话题就未做过多的限制，只是由实验人员从中引导，因而其交际性色彩要远远强于前人的研究，而任务性几乎为零。虽然同样避免了配对被试之间刻意地形成人际印象而出现天花板效应，但交际性互动和任务性互动本身的差异却带来了印象全面度水平的提高。所以，实验任务的目的性差异是可能的原因之一。

（2）网络传播条件的差异。瓦尔特的研究完成于 1993 年，而汉科克与邓汉姆的研究时间为 2001 年。众所周知，当今时代计算机多媒体技术飞速发展，无论是软件产品还是硬件产品都以极快的速度更新换代，操作界面的变化也可谓一日千里。1993 年至今，个人计算机操作系统已前后经历了多次变迁，人机界面已今非昔比。瓦尔特当年的研究采用的只是在今天看来极其简陋的计算机会议系统（COSY），讯息的传输只能以异步的方式进行，最多只能做到准同步传输。从汉科克与邓汉姆研究文献中的描述来看，其使用的操作系统仅为 Windows95，即时通信软件为 Mirabilis ICQ(v. Beta1.113)。无论是交流界面的友好程度还是电子表情功能都远远不及今天的丰富多彩。故此作者推断，网络传播条件的差异也是造成本章中印象全面度水平提高的可能原因之一。

（3）被试对网络互动熟悉程度的差异。20 世纪 90 年代初，姑且不论互联网，就连计算机都称不上普及。除了计算机科学与技术的专业圈子，普通人群使用计算机和网络的人只是极少数，即便在计算机技术的先锋、互联网的发源地美国也是如此。瓦尔特研究的文献在 CMC 组实验程序一部分曾提到实验人员在实验进行之前专门对被试进行了计算机会议系统的操作培训，这说明当时的被试尚不能普遍熟练使用已有的网上交流工具，更遑论具有丰富的网络人际传播经验了。[1] 在 2001 年汉科克与邓汉姆研究的文献中，也提到"实验员将于被试在电脑终端处就位之后，简要地介绍电脑界面的使用方法"[2]。据

---

[1] J. B. Walther(1993). Impression Development in Computer-Mediated Interaction. *Western Journal of Communication*, 57, 381—398.

[2] 参见 J. T. Hancock & P. J. Dunham(2001). Impression Formation in Computer-Mediated Communication Revisited: An Analysis of the Breadth and Intensity of Impressions. *Communication Research*, 28 (3), 325—347。

有关资料显示,21世纪初计算机和互联网的使用在普通美国人中已是家常便饭,然而"大多数互联网用户对于交流方式的选择仍然偏爱电子邮件胜过即时通信"①,所以此时的被试虽不需要再进行正式的"培训",但仍然有必要简单介绍一下实验所采用的即时通信工具。同样可以推断,当时参加研究的被试也并不普遍具有相应的网络人际传播经验,从而影响了其在网络条件下对互动对象的判断能力。而在本书中,并未安排实验人员事先对被试进行任何关于网络即时通信工具的指导或介绍,所有被试对实验所使用的即时通信工具软件均能熟练操作且具有较为丰富的日常网络人际交流经验。因此,本书的被试对网络互动的熟悉程度远较之前两次研究要高,对互动对象的判断能力也相对较强,极有可能造成印象全面性水平的提高。

以上只是对可能的原因做出的推断,至于这一现象是否偶然,究竟是何种因素在起作用,需要另行设计实验进一步研究。

(三) 关于印象失真度

印象形成的失真度是本书首次设定的一个印象测量指标。实验考察的结果是网络人际传播条件下的印象失真度显著高于面对面情况下,研究假设 H3.4 成立。这一测量结果表明,通过网络进行的人际交往中所形成的印象比面对面情况下有着更大的偏差。根据约瑟夫·瓦尔特的超人际模型进行分析之后不难发现,网络人际传播中印象的失真并非单一原因造成的,而是诸多因素综合作用的结果。

首先,讯息发送者(印象目标)在网络人际传播条件下通过选择性自我展示进行的印象管理,能够构造出与其本来面目具有完全不同人格特征的形象。自我展示行为是指任何旨在创造、修改和保持别人对自己的印象的行为。② 促使人们进行自我展示的动机有许多,其中最为重要的就是自我建构,即试图塑造自己在他人心目中的形象从而为

---

① E. Shiu & A. Lenhart(2004). *How Americans Use Instant Messaging*. Washington. D.C.: PEW Internet & American Life Project. 该调查报告指出,2000 年美国的 IM 用户人数为 4100 万人,而其中仅仅 36%(约 1400 万)的用户每天使用 IM。

② 〔美〕乔纳森·布朗:《自我》,陈浩莺等译,北京:人民邮电出版社 2004 年版,第 139 页。

自己建构一个特定的身份。① 此类动机下促成的自我展示行为更具对象针对性,也就是说,对于特定的对象只展现出自我的一个特定的侧面,这个侧面既可能是由本人真实具有的人格特征构成,也可能是部分或完全通过"饰演"而构造出来的。如此所传输的讯息中必然就只包含了讯息发送者所展示的特征的相关线索,而与能够整体反映其真实形象的线索讯息存在着或多或少的偏差,最终造成印象失真。

其次,网络人际传播条件下的传播信道具有一些面对面情况下所不具备的特点,导致了到达接收者处的讯息发生变形甚至歪曲。其一是传播信道的窄化,这使得在面对面人际传播中得到完全传输的线索讯息只能部分完成传输,大部分的线索讯息被过滤掉了;其二是传播信道以文本为主导,讯息的交换频率远远低于面对面人际传播,十分便于互动者依靠遣词造句和精心整饰来实施对讯息内容的控制。关于传播信道及相应的线索类型对印象失真度的影响,在第五章的实验中将会进行量化研究。

再次,讯息接收者(感知者)在网络人际传播条件下对互动对象的相关线索讯息获取不足,容易形成较为极端化的判断。由于网络交流的身体隔离和视觉屏蔽,讯息接收者所收到的讯息中含有的关于发送者人格特征的线索大大少于面对面交流,这些线索并不足以让其做出判断。此时感知者为了降低互动的不确定性,就会调取记忆结构中的认知图式对所获取的较为单一的线索进行补充,在此基础上再加以理解和阐释而形成关于对方的印象。而认知图式的调取是极为个体化的,具有一定的偶然性;同时图式本身也具有典型化、突出化的特点,所以以此为基础所形成的印象不免渗入了过多的主观成分,变得极端、夸张而失真。由于认知图式是第二章的预研究所归纳出的关键影响因素之一,因此这一点及一些相关问题将在第四章的实验中加以探索和验证。

最后,讯息接收者基于极端化的判断而做出反馈,反馈讯息又经

---

① 参见 R. F. Baumeister(1982). A Self-Presentation View of Social Phenomena. *Psychological Bulletin*, 91, 3—26; M. Rosenberg(1979). *Conceiving the Self*. New York: Basic Books.

过其印象管理的整饰和传播信道的过滤,向原先的发送者返回了一个存在偏差的失真形象。互动双方对对方形成的失真印象因而得到维持和巩固,形成了认知偏差的循环。

五、结 论

综合以上的分析与讨论,可以得出如下研究结论:

第一,互动者在网络人际传播条件下所形成的关于对方的印象比面对面条件下特征更为突出、更具好感且与真实形象的偏差更大。这种差异性现象不妨称为"网络正向晕轮效应"。就传播过程本身而言,这一效应主要可能是由其中携带信息的线索讯息和作为信息理解、阐释框架的互动者的认知图式两个因素所带来的。因此,在随后的第四章中,将对两个关键因素进行实验研究。

第二,互动者在网络人际传播条件下所形成的关于对方的印象是否比面对面条件下涵盖相对较少的特征,尚需进一步的研究。在本章研究中,印象全面度这一指标的测量结果与前人研究不符,两种传播条件下未能发现具有显著性的差异,虽然提出了实验任务、网络传播条件以及网络互动熟悉程度三个解释因素,但仍然需要今后进一步的研究进行探索和验证。

第三,证实了鲜明度、全面度、好感度、失真度四个印象效果评价指标具有相当的效度,能很好地反映不同传播条件下所形成印象的特性。本书将在随后的实验中继续使用这四个指标对网络传播条件下人际印象的特征进行测量和描述。

第四章　网络人际传播中印象形成机制的实验研究

一、研究问题与假设

(一) 线索消除与线索补偿

早期研究认为,网络媒介环境会消除大量在传统印象形成研究中认为有利于印象形成的社交线索讯息,由此而形成了包括社交在场感理论和社交情境线索缺失假说等著名理论的线索消除论进路。维塔利·杜布洛夫斯基(Vitaly J. Dubrovsky)等学者对线索消除论所反映的情景有着生动的描述:网络人际传播中被削减的线索"会让人们忘记了讯息在传播,而以为自己是在对着电脑喃喃自语。人们忘了他们还拥有一大堆叫作'受众'的人,甚至忘掉了自己的传播将会被他人解读"[1]。这一进路带有浓厚的技术决定论色彩,认为计算机网络属于贫媒介[2],其传输性能有限,能够反映交流参与者个人状态及社会角色等一系列特征的非言语线索和社交情境线索讯息在传播过程中被屏蔽了,使得交流参与者从网络条件下的人际互动中获取的关于对方的线

---

[1] V. J. Dubrovsky, S. Kiesler & B. N. Sethna(1991). The Equalization Phenomenon: Status Effects in Computer-Mediated and Face-to-Face Decision-Making Group. *Human Computer Interaction*, 6, 119—146.

[2] 参见理查德·达夫特和罗伯特·兰杰尔的信息丰度理论。

索讯息极其有限,不足以直接完成印象形成的认知过程。

然而,在人际交往中,人们总是利用一切可能得到的信息对他人形成印象——对他人的个性做出一些判断或是根据对方是什么样的人来对其做出判断。① 互动社会语言学研究表明,个体通常会主动采用一些策略来降低人际互动中关于互动对象的不确定性。这些策略主要可以分为三种类别:第一,积极性策略,包括向第三人了解、改变环境等;第二,消极性策略,包括反应搜集、社会比较、越轨试探等;第三,互动性策略,包括谎言判断、言辞询问、自我表露等。② 研究者将之归纳概括为不确定性降低理论。③

有学者据此提出了 SIP 理论和超人际模型等有别于原先具有技术决定论取向的线索消除进路的理论模型,在承认部分社交线索讯息在网络传输过程中被阻碍的前提下,认为交流参与者能够主动搜集其他可利用的信息对缺失的线索讯息进行替代④,同样能够达到甚至超越面对面条件下的效果水平。这一进路被我国台湾学者吴筱玫称为线索补偿论。⑤ 这就是说,不确定性降低理论所描述的事实即便在通过计算机网络进行的人际传播中线索讯息大大减少的情况下也不例外。正如杰弗里·汉科克与菲利普·邓汉姆所言,人们在人际传播中将获得完全不同于面对面情形下的人际信息,并且线索的缺乏更使得交流者能够将面对面情境下的认知资源加以重新分配,从而选择有延

---

① S. E. Taylor, L. A. Peplau & D. O. Sears(2004). *Social Psychology*. Beijing: Peking University Press, p. 33.

② 参见 C. R. Berger, R. R. Gardner, M. R. Parks, L. Schulman & G. R. Miller (1976). Interpersonal Epistemology and Interpersonal Communication. In G. R. Miller (Ed.), *Explorations in Interpersonal Communication* (pp. 149—171). Beverly Hills, CA: Sage; C. R. Berger(1979). Beyond Initial Interaction: Uncertainty, Understanding, and the Development of Interpersonal Relationships. In H. Giles & R. St. Clair (Eds.), *Language and Social Psychology* (pp. 122—144). Oxford: Blackwell.

③ 参见 C. R. Berger & R. J. Calabrese(1975). Some Explorations in Initial Interaction and Beyond: Toward A Developmental Theory of Interpersonal Communication. *Human Communication Research*, 1, 99—112.

④ 参见 L. C. Tidwell & J. B. Walther(2002). Computer-Mediated Communication Effects on Disclosure, Impressions, and Interpersonal Evaluations: Getting to Know One Another A Bit at A Time. *Human Communication Research*, 28(3), 317—348.

⑤ 吴筱玫:《计算机中介传播:理论与回顾》,杜骏飞、黄煜主编:《中国网络传播研究》(第1卷第1辑),上海:复旦大学出版社 2007 年版,第 35—61 页。

迟的回复①，谨慎遣词和精心造句，以及进行印象管理②。但特别需要指出的是，线索补偿论并非对线索消除论的否定；相反，前者与后者是一脉相承的——因为只有承认线索的消除才谈得上"补偿"。所以，线索补偿论只是线索消除论的发展和延伸而已，二者实质上同属一个理论框架和研究进路。

线索补偿论的形成或者说线索消除论新的发展事实上告诉我们，网络媒介对线索的消除和社交在场感的削弱并不意味着人际印象形成的阻滞，而是带来人际印象形成机制与面对面情形下的迥然而异。③如果承认线索补偿论是对线索消除进路的发展，那么一个问题就会很自然地被提出来：在网络传播条件下，究竟是什么补偿了被消除的线索，以至于出现网络传播的超人际效果？或者说，在线索消除的基础上，网络传播的超人际效果究竟是怎样形成的？第二章的预研究结论表明，答案很可能与心理学上的一个重要研究对象——认知图式有关。

(二) 理论假设：图式对线索的完形效应

线索补偿论认为，虽然部分社交线索讯息在网络传输过程中被阻碍而未能进行交换，但交流参与者能够主动搜集其他可利用的讯息对缺失的线索讯息进行替代，并以此而达到甚至超越面对面条件下的效果水平，形成较为刻板、夸张的人际印象。可以看出，这一修正后的进路在承认网络人际传播中由线索所提供的知觉信息不足的前提下，指出了其印象效果相对于面对面人际传播的变化，但对于其中的原因和过程，却语焉不详。不过，虽可归类于线索补偿论但却并不典型的

---

① 参见 H. H. Clark(1996). *Using Language*. Cambridge, UK: Cambridge University Press.
② J. B. Walther(1996). Computer-Mediated Communication: Impersonal, Interpersonal and Hyperpersonal Interaction. *Communication Research*, 23(1), 3—43; J. B. Walther(2007). Selective Self-Presentation in Computer-Mediated Communication: Hyperpersonal Dimensions of Technology, Language, and Cognition. *Computers in Human Behavior*, 23, 2538—2557.
③ 参见 J. B. Walther(1993). Impression Development in Computer-Mediated Interaction. *Western Journal of Communication*, 57, 381—398.

SIDE 模型,在这一问题上给予了我们相当程度的启发。

与典型的持线索补偿观点的理论模型不同,SIDE 模型并未明确指出网络人际传播中的参与者通过主动搜集其他可利用的讯息来对缺失的线索讯息加以替代和补偿,但其前所未有地重视了社会认同在网络人际印象形成中的关键作用,并提出了一个至关重要的理论问题,即交流参与者自身的刻板认知与线索讯息结合并共同发生作用之后对印象形成产生了什么样的影响。模型认为,线索的缺乏一方面导致强烈的群体认同,另一方面又导致个体摆脱社会规范或群体规范约束的去抑制行为,即身份认同极化。这是模型所概括的行为结果,但只是一个延伸的结论。问题的关键还在于造成身份认同极化的原因——去个性化效果的产生。正是去个性化效果使群体身份或个人身份得到了强化,从而催生了身份认同极化。那么去个性化效果又是怎样产生的呢? SIDE 模型将之归因于社会刻板印象的形成,并认为后者是计算机网络媒介过滤之下仅剩的线索讯息所触发的。换言之,该模型认为网络人际传播中所形成的印象是由少量的线索讯息所触发的刻板印象,而非真实准确的印象。正如马丁·利和拉塞尔·斯皮尔斯所说:"个体以激活相关社会类别和图式的方式,根据可得的线索构造出一个对于陌生人的印象。但如此形成的印象不可能有太高的准确性,因为它是建立在社会刻板印象基础上的。"[1]而社会刻板印象是社会认知图式中较为典型的一种,因此 SIDE 模型的结论实际上着重强调了认知图式在网络人际印象形成中的关键作用,这正是其意义所在。

追溯 SIDE 模型的理论来源不难发现,社会心理学的社会认同与自我归类理论是其重要基础。该理论认为个体在对某个特定的社会群体存在认同感的情况下,倾向于将自身归属于该社会群体。根据这一理论,网络传播条件下"线索的相对缺乏使得交流参与者更加依赖于社会归类来对可得信息做出解释,以便形成一个相对完整的社交情境"[2]。当交流者将印象目标进行社会归类之后,便会把该社会类别的

---

[1] M. Lea & R. Spears(1992). Paralanguage and Social Perception in Computer-Mediated Communication. *Journal of Organizational Computing*,2,321—341.
[2] Ibid.

所有典型特征赋予对方,从而形成刻板印象。这一过程机制与20世纪80年代兴起的社会认知(social cognition)[①]研究的结论相吻合。社会认知研究者们认为,每个人的信息加工能力都是有限的,人是"懒惰的接受者"(lazy perceiver)[②]、"认知吝啬鬼"(cognitive miser)[③],在时间、信息等资源有限以及不具备完全彻底思考的条件下做出复杂决策的社会认知过程中,社会感知者常常抛弃基于穷尽策略的最佳推理和决策,转而寻求相对满意的适当推理和决策。[④] 当人们接触外界事物时,常在记忆中检索那些与输入信息最符合的认知图式与之对照,加以理解与解释,这个过程称为图式加工(schematic processing)。[⑤] 其中的图式(schema)[⑥]是依据先前经验把各种相关概念有意义地组织起来的认知模式[⑦],它可以指导人如何对原始材料进行采集、记忆和推理。[⑧] 根据著名决策科学研究者罗伯特·阿克塞尔罗德(Robert Axelrod)的理论模型[⑨],图式加工的流程如图4.1所示。

正如学者所指出的那样,图式同时具有积极作用和消极作用,并体现在信息加工过程的各阶段。[⑩] 对于网络社交线索的图式加工而言,

---

[①] 社会认知研究的是人们如何从社会环境中获取信息,并如何形成推理的过程,包括人们如何对他人或是社会群体、社会角色以及人们自身的经验做出判断。刘海龙:《大众传播理论:范式与流派》,北京:中国人民大学出版社2008年版,第190页。

[②] 参见 W. J. McGuire(1969). The Nature of Attitudes and Attitude Change. In G. Lindzey & E. Aronson (Eds.), *The Handbook of Social Psychology* (pp. 137—314). Reading, MA: Addison-Wesley Publishing Company.

[③] 参见 S. E. Taylor(1981). The Interface of Cognitive and Social Psychology. In J. Harvey (Ed.), *Cognition, Social Behavior, and the Environment* (pp. 189—211). Hillsdale, NJ: Lawrence Erlbaum.

[④] 参见 J. G. March & H. A. Simon(1958). *Organizations*. New York: John Wiley.

[⑤] 章志光主编、金盛华副主编:《社会心理学》,北京:人民教育出版社1996年版,第116页。

[⑥] 也译为"基模"。社会学者欧文·戈夫曼(Erving Goffman)的"框架"(frame)概念和文艺理论学者汉斯·姚斯(Hans Robert Jauss)的"期待视野"(expectation horizon)概念与之相近。

[⑦] 〔美〕罗伯特·斯滕伯格:《认知心理学》(第3版),杨炳钧等译,北京:中国轻工业出版社2006年版,第437页。

[⑧] 〔美〕S. T. 菲斯克、S. E. 泰勒:《社会认知:人怎样认识自己和他人》,张庆林等译,贵阳:贵州人民出版社1994年版,第148页。

[⑨] 参见 R. Axelrod(1973). Schema Theory: An Information Processing Model of Perception and Cognition. *The American Political Science Review*, 67(4), 1248—1266.

[⑩] 参见刘晓红、卜卫:《大众传播心理研究》,北京:中国广播电视出版社2001年版,第115—116页。

图 4.1 罗伯特·阿克塞尔罗德的图式加工流程模型①

其积极作用在于使个体能够不囿于信息的匮乏,在网络人际传播中有限的线索讯息基础上通过完形的方式迅速对他人形成完整的印象;其

---

① 参见〔美〕沃纳·赛佛林、小詹姆斯·坦卡德:《传播理论:起源、方法与应用》(第4版),郭镇之等译,北京:华夏出版社 2000 年版,第 64 页。框图的外观借鉴了该书中的样式,而与原文献中的框图外观稍有不同。

消极作用在于个体有可能使用不适合于当前情况的图式(如并不匹配的原型)或有较大误差的图式(如失真的社会刻板印象)形成感知偏差较大的印象。如果以这一结论为基础进行推断,那么按照逻辑可以得到以下猜想:

(1)印象形成过程中认知图式的介入,会使得所形成的印象具有一些非常明晰的典型特征。图式是基于个体的经验而生成的,并存储在个体记忆结构之中。随着个体相关经验的增加,会不断地对图式进行修正和提炼。在这一过程中,图式就会带上或多或少的典型特征,由于这些典型特征是经过了许多次的积累和抽象所保留下来的,因而在个体的记忆中会得到特别清晰的表征。一旦个体在认知他人的信息加工过程中运用相关的图式,那么图式所具有的相应的典型特征就会被赋予到印象目标身上,从而使得所形成的印象也变得非常的鲜明。

(2)印象形成过程中认知图式的介入,会使得感知者将一些印象目标本不具有的特征赋予对方。研究者发现,在某方面信息缺失的情况下,人会自动利用一些特定的捷径来把复杂的问题变成较为单一的判断过程,这些捷径称为认知启发(cognitive heuristics)。[①] 认知启发的信息加工机制实际上就是在信息缺失的情况下调用相应的图式从而合理地推测出所缺少的信息,其触发的条件在于相关性,也就是说,只要是与感知对象具有一定关联的图式都有可能被调用到信息加工过程中参与加工。一旦个体使用某种认知启发激活并调用了与印象目标有一定关联但不完全匹配的原型或社会刻板印象,很可能就会将原型或刻板印象所具有的相关特征全部整合到印象目标身上。由于记忆中所存储的人物图式(personal schema)源于个体经验的累积,这些图式在一般情况下很少与印象目标的特征完全重合,所以出现前述情况是有相当可能性的。若是如此,感知者就会形成自己对印象目标已经"全面了解"的错觉。

---

① 参见 A. Tversky & D. Kahneman(1974). Judgement Under Uncertainty: Heuristics and Biases. *Science*, 185, 1124—1130.

(3)印象形成过程中认知图式的介入,对感知者给予印象目标的好坏评价有一定的影响。根据图式加工的一般原理,认知图式不仅能对已有的信息进行强化和完形,还能影响感知者对信息意义的理解和阐释。基于同样的线索讯息,个体如激活正面的图式参与加工就能形成正面的印象;而如果联结到负面的图式,则形成的印象就有可能是负面的。因此,图式在印象形成的信息加工过程中很有可能不仅仅是起到强化作用,还会对价值评判产生影响。

(4)印象形成过程中认知图式的介入,会使得所形成的印象与真实形象相比产生一定的偏差。如前文所述,图式是通过认知启发来激活和调用的。在网络人际印象形成的特定情境下,通过认知启发可以调用各种类型的人物图式,从而完成基于网络社交线索的图式加工过程。但由于依靠认知启发进行图式加工的过程是一个认知加工的"捷径",那么必然不可能在细节上实现非常准确的加工,而只能是在追求效率的基础上满足形成印象的基本要求。如此一来,所调用的图式往往并非高度匹配的"模板",而只是与印象目标有着非常有限的关联性,于是导致根据图式所形成的印象产生较大的认知偏差。

第三章的网络人际传播印象形成效果实验(以下简称"网络印象效果实验")发现了网络印象形成的正向晕轮效应,并推测该效应可能是由其中携带信息的社交线索和作为信息理解、阐释框架的互动者的认知图式两个因素所带来的,且后者对前者可能存在一种完形机制。这与SIDE中隐含的图式加工观点具有一致性,故本书不妨做出如下理论假设:在网络传播条件下,正是传播者本身所具有的认知图式介入了印象形成,并提供了本应由被消除的社交线索提供的信息,从而使得网络人际印象形成的过程得以完成,即存在图式对线索的补偿效应。

这一理论假设包含两个基本判断:第一,线索是网络人际印象形成的基础,对于网络印象的各个方面都或多或少地存在影响;第二,图式是线索的补充,也会对网络印象的各个方面产生影响。概括而言,即网络人际印象形成是线索与图式共同作用的结果。

根据先前的网络印象效果实验中提出的网络人际印象效果的测量指标体系,我们仍然从鲜明度、全面度、好感度和失真度四个维度对

其进行考察,并可以形成如下研究假设:

H4.1 网络传播条件下,线索与图式共同影响印象鲜明度。

H4.2 网络传播条件下,线索与图式共同影响印象全面度。

H4.3 网络传播条件下,线索与图式共同影响印象好感度。

H4.4 网络传播条件下,线索与图式共同影响印象失真度。

二、实验方法

(一) 实验设计

本实验采用 2×2 析因设计,以认知启动(强/弱)和社交线索(强/弱)为自变量因素进行匹配,然后通过方差分析和简单效应检验探明二者如何共同作用于网络人际印象形成。

本实验设置两个自变量,分别为认知启动和社交线索,均设"强"和"弱"两个水平。两个自变量因素之间是并列关系,因此采用完全的组间设计(被试间设计)(见表 4.1)。

表 4.1 2×2 设计自变量安排表

强认知启动		弱认知启动	
强社交线索	弱社交线索	强社交线索	弱社交线索
第 1 组	第 2 组	第 3 组	第 4 组

从四川大学选取 120 名本科二年级学生(其中男性 60 名,女性 60 名)成为实验被试,以发给小礼品作为实验酬劳。严格保证被试在实验之前未接触过实验材料及相关信息。按照完全随机分配的原则将被试分配到前述相等的四个组(每组 30 人)中,分别呈现不同的实验材料。

(二) 实验材料

1. 印象目标的个人资料与人格特质设定

实验需要确定一名印象目标,作为被试的感知对象。为了使得有差异与无差异两种实验结果的区分度更高,印象目标的人格特征应当具有较高的辨识度。故此,本实验借鉴了北京超软科技发展有限责任公司 1999 年出品的恋爱养成类游戏①《情人节——不见不散》中的人物形象进行个人资料(包括网名、年龄、性别、血型、生日、星座、生肖、职业、毕业院校、个人说明及个性签名)与人格特质设定(包括以 NEO 五因素模型为基础的文字描述和以 NEO 五因素形容词评定量表为基础的赋值)(见附录三)。

2. 图式的激活与启动材料设计

对于以认知图式为自变量的实验研究而言,一个操作上的难题是对图式如何实施控制。图式理论告诉我们,认知图式形成的基础是个体的个人经验。现实中,每个个体的经验千差万别,所存储的图式也就各不相同。再者,根据社会认知学者的研究,图式的激活和调用与其使用频度、上一次激活时间间距、观察目的、动机、情绪等多个因素有关,即便在特定的情境下面对特定的认知目标,感知者所使用的图式也具有很大的随意性。那么,如何才能让感知者按照实验的安排来激活和调用记忆中的图式呢?可见,若要对印象形成中的图式进行研究,就必须首先解决这一难题。

启动效应的相关研究为我们提供了一个可行的操作方案。启动效应(priming effects)也译为"铺垫效果",是来源于认知心理学的概念,苏珊·菲斯克(Susan T. Fiske)和谢莉·泰勒(Shelley E. Taylor)将其定义为"先前的背景(context)对其后解释信息和提取信息的影响"②。目前这一概念已经受到许多非心理学研究者的关注,并且将其运用于其他学科领域——其中就包括大众传播领域著名的议程设置(agenda setting)理论。③ 日常生活中常见的"先入为主"现象正是启动

---

① 恋爱养成类游戏,是计算机游戏中集合了恋爱类游戏(Love Game,LVG)和养成类游戏(Education Game,EDU)特征的一种游戏类型。主角(第一人称)需要通过多种训练提升自身各类属性数值,直到最终赢得爱情。此类游戏中的人物往往具有鲜明的人格设定。

② 〔美〕S. T. 菲斯克、S. E. 泰勒:《社会认知:人怎样认识自己和他人》,张庆林等译,贵阳:贵州人民出版社 1994 年版,第 242 页。

③ 参见刘海龙:《大众传播理论:范式与流派》,北京:中国人民大学出版社 2008 年版,第 228—229 页。具有代表性的研究文献如 R. A. Holbrook & T. G. Hill (2005). Agenda-Setting and Priming in Prime Time Television: Crime Dramas as Political Cues. *Political Communication*, 22, 277—295。

效应的一个典型实例。

启动效应的存在使得研究者能够通过启动的方式把感知者记忆中的一个特定的认知图式转移到记忆结构中最容易被联结或复制的位置,并保证感知者在接触到目标刺激之后能够以最大的概率将其调用到对目标的认知加工过程中。[①] 实际上,传统的社会认知领域对印象形成过程中认知图式作用的研究,就已经运用了启动效应来"生成"所需要的图式。研究者已经证明,在特定的情境下让个体事先接触到相应的特质能够让处于不同情境中的人们不知不觉地改变看待社会认知对象的方式。[②] 相关的研究被称为"特质启动研究"(traits-priming study)。

网络人际传播条件下的印象形成研究中,有一些实验也已经对之有所涉及。马丁·利和拉塞尔·斯皮尔斯在其提出 SIDE 模型的经典文献《网络人际传播中的副语言与社会感知》中就利用启动效应激活相应的认知图式,继而研究其对网络人际印象形成的影响。这一设计出现在该文献中的实验 2。该实验采用了 2×2 的因素设计,两个因素分别为群体身份和个性化。为了启动需要突出群体身份的一组被试对群体身份的有效认知,实验采用了如下设计:首先,告知该组被试需要完成的任务是评价其所使用的通信系统的性能并判别不同群体在传播方式上是否存在差异;其次,给予该组被试以"群体成员身份编号",并在其发出的讯息开头将相应的编号插入。而对于需要突出个人身份的一组被试,其个人身份的启动则采用了完全相反的设计:首

[①] 目前对启动效应做出理论解释的主要有三个模型,分别是激活—传输模型(excitation-transfer model)、存储盒—堆栈模型(storage bin-stack model)和自动联结模型(autoassociative connectionist model)。参见 E. T. Higgins, J. A. Bargh & W. J. Lombardi(1985). The Nature of Priming Effects on Categorization. *Journal of Experimental Psychology: Learning, Memory, and Cognition*, 11(1), 59—69; T. K. Srull & R. S. Wyer(1989). Person Memory and Judgment. *Psychological Review*, 96(1), 58—83; E. R. Smith & J. DeCoster(1998). Knowledge Acquisition, Accessibility, and Use in Person Perception and Stereotyping: Simulation with A Recurrent Connectionist Network. *Journal of Personality and Social Psychology*, 74(1), 21—35。

[②] J. DeCoster & H. M. Claypool(2004). A Meta-Analysis of Priming Effects on Impression Formation Supporting A General Model of Information Biases. *Personality and Social Psychology Review*, 8(1), 2—27。

先,告知该组被试需要完成的任务是评价其所使用的通信系统的性能并判别每个人在传播中的不同个人风格;其次,给该组被试分配参与人员号码,并在每一个人所发出的讯息开头附上其对应的个人号码。实验所得到的数据表明,在群体身份较为突出的情况下,去个性化①能够强化个体对群体认同的感知。② 换言之,此时群体的刻板印象(认知图式)将对印象形成发挥较大的作用。

此外,马丁·塔尼斯和汤姆·珀斯特默斯的实验也通过启动的方法来突出被试的群体身份和个人身份,只不过具体的设计与利和斯皮尔斯的研究略有不同。实验是一个2×2×2的因素设计,其中一个因素为群体身份,包含内群体身份和外群体身份两个水平;具体而言,前者设置为阿姆斯特丹大学(University of Amsterdam)学生身份,后者则设置为荷兰自由大学(Free University)学生身份。为了突出内外群体的身份差别,实验采用了让不同分组的被试佩戴不同校徽的方法对所属群体身份进行启动。实验结果显示,在社交线索几无可获的情况下,群体身份对于印象形成的作用十分明显;而在有可获取的社交线索但水平较低的情况下,群体身份对印象形成的影响在统计上并不显著。③ 此处的群体身份实质上就是经特定标识启动的社会刻板印象,是社会认知图式中较为典型的一种。因此,这一实验事实上对认知图式在不同线索条件下进行了一个初步的考察,尽管结论并不十分清晰。

所以,在本章研究中完全可以借鉴传统社会认知研究的操作设计,通过启动的方式来激活相应的图式。在这一过程中,通常会要求被试完成一个任务,任务中他们会接触到一系列与特质相关的启动刺激。而启动刺激的设置存在一系列的参数,不同的参数将会到达不同的启动效果。本实验所设置的启动刺激各参数,以下将根据实验目的和相关情况逐一加以确定。

---

① 在该实验中,去个性化是通过制造视觉遮蔽和身体隔离来实现的。
② 参见 M. Lea & R. Spears(1992). Paralanguage and Social Perception in Computer-Mediated Communication. *Journal of Organizational Computing*,2,321—341。
③ 参见 M. Tanis & T. Postmes(2003). Social Cues and Impression Formation in CMC. *Journal of Communication*,53,676—693。

分组极性(单极设计/双极设计)。分组极性的选择实质是决定对启动的强度或数量进行比较还是对启动的不同特质进行比较。单极(unipolar)设计的情况下实验各组的启动刺激的目标特质相同,但刺激强度或数量不等。而双极(bipolar)设计中实验各组的启动刺激强度或数量相等,但目标特质不同。因本实验拟对强、弱两个启动水平的效果进行比较,故而采用单极设计,即启动特质相同,但刺激的强度不同。

启动形式(记忆启动/评价启动/感知启动)。不同的启动形式对启动强度有不同影响。通常来说强度最大的启动形式为记忆启动,即让被试对启动刺激材料进行记忆或复述;强度次之的是评价启动,即让被试对启动刺激材料进行评价;强度最弱的启动形式为感知启动,只需让被试对启动刺激材料进行感知(如看、听、阅读等)即可。本实验中虽然同时涉及启动刺激的强、弱两个水平,但根据实验的需要,强、弱启动将都采用评价的形式,只是根据启动材料本身与目标(靶子)材料相关度大小的不同来改变相应的启动强度。

启动性质(特质性启动/方向性启动)。根据启动性质的不同,可以将启动刺激分为特质性启动和方向性启动。大多数实验都会测量某一特质的启动对于人们在对目标(靶子)进行判断时使用该特质的倾向起到怎样的作用;但是,也有一些研究者着力于探索启动对于人们使用那些仅仅与启动概念在效价上有关的特质有什么影响。前者称为特质性(descriptive implication)启动,是指启动中的目标特质在定义上要与印象形成中的目标特质完全相同,如都是某一项人格特征、某一项物理属性等;后者称为方向性(evaluative implication)启动,仅仅要求启动中的目标特质与印象形成中的目标特质在效价(正负向)上相同即可,如都是好的特质、正面的特质或积极性特质,但可以不必是同一特质。主流研究表明,特质意义上的启动刺激能够比仅仅只有方向意义的启动刺激产生更强的效果。[①] 本实验拟对人际印象形

---

① 参见 P. G. Devine(1989). Stereotypes and Prejudice: Their Automatic and Controlled Components. *Journal of Personality & Social Psychology*, 56(1), 5—18; T. K. Srull & R. S. Wyer(1980). Category Accessibility and Social Perception: Some Implications for the Study of Person Memory and Interpersonal Judgments. *Journal of Personality and Social Psychology*, 38(6), 841—856。

成中所包含的所有人格特征都做出考察,因此采用特质性启动。

被试意识(前意识启动/潜意识启动)。启动刺激对被试提示作用的大小也与启动效应的强度直接相关。因此,被试是否意识到启动刺激的存在是启动设置的相关参数之一。根据被试是否意识到提示存在的不同,启动可分为前意识启动和潜意识启动。前意识(supliminal)启动是指被试虽然意识到启动刺激的存在,但是坚信启动概念与印象目标没有任何关系。若被试没有意识到启动刺激的存在,即为潜意识(subliminal)启动。本实验拟在强、弱启动条件下均采用前意识启动,即将启动刺激单独呈现给被试,同时确保被试认为启动刺激与其对印象目标的判断绝对无关。

延迟时间(长延迟/短延迟/无延迟)。研究证明,被试的启动接触和印象目标接触之间的延迟时间越长,启动中的目标特质对印象形成的影响就越小。[①] 通常情况下对于延迟时间长度的设置是通过在启动刺激呈现之后设置干扰步骤而实现的。干扰任务可以采用多种形式,但是应当绝对避免让被试接触与目标特质相关的信息。本实验不设定延迟时间,启动之后立即对被试呈现线索讯息材料。

启动效价(正面启动/负面启动)。启动效价这一参数包括正面启动和负面启动两种。前者是指使用包含正面(积极)信息的刺激进行的启动,后者是指使用包含负面(消极)信息的刺激进行的启动。一般而言,异常启动比非异常启动对于印象形成有着更为强烈的效果,所以通常负面信息对于道德和人格方面的评判所产生的效果较为明显;而正面信息对能力方面的评判所产生的效果较为明显。[②] 尽管本实验主要关注人格特征的评判,但由于并不需要过度加强启动产生的效果,因而仍然采用中性的启动刺激。

以上述系列参数的设定为基础,本实验拟对相应的启动材料和启

[①] 参见 T. K. Srull & R. S. Wyer(1980). Category Accessibility and Social Perception: Some Implications for the Study of Person Memory and Interpersonal Judgments. *Journal of Personality and Social Psychology*, 38(6), 841—856。

[②] 参见 J. J. Skowronski & D. E. Carlston(1989). Negativity and Extremity Biases in Impression Formation: A Review of Explanations. *Psychological Bulletin*, 105(1), 131—142。

动过程作如下设计：

首先,启动材料是包含五组共 50 个形容词的一道所谓的"基本语言能力测试题"。该测试题要求被试将每组十个词中的三个通常用于直接形容人的词挑选出来,填入指定的表格中。强启动材料(见附录四)中应当被选出的 15 个词均为描述目标特质的启动词;弱启动材料(见附录五)中应当被选出的 15 个词中有十个为描述目标特质的启动词,另外五个为削弱启动效果的干扰词。

其次,在实验的主体程序实施之前要求被试完成启动材料中关于基本语言能力的预测试,并告知被试此预测试的目的在于测验实验参与者的语言理解能力和判断能力,以防稍后的实验在结果上出现较大的误差,若预测试通过方能进入正式的实验程序。对于采用强启动的分组,在被试完成预测试之后,还需将预先做好的"标准答案"发给其自行对照,以加强启动效果;对于采用弱启动的分组则不设这一程序。整个预测试结束即为启动完成。

3. 线索的呈现与线索材料设计

由于实验需要被试对印象目标进行人际感知,因此印象目标的社交线索讯息必须通过某种方式呈现给被试。在传统的人际传播线索研究中,曾采用过以下一些实验刺激形式[①]：

(1) 将线索讯息以配音照片或是配有文字说明的照片的方式呈现给被试。此种形式具有较高的可控制性,但对现实生活的仿真度不高,一旦把研究结论推广到普遍情形下就有可能出现问题。换言之,几乎没有外部效度。

(2) 将线索讯息以动态视频的方式呈现给被试。此种形式可以根据研究对象的不同而改变呈现的线索/信道,具有一定的可控制性,但也很难说与自然状态下的人际互动完全相同,故其外部效度也存在一定的疑问。

(3) 由特定的内容配合不同的非言语表达方式组成线索讯息呈现

---

① 参见 P. Noller(1985). Video Primacy: A Further Look. *Journal of Nonverbal Behavior*, 9, 28—47。

给被试。此种形式不同于前述的动态视频,其特点在于让言语线索/信道保持中性的情况下对非言语线索/信道进行比较。由于在对日常生活的研究中多次发现类似的情形,因此其外部效度相对较高。

(4) 让被试进行谈话或演说或是加入到访谈之中。此种形式对于特定线索/信道的控制难度远远大于前面几种,常常用于对谎言的研究,具有一定的外部效度。

(5) 选用现实中的公众事件,如总统大选辩论。此种形式的外部效度很高,但是由于事件的独特性,对特定线索/信道的控制极其微弱。

(6) 自发行为或自然状态下的互动行为。一般通过暗拍的方式制作成录像带或视频以便再现。此种形式操作起来并不便利,所以只为少数研究采用。然而其同时也是最为接近现实情景和自然状态下的互动的设计,所以外部效度极高,其结论相对最具普遍性。

不难发现,以上几种实验刺激形式可以归纳为两种基本的线索讯息呈现方式:互动呈现和材料呈现。前者是指以自然互动或仿真互动的形式将线索讯息传递给被试;后者是指将特定的线索讯息固定为文本材料展示给被试。

如本实验采用互动呈现,将由实验人员扮演印象目标与被试进行在线人际互动,在互动过程中将预先设置的各类线索讯息传达给被试。这一方式的仿真度较高,能够有效保证实验的外部效度,但具体实施过程中可能存在以下困难:首先,如果印象目标固定由一名实验人员扮演,那么该实验人员需要通过网络人际传播的方式与120名被试先后进行长达三小时的互动,即便每天完成两名被试的测试,全部完成也共需要约两个月的时间,且扮演者也未必能在如此长的时间内保持风格的前后一贯。其次,如果印象目标分别由数名实验人员扮演,各自不同的风格以及对线索水平的认知差异则可能导致额外变量的控制不严格以及自变量的呈现水平不一致,使实验出现偏差,降低其内部效度。而且,无论是采用一个还是多个实验人员扮演印象目标,由于网络人际交流的随意性,可能造成不能有效呈现实验预定线索讯息或掺杂入其他干扰性线索(非实验预定线索)的情况,导致实验控制的失败。

本实验若采用材料呈现的形式则是将预先设置的关于印象目标的社交线索讯息编入实验材料(如在线互动记录、第三人称叙述等文字、图片或视频资料),然后呈现给被试进行阅读或观看。这一方式是控制实验研究中常用的设计,但仿真度不及互动呈现。其优势在于:首先,材料呈现方式易于对社交线索的强弱水平进行严格控制。因给所有被试呈现的含有线索讯息的材料完全一致,故被试所感知的线索讯息也能保持在同等水平上,从而能够提高实验结论的内部效度。其次,采用材料呈现方式呈现社交线索讯息,可将实验材料一次性同时呈现给被试,相对成本较低,耗时少,更具可操作性。权衡利弊,本实验采用向被试呈现社交线索讯息材料的方式。

前面的预研究曾将网络人际传播中含有的网名(ID 或昵称)、虚拟形象(头像或虚拟人物形象)、在线个人资料、个性签名、语言风格、电子副语言、交流内容等七种社交线索归类为个人资料线索、表达风格线索和交流内容线索三个大类,故本实验中用到的强社交线索材料将使用同时包含三者的在线互动记录;而相对应的弱社交线索材料则使用仅包含信息量相对较少的表达风格线索的在线互动记录。由于通常表达风格与交流内容是相互依存的,所以前者可以由个人资料单独呈现材料、表达风格与交流内容结合呈现材料组合而成;后者则必须将表达风格线索剥离出来形成表达风格单独呈现材料(见表 4.2)。

表 4.2 实验所需刺激材料类型及实现方式

刺激材料类型	实现方式
强线索材料	个人资料单独呈现材料＋表达风格与交流内容结合呈现材料
弱线索材料	表达风格单独呈现材料

(1)强线索材料。

① 个人资料单独呈现材料。个人资料线索设定为印象目标所使用的某即时通信软件的用户个人资料,相对独立于表达风格线索和交流内容线索,其呈现与否都不会影响到后两者的表现形式。因此,实验对个人资料线索采用截图的形式,即将某即时通信软件用户的个人

资料一栏打开,然后用屏幕截图软件进行抓取,再导入实验材料文档(见附录六)。若个人资料需与表达风格或交流内容同时呈现,只需附加到后两者之前列出即可。

② 表达风格与交流内容结合呈现材料。从文本结构的角度而言,表达和内容都是文本构成的基本要素,所以通常情况下二者总是结合呈现的。为了保证实验结果的辨识度,有表达风格线索的材料应当设定为相对明显并指向印象目标人格特征的语言和副语言风格,而有交流内容线索的材料应当含有相对特殊并指向印象目标人格特征的事件和表露(包括自我表露和回答询问)。根据这一原则,实验采用在线对话记录的形式设计了表达风格线索与交流内容线索的结合呈现材料(见附录七),其中的表达风格线索与交流内容线索分别设定如下:

表达风格线索:表达犹疑不定,词句柔和,情感化,常用语气词,极少使用夸张程度较高的表情图标。经七刻度总加量表(Likert Scale)的预测试检验($N=10$),认为该设定能够准确传达印象目标人格特征的均值为 $M=5.27$,标准差为 $SD=1.13$,符合实验条件。

交流内容线索:在线对话以印象目标亲历的特殊事件(杯子事件、小猫事件、考分事件、打工事件、中秋事件)为主题,含有少量自我表露与回答询问。经七刻度总加量表的预测试检验($N=10$),认为包含以上五个特殊事件的在线对话记录能够准确传达印象目标人格特征的参数值分别为 $M=5.86$,$SD=0.84$,符合实验条件。

(2) 弱线索材料

表达风格单独呈现材料。由于交流内容线索包含有指向印象目标人格特征的特殊事件和话语表露,因而需要在表达风格线索的单独呈现材料中屏蔽以上讯息。笔者采用的设计思路是:让印象目标与其互动对象通过在线对话谈论他人经历的事件,对话中突出与前述结合呈现材料同样的表达风格,不出现自我表露和回答询问(见附录八)。如此可以将材料中的交流内容线索控制到接近零水平,基本实现表达风格线索的单独呈现。

(三) 实验程序

采用强启动条件的分组的实验程序如下:首先告知被试,为了避免稍后的实验在结果上出现较大的误差,在实验进行之前需要测试其基本的语言理解能力和判断能力,然后发给被试启动材料"基本语言能力测试",让被试按照材料上的要求完成填答。填答完成之后将启动材料收回。随后将"基本语言能力测试答案"发给被试,由被试自行对照判分。判分完毕并获得被试分数之后,告知被试"你的测试已通过,你具备参加本实验的基本条件",并按分组将相应水平的线索讯息材料和 NEO 五因素形容词评定量表发给被试,请被试按要求仔细阅读材料之后填写量表。完成之后回收量表。

采用弱启动条件的分组的实验程序如下:首先告知被试,为了避免稍后的实验在结果上出现较大的误差,在实验进行之前需要测试其基本的语言理解能力和判断能力,然后发给被试启动材料"基本语言能力测试",让被试按照材料上的要求完成填答。填答完成之后将启动材料收回并判分,继而告知被试"你的测试已通过,你具备参加本实验的基本条件",并按分组将相应水平的线索讯息材料和 NEO 五因素形容词评定量表发给被试,请被试按要求仔细阅读材料之后填写量表。完成之后回收量表。

(四) 因变量的设置与测量

本实验的因变量仍然为人际印象效果,因此将沿用第三章实验研究所使用的四个测量维度指标,即印象鲜明度、印象全面度、印象好感度以及印象失真度。每个指标的操作定义及其在本实验中的测量方法不变,从略。

三、实验结果

实验方案为 2×2 的二因素组间(被试间)析因设计,测量结果包含了四组数据;实验目的是分析启动和线索对印象形成的影响,故采用二因素方差分析(2-way ANOVA)及简单效应分析的统计分析方法(选定显著性 $p<0.05$)。各测量指标统计分析结果如下。

(一) 印象鲜明度

从分析结果(表4.3)中可以看到,虽然线索因素[$F(1,116)=0.246$, Sig.$=0.621>0.05$]和启动因素[$F(1,116)=2.734$, Sig.$=0.101>0.05$]均未表现出显著的主效应,但两个因素的交互作用达到了显著水平[$F(1,116)=6.528$, Sig.$=0.012<0.05$]。

表4.3 印象鲜明度的二因素方差分析结果
组间效应检验

因变量:印象鲜明度

来源	第三类平方和	自由度	均方	F值	显著性
校正模型	1.972[a]	3	.657	3.169	.027
截距	376.869	1	376.869	1.817E3	.000
线索	.051	1	.051	.246	.621
启动	.567	1	.567	2.734	.101
线索*启动	1.354	1	1.354	6.528	.012
误差	24.056	116	.207		
总数	402.896	120			
校正后总数	26.027	119			

a. R平方$=.076$(调整后R平方$=.052$)

启动强度与线索水平存在着显著的二次交互效应,对此仍作线索—启动二次交互作用图解来进行分析。由于在印象形成过程中线索先于图式,故仅对线索处于不同水平下的鲜明度随启动强度变化的情况进行分析。利用SPSS做出其线索—启动二次交互作用图解(图4.2)如下:

从图中曲线可以看出,在线索充分的情况下(图4.2实线及表4.3a所示),启动强度对印象鲜明度的影响并不显著,强、弱启动二组的独立样本t检验的结果对此也予以了证实:$t(58)=0.723$, $p>0.05$,

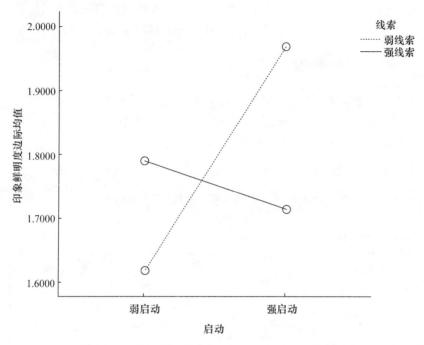

图 4.2 印象鲜明度的线索—启动二次交互作用图解

Sig.(2-tailed)=0.473>0.05；而在线索相对不足的情况下(图 4.2 虚线及表 4.3b 所示)，启动效果的变化能够强烈地影响印象鲜明度 $[t(58)=-2.692, p>0.05$, Sig.(2-tailed)=0.009<0.01$]$。这就是说，线索—启动的二次交互效应是在线索微弱的水平上呈现出来的。而且，启动强度正向作用于印象鲜明度，启动强度越强，激活的图式就越明晰，所形成的印象就越鲜明。

(二) 印象全面度

分析结果(表 4.4)显示，启动和线索两个因素之间存在显著的交互作用$[F(1, 116)=4.201$, Sig.=0.043<0.05$]$。其中，启动因素未对印象全面度产生显著的主效应，$F(1, 116)=0.071$, Sig.=0.790>0.05；而线索因素却对印象全面度呈现出显著的主效应，$F(1, 116)=5.789$, Sig.=0.018<0.05，说明线索是造成印象全面度发生变化的影响因素。

表 4.3a 线索充分情况下启动对印象鲜明度影响的 t 检验

分组统计

	分组	样本数	均值	标准差	均值标准误
印象鲜明度	弱启动强线索组	30	1.7890E0	.4259036	.0777590
	强启动强线索组	30	1.7140E0	.3756312	.0685806

独立样本检验

		莱文方差齐性检验		均值等同性 t 检验					
		F 值	显著性	t 值	自由度	显著性（双侧）	均值差	标准误差	差值95%置信区间 下限	差值95%置信区间 上限
印象鲜明度	同方差	1.146	.289	.723	58	.473	.0749500	.1036810	−.1325901	.2824901
	异方差			.723	57.108	.473	.0749500	.1036810	−.1326591	.2825591

149

表 4.3b 线索不足情况下启动对印象鲜明度影响的 t 检验

分组统计

	分组	样本数	均值	标准差	均值标准误
印象鲜明度	弱启动弱线索组	30	1.6178E0	.4967318	.0906904
	强启动弱线索组	30	1.9677E0	.5101660	.0931431

独立样本检验

		莱文方差齐性检验		均值等同性 t 检验					差值95%置信区间	
		F 值	显著性	t 值	自由度	显著性（双侧）	均值差	标准误差	下限	上限
印象鲜明度	同方差	.035	.851	-2.692	58	.009	-.3499000	.1300015	-.6101263	-.0896737
	异方差			-2.692	57.959	.009	-.3499000	.1300015	-.6101303	-.0896697

表 4.4 印象全面度的二因素方差分析结果
组间效应检验

因变量:印象全面度

来源	第三类平方和	自由度	均方	F 值	显著性
校正模型	42.233a	3	14.078	3.354	.021
截距	20540.833	1	20540.833	4.893E3	.000
线索	24.300	1	24.300	5.789	.018
启动	.300	1	.300	.071	.790
线索 * 启动	17.633	1	17.633	4.201	.043
误差	486.933	116	4.198		
系数	21070.000	120			
校正后总数	529.167	119			

a. R 平方 $=.080$(调整后 R 平方 $=.056$)

启动强度与线索水平存在着显著的二次交互效应,故仍然利用 SPSS 做出其线索—启动二次交互作用图解(图 4.3)。

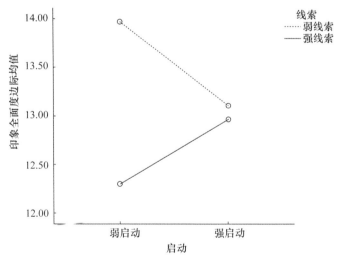

图 4.3 印象全面度的线索—启动二次交互作用图解

图解显示,在线索水平较低的情况下(图 4.3 实线及表 4.4a 所示),启动强度的增加只对印象的全面度有些许影响,独立样本 t 检验的结果也表明,此时两个启动水平下印象全面度的均值差异是不显著的$[t(58)=-1.058, p>0.05, \text{Sig.}(2\text{-tailed})=0.294>0.05]$。而在线索水平较高的情况下(图 4.3 实线及表 4.4b 所示),强、弱启动水平

表 4.4a 线索不足情况下启动对印象全面度影响的 t 检验

分组统计

分组		样本数	均值	标准差	均值标准误
印象全面度	弱启动弱线索组	30	12.3000	2.38023	.43457
	强启动弱线索组	30	12.9667	2.49805	.45608

独立样本检验

		莱文方差齐性检验		均值等同性 t 检验						
		F 值	显著性	t 值	自由度	显著性（双侧）	均值差	标准误差	差值95%置信区间	
									下限	上限
印象全面度	同方差	.271	.604	−1.058	58	.294	−.66667	.62997	−1.92768	.59435
	异方差			−1.058	57.865	.294	−.66667	.62997	−1.92774	.59441

表 4.4b 线索充分情况下启动对印象全面度影响的 t 检验

分组统计

	分组	样本数	均值	标准差	均值标准误
印象全面度	弱启动强线索组	30	13.9667	1.03335	.18866
	强启动强线索组	30	13.1000	1.95378	.35671

独立样本检验

		莱文方差齐性检验		均值等同性 t 检验						
									差值95%置信区间	
		F 值	显著性	t 值	自由度	显著性（双侧）	均值差	标准误差	下限	上限
印象全面度	同方差	18.968	.000	2.148	58	.036	.86667	.40353	.05892	1.67442
	异方差			2.148	44.047	.037	.86667	.40353	.05343	1.67990

下的全面度均值经独立样本 t 检验显示差异是显著的[$t(44.047)=2.148, p>0.05$, Sig.(2-tailed)=$0.037<0.05$],此时较强的启动反而会明显降低所形成印象的全面度。

以上分析说明,图式对印象全面度这一指标的影响发生在线索水平较高的条件下,且呈反向变化。

(三) 印象好感度

对于印象好感度(表 4.5),启动和线索两个因素的交互作用未达到显著水平[$F(1,116)=1.464$, Sig.$=0.229>0.05$]。其中,启动因素的主效应[$F(1,116)=0.036$, Sig.$=0.849>0.05$]不显著;而线索因素的主效应则体现出一定显著性[$F(1,116)=6.168$, Sig.$=0.014<0.05$],说明线索是引起印象好感度变化的影响因素。

表 4.5 印象好感度的二因素方差分析结果
组间效应检验

因变量:印象好感度

来源	第三类平方和	自由度	均方	F 值	显著性
校正模型	15.758a	3	5.253	2.556	.059
截距	16.875	1	16.875	8.212	.005
线索	12.675	1	12.675	6.168	.014
启动	.075	1	.075	.036	.849
线索*启动	3.008	1	3.008	1.464	.229
误差	238.367	116	2.055		
总数	271.000	120			
校正后总数	254.125	119			

a. R 平方$=.062$(调整后 R 平方$=.038$)

利用 SPSS 计算线索因素的边际均值,得到线索水平较低的情况下印象好感度的均值为 $M=-0.7000$,而线索水平较高的情况下印象好感度的均值为 $M=-0.0500$。这表明线索水平对于印象好感度的影响是正向的,线索水平越高感知者对印象目标的好感就越强。

(四) 印象失真度

对于印象失真度(表4.6),启动和线索两个因素的交互作用为 $F(1,116)=2.262$, Sig.$=0.135>0.05$,仍然未达到显著水平。启动因素的主效应同样不显著[$F(1,116)=0.019$, Sig.$=0.891>0.05$],而线索因素却呈现出强烈的主效应,其中 $F(1,116)=14.610$, Sig.$=0.000<0.01$,这意味着网络人际印象形成的偏差大小主要取决于线索的充足程度。

表4.6 印象失真度的二因素方差分析结果

组间效应检验

因变量:印象失真度

来源	第三类平方和	自由度	均方	F值	显著性
校正模型	2.661[a]	3	.887	5.630	.001
截距	431.424	1	431.424	2.739E3	.000
线索	2.301	1	2.301	14.610	.000
启动	.003	1	.001	.019	.891
线索 * 启动	.356	1	.356	2.262	.135
误差	18.274	116	.158		
总数	452.359	120			
校正后总数	20.934	119			

a. R 平方$=.127$(调整后 R 平方$=.105$)

利用SPSS计算线索因素的边际均值,得到线索水平较低的情况下印象失真度的均值为 M$=2.0345$,而线索水平较高的情况下印象失真度的均值为 M$=1.7576$,线索水平的提升能够显著降低印象失真度,即增加所形成印象的准确性。

四、解释与讨论

约瑟夫·瓦尔特的超人际模型认为,网络条件下的互动者能够形成超越传统面对面人际情感和关系的效果,其原因主要是社交线索讯息的缺失与传播过程的四个结构性要素——讯息发送者、传播信道、讯息接收者以及反馈——的相互作用。其中线索缺失对于讯息接收者这一环节的作用是使得后者在过于单一的线索基础上做出判断从而将对方理想化。"理想化"的一般含义是指把某种事物看作是与自己的期待完全相符的认知过程。这种期待在社会学中被称为"框架"[①],是一种经验的组织方式,也就是认知图式。所以,在瓦尔特的理论假说中,实际上暗含了对认知图式作用于网络人际传播效果的描述。但遗憾的是,他并未明确地揭示这一点,也没有指出认知图式对于网络人际印象形成的影响是作用于何种维度的,而只是以 SIDE 模型为基础进行了初步的说明。诚然,SIDE 模型指出,网络互动者常常从一些能够获取的细微线索(如拼写错误、输入错误或特殊符号的使用等)中延伸出对方的固定形象,而在本章的开头也已经提到,SIDE 模型的实质是揭示了社会刻板印象在网络人际传播条件下印象形成中的作用,而社会刻板印象正是认知图式中最为典型的一类,但由于研究重点的不同和测量指标的限制,它也未能就认知图式的作用进行更为细节化的探究。可见,本章的实验正是对超人际模型和 SIDE 模型有关部分的进一步探索。

实验结果表明:网络人际印象形成过程中,图式主要在特定的线索水平下对印象鲜明度和全面度产生显著影响;而印象好感度及失真度则基本依赖于社交线索的水平而与图式无关。

(一) 线索与图式对印象鲜明度的影响

分析数据显示,图式对于印象鲜明度的强烈影响主要在线索缺乏的条件下产生。这说明,当社交线索不足之时,网络互动者若要形成关于对方的印象,必须激活和调取相关的图式,一旦图式参与印象形成的信息加工,最终所形成的印象会非常鲜明。这一结论充分验证了

---

① 这一术语最早由社会学者欧文·戈夫曼(Erving Goffman)提出,是指在某个特定时间用来理解社会境遇的一套特定的期望。参见 E. Goffman(1974), *Frame Analysis: An Essay on the Organization of Experience*. New York: Harper & Row. 转引自〔美〕斯坦利·巴兰、丹尼斯·戴维斯:《大众传播理论:基础、争鸣与未来》(第3版),曹书乐译,北京:清华大学出版社 2004 年版,第 273 页。

假设 H4.1 的判断。

随着个体相关经验的增加,会不断地对图式进行修正和提炼。在这一过程中,图式就会带上或多或少的典型特征,由于这些典型特征是经过了许多次的积累和抽象所保留下来的,因而在个体的记忆中会得到特别清晰的表征。一旦个体在认知他人的信息加工过程中运用相关的图式,那么图式所具有的相应的典型特征就会被赋予到印象目标身上,从而使得所形成的印象也变得非常鲜明。但如果印象形成过程中线索本身较为丰富,感知者调用的图式成分较少,那么对印象形成的鲜明程度的影响将会削弱。

如果进一步联系之前的网络印象效果实验结果就会发现,之所以网络传播形成的印象比面对面更为鲜明,很有可能是因为网络人际印象形成过程有更多的图式成分参与其中。不仅如此,既然交互作用显示图式对于鲜明度的强烈影响主要存在于社交线索缺乏的环境下,那么完全可以形成如下合理推断,即网络传播中社交线索的确是较为缺乏的。线索消除论在这里再次得到确证,而且更加明晰化的一点是,线索消除论恰恰是超人际模型成立的理论前提和基础,两者在逻辑上是互洽的,而非传统观点所认为的,线索消除进路的一系列理论(包括信息丰度理论、社交情境线索缺失假说、线索消除理论等)必然导致去人际效果论。

(二) 线索与图式对印象全面度的影响

实验结果的分析数据表明,图式和线索对于印象全面度有达到 0.05 显著水平的交互作用。这一交互作用的含义是:在线索水平较低的情况下,启动的增强几乎不会影响印象的全面度;而在线索水平较高的情况下,较强的启动反而会明显降低所形成印象的全面度。假设 H4.2 也得到了支持。

然而,这一结果并不完全符合传统社会认知研究中的内隐人格理论。内隐人格理论(implicit personality theory,IPT)提出,人们总是认为他人的人格特质之间是存在关联的,具有某些特质的人必定具有另一些与之相关联的特质。① 所以在人际感知过程中,感知者就可能将一些关联特质赋予印象目标,从而扩大对印象目标特质的判断范围。这就是说,同样,在社交线索不足的情况下,感知者会形成自己对印象目标"了解比较全面"的错觉。既然如此,实验结果是否与内隐人格理论相矛盾呢?我们认为需要进一步分析。

首先必须明确的是,内隐人格理论不是心理学家的人格理论,而是普通人对人的基本特性(human attribute,如智力、品德和人格特征等)持有的基本认知图式或朴素理论。② 随着近年来对内隐人格理论研究的深入,研究者已经发现其实际上包含了两种迥然而异的认知模式,即实体论者模式和渐变论者模式。③ 而原始的内隐人格理论属于前者。不仅如此,研究者还发现了内隐人格理论的跨文化差异,即与西方人不同,东方人倾向于整体性的具体关系思维和辩证思维,因而在对人的认识上也更倾向于渐变论,少犯基本归因错误。④

所以,当线索不足时,图式只能对提升印象全面度起到很小的作用,这一结论并不与内隐人格理论冲突。对于内隐人格理论的渐变论者而言,如果没有线索作为基础,图式很难帮助感知者延伸出其他毫无蛛丝马迹的特征判断。若要进一步形成更为全面的印象,只能是依靠更多更丰富的线索。

那么,当线索充分时,为什么较强的启动会明显降低印象的全面度呢?按照图式加工的一般原理,在进行人际感知之时,若线索较为充分,那么无须借助图式即可形成一个较为全面的印象。但必须注意到,此种情况下的图式实际上处于一个较弱的水平。借助 SPSS 进行统计可以看出,若图式处于较弱的水平,充分的线索足以形成一个较

---

① 参见〔美〕约瑟夫·A. 德维托:《人际传播教程》(第 12 版),余瑞祥等译,北京:中国人民大学出版社 2011 年版,第 74—75 页。
② 王墨耘、傅小兰:《内隐人格理论的实体论——渐变论维度研究述评》,《心理科学进展》2003 年第 11 卷第 2 期。
③ J. E. Plaks, H. Grant & C. S. Dweck(2005). Violations of Implicit Theories and the Sense of Prediction and Control: Implications for Motivated Person Perception. *Journal of Personality and Social Psychology*, 88, 245—262.
④ 王墨耘、傅小兰:《内隐人格理论的实体论——渐变论维度研究述评》,《心理科学进展》2003 年第 11 卷第 2 期。

为全面的印象(弱图式的两组全面度均值为 $M=13.1333$,理论最大值为 15),说明本实验中图式与线索对全面度的交互作用是符合图式加工的一般情况的。然而,一旦条件改变,若由于某种原因(如深刻的联想、强烈的主观预断或顽固的偏见等,在本实验中是强启动的设置)而存在较强的图式激活和调用,同时线索依然充分的话,两者在不一致的细节上就会发生冲突,反而会使感知者对印象目标的判断失去原有的把握。此时图式对于印象形成起的是负面作用,这就是线索充分的情况下强启动明显降低印象全面度的主要原因。

(三)线索与图式对印象好感度的影响

分析结果表明,认知图式与印象好感度无关,而社交线索对后者是正向影响因素。假设 H4.3 未得到支持。

在马丁·利和拉塞尔·斯皮尔斯的研究中,有一个研究结论与图式对印象好感度的影响问题有一定的关联。该结论如下:在群体身份较为突出的情况下,去个性化能够强化个体对群体认同的感知。[1] 正如本章开头所指出的,群体身份的突出会导致社会刻板印象的形成,而社会刻板印象则是认知图式中较为典型的一种,那么此处的"群体身份突出"这一条件实际上就是对图式的调用。另一方面,个体对群体认同的态度,在实验中的操作定义恰恰正是好感度的数值水平,好感度高即为认同感强,好感度低即为认同感弱。实验结果表明,两者的相关系数为 $r=0.63$,伴随概率 $p<0.05$,相关关系成立。[2] 那么,该研究结论意味着图式中的一类(群体刻板印象)在一定程度上影响了感知者对感知对象的好感度,这与本研究的结果是不符的。

然而,马丁·塔尼斯和汤姆·珀斯特默斯 2003 年的研究却未能对利和斯皮尔斯的结论提供支持。在其实验 1 中,同样设置了印象目标的群体身份这一自变量,用以激发感知者的刻板印象(图式),但实验结果却显示,印象目标群体身份的变化对于包括印象正面度在内的

---

[1] 参见 M. Lea & R. Spears(1992). Paralanguage and Social Perception in Computer-Mediated Communication. *Journal of Organizational Computing*,2,321—341。

[2] Ibid.

两个因变量指标都没有影响(既不存在显著的主效应也不存在更高阶的交互效应)。① 这一结论与本实验关于图式对印象好感度的影响的数据分析结果相同,但与利和斯皮尔斯的研究得到的结果不一致。

如果对两个实验的细节进行全面比较,可以发现后者的结论更具有参考价值。因为前者的好感度(认同度)是针对群体而设置的,即测量的是感知者对群体目标而非对个体目标的好感度;而后者的印象正面度指标是针对个体目标而设置的,与本实验的设定相同。因此,本实验在印象好感度维度上的结果验证了塔尼斯和珀斯特默斯研究的结论,再次提供了图式与印象好感度无关的证据。

但是对比先前的网络印象效果实验的分析结果,就会发现有一些问题。网络印象效果实验证明网络传播条件下的印象好感度显著高于面对面条件,而前者由于线索消除使得线索的丰富程度不如后者,这样就可以得到一个推断:线索水平较低的情况下印象好感度更高。这与本实验的结果是完全相反的。目前尚没有足够的证据对此加以解释,但考虑到面对面情形下的社交线索与网络传播中基于文本符号的社交线索在类型上存在明显的差异,可以据此尝试性地提出一个假设,即线索水平对印象好感度的影响可能与线索类型有关,以待今后的研究进行更为深入的探索。

(四) 线索与图式对印象失真度的影响

对于印象的失真度,线索因素呈现出强烈的主效应,而图式的影响却不显著,二者之间也不存在交互效应,这意味着,网络人际传播条件下所形成的印象的偏差大小主要取决于线索讯息的充足程度,假设H4.4未得到支持。

但若从常理上推断,由于依靠认知启发进行图式加工的过程是一个认知加工的"捷径",那么必然不可能在细节上实现非常准确的加工,而只能是在追求效率的基础上满足形成印象的基本要求。如此一

---

① 参见 M. Tanis & T. Postmes(2003). Social Cues and Impression Formation in CMC. *Journal of Communication*, 53, 676—693.

来,在网络印象形成的特定情境下所调用的人物图式往往并非高度匹配的"模板",而只是与印象目标有着非常有限的关联性,于是会导致印象形成产生较大的认知偏差。为什么会出现这样的悖论呢?

其实,图式会带来认知偏差并不必然推导出图式一定会对印象的准确程度产生显著影响的判断。在通常情况下,互动者之间总是通过有限次数的互动对对方形成印象。从理论上讲,感知者永远都无法对印象目标做出一个完全准确的特征判断。更何况,在大多数网络人际传播实验中均采用的是一次性互动(其实在涉及面对面或电话传播的实验中也是如此),就更不可能形成完全准确的印象,甚至连相对较为准确的水平都达不到。换言之,在信息不够充分的情况下(事实上信息充分到能够完全准确地把握对方的各项特征只具有理论上的可能),无论感知者所激活和调用的图式的强弱水平如何,他都无法得到一个完全准确的关于对方的印象。因此,图式的强弱变化最多只可能在某一个特定的区间内改变印象的失真程度,或者说,使印象从一个偏差水平变到另一个偏差水平,而不可能做到让印象从某一个偏差水平发展到完全准确。而这个印象的失真程度因受到图式影响而改变的区间(偏差水平的差异),实际上正如实验结果所揭示的,是一个还达不到显著差异水平的变化区间。若要大幅度提升印象的准确性,让其失真的程度明显降低,只能依靠获取更多的相关信息才能实现。这就是为什么线索因素对于印象失真度呈现出强烈的主效应。所以,所谓的悖论只是一个主观上的错觉而已。

当然,线索才是真正显著影响印象失真度的因素这一结论的得出还有另外一个意义。先前的网络印象形成效果实验中对印象失真度的考察表明,网络传播条件下所形成的印象明显不如面对面条件下的准确,结合本实验研究的结果可以推断,网络传播中互动者所获得的关于对方的线索的确要少于面对面的情形,这直接导致了印象偏差的增大。这一论断也再次为网络人际传播的基本研究进路——线索消除论提供了有利的证据。

五、结论

在对网络传播条件下所形成印象的四个指标的测量结果加以分析和解释的基础上,线索与图式对印象效果各个维度的影响已初步明晰,如表 4.7 所示:

表 4.7 网络传播条件下线索与图式对印象效果不同维度的影响

网络印象效果维度	线索与图式的作用
鲜明度	线索缺乏时图式具有正向影响
全面度	线索充足时图式具有负向影响
好感度	线索独立影响,与图式无关
失真度	线索独立影响,与图式无关

从表 4.7 的结果来看,网络人际印象形成过程中的确存在图式对线索的补偿效应,但该效应主要集中体现在印象形成的鲜明度这一维度上,而非如预设的那样在印象形成效果的所有维度上都有所体现。而在印象形成的全面度这一维度上,体现了与假设完全相反的效应,即图式对线索的削弱效应。而在印象形成的好感度和失真度上,图式对线索是零效应。

综合以上结论可以描述出一个包括三个阶段的网络人际传播中印象形成的变化过程:

第一阶段:线索极度缺乏阶段。在网络互动的初始阶段,线索极度缺乏,此时互动者调用的图式会增强所形成印象的鲜明度,也就是说,对方会给互动者留下一个非常鲜明的印象;但图式对印象效果的其他维度几乎没有影响。而由于线索的缺乏,互动者对对方的好感度较低,基本持负面评价,互动随时可能因此而中断。随着网络互动的进行,线索讯息量逐渐增加,增加到一个在网络传播条件下相对充足的水平时[①],图式不再影响印象的鲜明度;同时负面评价和失真程度均

---

① 需要注意的是,此时线索只是相对较为充足,但仍然远远比不上面对面情形下的线索丰富程度。

有所降低。

第二阶段:线索相对充足阶段。此时线索相对充足,图式转而影响印象形成的全面度,对方给互动者的印象开始由相对比较全面逐渐地变得集中于几个显著特征。在这一过程中,随着线索水平的继续提升,互动者对对方的好感也在增加,同时所形成印象的准确程度也渐趋改善。

第三阶段:线索趋于稳定阶段。当线索水平趋于稳定之后,好感不再增加,印象的准确程度也停留在一定的偏差上。最终,基于较长时间的互动之后,网络互动者对对方形成一个在部分人格特征上较为鲜明且存在一定偏差的良好印象。

正如前文探讨中所提到的,结合网络印象效果实验和本实验的结果来看,很可能存在不同类型线索对网络人际传播中印象形成的不同影响,这是下一步值得进行探索的课题。

第五章　网络人际传播中各类线索对印象形成影响的实验研究

一、研究问题与假设

(一) 线索分类与视觉主导

所谓社交线索,是特定信息通道所载有的、能够为交际过程的进行提供判断依据的特定讯息。在日常生活中的面对面交流情况下,这些可资利用的线索通常可分别归属为言语讯息(verbal messages)、非言语讯息(nonverbal messages)和社交情境线索(social context cues)三个部分。其中非言语讯息线索对于面对面情形下的印象形成起到非常重要的作用,它主要包括依靠视觉通道传播的外表形象、面部表情、身体动作、视线方向等讯息以及依靠听觉通道传播的语气语调、声音高低、音量大小等讯息。[①] 而社交情境线索主要包括交流参与者彼此所在的地理位置、身份地位关系以及交流发生的具体情形三个维度。[②] 此外,社交情境线索也包括交流的主题、符合情景的社会规范与

[①] 参见 P. Noller(1985). Video Primacy: A Further Look. *Journal of Nonverbal Behavior*, 9, 28—47; J. A. Edinger & M. L. Patterson(1983). Nonverbal Involvement and Social Control. *Psychological Bulletin*, 93, 30—56。

[②] 参见 L. Sproull & S. Kiesler(1991). *Connections: New Ways of Working in the Networked Organization*. Cambridge, MA: MIT Press; L. Sproull & S. Kiesler(1986). Reducing Social Context Cues: Electronic Mail in Organizational Communication. *Management Science*, 32, 1492—1512。

惯例等。

尽管网络人际传播研究始于对社交线索的考察,但早在语言学学者和人际传播学学者对面对面交流以及电话交流进行研究之时,就已经对社交线索进行了较为深入的研究。[1] 其中最具代表性的理论认为,对于他人个性特征的判断,非言语线索的作用要大于言语线索[2],而且存在所谓的视觉主导效果(video primacy effect)[3],即视觉线索是交流中进行社会判断的主要信息来源。只是这一论断目前尚有争议,因为另一部分研究得出了与之相悖的结果。[4] 而网络人际传播形态的出现为人际传播领域这一传统争议提供了新的探索契机。

之前已经提到,早期网络人际传播研究提出网络媒介环境会消除大量在传统印象形成研究中认为有利于印象形成的社交线索,由此而形成了线索消除论。之后形成的线索补偿论则认为,网络媒介对线索的消除和社交在场感的削弱并不意味着人际印象形成的阻滞,而是带来印象形成机制与面对面情形下的迥然而异。第四章关于网络人际

---

[1] 参见 D. R. Rutter & G. M. Stephenson(1979). The Role of Visual Communication in Social Interaction. *Current Anthropology*,20,124—125;D. R. Rutter & G. M. Stephenson(1977). The Role of Visual Communication in Synchronizing Conversation. *European Journal of Social Psyclogy*,2,29—37;M. Snyder,E. D. Tanke & E. Berscheid (1977). Social Perception and Interpersonal Behavior: On the Self-Fulfilling Nature of Social Stereotypes. *Journal of Personality and Social Psychology*,35,656—666;J. A. Edinger & M. L. Patterson(1983). Nonverbal Involvement and Social Control. *Psychological Bulletin*,93,30—56;P. Noller(1985). Video Primacy: A Further Look. *Journal of Nonverbal Behavior*,9,28—47。

[2] 参见 J. K. Burgoon,D. B. Buller & W. G. Woodall(1996). *Nonverbal Communication: The Unspoken Dialogue* (2nd ed.). New York: McGraw-Hill;M. L. Patterson (1983). *Nonverbal Behavior: A Functional Perspective*. New York: Springer-Verlag。

[3] 参见 M. Argyle,F. Alkema & R. Gilmour(1972). The Communication of Friendly and Hostile Attitudes by Verbal and Non-Verbal Signals. *European Journal of Social Psychology*,1,385—400;A. Mehrabian & M. Wiener(1967). Decoding of Inconsistent Communication. *Journal of Personality and Social Psychology*,6,109—114;M. I. Posner,M. J. Nissen & R. M. Klein(1976). Visual Dominance: An Information-Processing Account of Its Origins and Significance. *Psychological Review*,83,157—171。

[4] 参见 P. Ekman,W. V. Friesen,M. O'Sullivan & K. Scherer(1980). Relative Importance of Face,Body,and Speech in Judgments of Personality and Affect. *Journal of Personality and Social Psychology*,38,270—277;R. M. Krauss,W. Apple,N. Morency,C. Wenzel & W. Winton (1981). Verbal,Vocal and Visible Factors in Judgments of Another's Affect. *Journal of Personality and Social Psychology*,40,312—320。

传播中印象形成机制的实验(以下简称"网络印象机制实验")指出网络人际传播条件下的印象形成主要取决于社交线索和认知图式两个因素,但对于网络人际传播中独有的基于文本的各类社交线索究竟如何影响印象形成尚未给出可供参考的答案,例如:互动者做出判断主要依靠何种线索?何种线索能够提供最好或者最为准确的信息?为这一问题找出答案,不仅能够从理论上解释网络人际传播与面对面人际传播中印象形成效果的差异,还能在应用上对网络传播中的印象管理(例如政务微博或企业官方微博形象构建)提供行之有效的传播策略。

(二) 理论假设:线索作用平均化效应

若将网络与面对面条件下的人际传播作一对比(见表 5.1),可以看到两种条件下的可用线索几乎能一一对应,只是网络人际传播还拥有自己独有的类别——个性签名。而且,两者所包含的线索均可以分别归属于第二章预研究所提出的个人资料线索、表达风格线索和交流内容线索三个类型。这也是为什么近年来 SIP 理论及与之相关的超人际模型越来越得到广泛支持的论据之一,因为这一理论认为在网络条件下缺失的线索会通过特有的渠道加以补偿,从而使其达到甚至超过面对面情况下的人际传播效果。但不可忽略的是,网络社交线索与面对面情况下对应的线索讯息相比呈现出一定的特殊性,而且每一类线索的作用机制也具有较大差异。

表 5.1 网络人际传播与面对面人际传播中的社交线索对比

	CMC	FtF
个人资料线索	网名	姓名
	虚拟形象	外表形象
	在线个人资料	自我介绍
	个性签名	/
表达风格线索	(书面)语言风格	(口头)语言风格
	电子副语言	副语言
交流内容线索	(书面)语言内容	(口头)语言内容

一般而言,人际印象的形成主要集中于印象目标的个性特征,包

括对方的性格特征、人际特征、爱好特征、能力特征等方面。这些特征无法通过直接观察获得,需要从多次与对方的互动中以及第三人处获取各方面的信息并加以综合才能判断,因此具有一定的间接性和模糊性。特别需要指出的是,个人资料线索——分别与网名、在线个人资料所对应的姓名、自我介绍——在面对面交流的人际印象形成中实际上仅含有极少的可用信息:一个人的姓名常常与本人的个性没有任何的相关性,有的甚至还截然相反;自我介绍则更多的是一种礼节性的行为,也不会触及深层信息的表露,仅仅有一定的参考意义。那么前面列表中,在面对面情况下能够真正为印象形成提供足够信息的,只有交流内容线索以及由语言风格、副语言组成的表达风格线索。通俗地说,就是从一个人的言谈举止来了解他(她),而这往往被认为是有效的——因为这些线索在现实中很难作伪或掩饰。其中由非言语讯息构成的副语言是最为真实的,以致成为形成印象的关键依据。

相比之下,网络人际传播中的印象形成从线索的采用到信息加工机制都完全不同,丝毫不局限于在面对面情况下能够提供相对可靠信息的表达风格线索和交流内容线索,而是在可获取的所有线索的基础上进行一种延伸,从而形成完整的印象。

究其原因,不妨做出以下推断和猜想:一方面,网络人际传播中的表达风格线索和交流内容线索都已经成为可控性极高的因素。在交流中展现什么样的表达风格,使用或不使用以及使用何种表情图标或者个性拼写,谈什么不谈什么都是由交流参与者自行决定。换言之,这些线索具有自我展示的性质[①],不再是附着于个体的"固定搭配",因而其可靠性被消解掉了。例如,访谈案例中可以看到被访者描述不少印象目标"经常使用表情",但其为什么经常使用表情?这在真实情况中至少有两种合理的解释:一是个体情感丰富,总是习惯于把讯息表达得更加富有感情色彩(自然特质的流露);二是个体希图在网络上塑造一个完全不同于真实自我的另一个自我形象(高度控制性的表现)。而仅仅根据网上能够获取的信息往往无法判断实际上是哪一种情况。

---

① 参见 J. B. Walther(1996). Computer-Mediated Communication: Impersonal, Interpersonal and Hyperpersonal Interaction. *Communication Research*, 23(1), 3—43。

所以表达风格线索和交流内容线索这两类线索原本的相对可靠性在网络人际传播中有所削弱，但又不是完全失去其线索价值。

另一方面，与面对面情况下相对应的个人资料线索具备了作为印象形成判断依据的可能性。这是因为网名、虚拟形象的选择更多地取决于网络使用者本人而或多或少地反映了个体的某些特质和倾向，而在线个人资料的填写由于网络空间的匿名性和社交情境的不确定性带来的安全感使得其内容更有可能体现了个体的真实情况。虽然预研究访谈材料中被访者之一的网友小森所言"一个人选的头像和名字都是根据性格来的"并非必然，但这毕竟是一种可能，而且是一种相当大的可能。

所以，在网络条件下，表达风格线索和交流内容线索的价值相比面对面时有所下降，而个人资料线索的价值在网络上得到了提升。三类线索能够为个性特征印象形成提供的信息量出现了一种平均化的趋势，使得所有的线索都成为印象形成的信息来源。换言之，无论是个人资料线索、表达风格线索还是交流内容线索，对于网络人际印象形成的影响应当大致保持在一个基本一致的水平上，而不存在某一种线索对印象形成的影响特别大的情况。

当然，从预研究中通过访谈获取的资料来看，虽然在印象形成的过程中同时发挥各自的作用，但不同的线索类型完全有可能分别影响印象效果的不同维度。故本实验的理论假设为：网络人际传播中对印象形成产生影响的社交线索主要有个人资料线索、表达风格线索及交流内容线索，且不同类型的线索在印象形成中所起的作用不同。仍采用以鲜明度、全面度、好感度、失真度等维度划分的印象效果评价体系，则研究假设如下：

H5.1 网络人际传播中的个人资料线索对至少一个印象维度产生作用。

H5.2 网络人际传播中的表达风格线索对至少一个印象维度产生作用。

H5.3 网络人际传播中的交流内容线索对至少一个印象维度产生作用。

二、实验方法

(一) 实验设计

本实验采用 2×2×2 的析因设计,以个人资料线索(呈现/缺失)、表达风格线索(呈现/缺失)和交流内容线索(呈现/缺失)为自变量因素进行匹配,然后通过方差分析比较三个因素对网络人际印象形成的影响,并在需要的情况下使用独立样本 t 检验进一步分析。

本实验设置三个自变量,分别为个人资料线索(包括网名、虚拟形象、在线个人资料、个性签名)、表达风格线索(包括语言风格、电子副语言风格)和交流内容线索(包括对话内容),各自设"呈现"和"缺失"两个水平。三个自变量因素之间是并列关系,因此采用完全的组间设计(被试间设计)(见表 5.2)。

表 5.2　2×2×2 设计自变量安排表

资料线索呈现				资料线索缺失			
风格线索呈现		风格线索缺失		风格线索呈现		风格线索缺失	
内容线索呈现	内容线索缺失	内容线索呈现	内容线索缺失	内容线索呈现	内容线索缺失	内容线索呈现	内容线索缺失
第1组	第2组	第3组	第4组	第5组	第6组	第7组	第8组

从四川大学选取 240 名一年级硕士研究生(其中男性 117 名,女性 123 名)成为实验被试,严格保证被试在实验之前未接触过实验材料及相关信息。按照完全随机分配的原则将被试分配到前述相等的八个组(每组 30 人)中,分别呈现不同的刺激材料。

(二) 实验材料

1. 印象目标的个人资料与人格特质设定

与第四章的网络印象机制实验一样,本实验仍然需要确定一名人格特征具有较高辨识度的印象目标作为被试的感知对象。故本实验继续采用网络印象机制实验中的印象目标个人资料与人格特质设定

（见附录三）。

2. 社交线索对网络人际印象形成影响的测量

传统人际传播学中，社交线索的测量是一个重要的课题。由于不同的线索被不同的信道所传输，故对线索的测量也就是对不同信道的测量。研究者常常关心的问题是，在人际传播的过程中，究竟何种信道起着最为主要的作用？这一问题虽然与信道的准确性时常相提并论，但并不等同于后者。前者是指交流参与者做出判断主要依靠何种信道，而后者是指何种信道能够为交流参与者提供最好或者最为准确的信息。当然，许多情况下二者是合二为一的，但也有一些证据表明，最有分量的信道并不一定就能提供最准确的信息。[1] 为了避免争议，之后有学者改用"信道的相对重要性"指标来进行研究。此外，对线索和信道进行测量所采用的测量思路和实验方法也并不统一。

人际传播学学者帕特里夏·诺勒（Patricia Noller）在一篇经典的综述里面将线索/信道相对重要性的测量思路归纳为以下五种[2]：第一，测量依靠何种线索/信道能够形成最为准确的判断；第二，测量依靠何种线索/信道能够使不同的评价者之间的信度达到最高水平；第三，计算只使用某一类型的线索/信道做出的判断与根据全部线索/信道做出的判断之间的相关性大小或是前者对后者的回归情况；第四，对某一类型的线索/信道缺失和完整的情况下所做出的判断进行比较；第五，让被试对不同类型的线索/信道集中注意力，然后对不同情况下做出的判断进行比较。

从研究结果来看，以上测量思路均具有一定的合理性。但这仅仅是对于面对面人际传播而言。作为一种新兴的人际传播形式，网络人

---

[1] 参见 P. Noller(1980). Misunderstandings in Marital Communication: A Study of Couples' Nonverbal Communication. *Journal of Personality and Social Psychology*, 39, 1135—1148; R. Rosenthal, J. A. Hall, M. R. DiMatteo, P. L. Rogers & D. Archer (1979). *Sensitivity to Nonverbal Communication: The PONS Test*. Baltimore: John Hopkins University Press; B. M. DePaulo & A. Jordan(1982). Age Changes in Deceiving and Detecting Deceit. In R. S. Feldman (Ed.), *Development of Nonverbal Behavior in Children* (pp. 151—180). New York: Springer-Verlag.

[2] 参见 P. Noller(1985). Video Primacy: A Further Look. *Journal of Nonverbal Behavior*, 9, 28—47.

际传播具有以文本为基础、信道模式（modality）单一的特点。因此，不同线索/信道的分离对于面对面人际传播来说可能是较为容易实现的设计，但网络人际传播情况下则由于线索基本类型的雷同（几乎都属于文本线索）而使操作难度大大增加。在对网络人际传播的特点、各类线索/信道可控制性的大小和测量难度的大小进行综合考量之后，笔者决定在本实验中采用前述测量思路中的第四种作为基本思路，即对某一类型的线索/信道缺失和完整的情况下所做出的判断进行比较而得出结论。由于需要对网络人际传播中被过滤之后的线索加以全面的考察，因此在不同的实验组中将设定不同的缺失线索/信道，以便最后采用多因素方差分析的统计分析方法来对各类型线索的主效应和相互之间的交互效应进行分析。

3. 印象目标社交线索材料的设计

根据实验设计的总体思路，印象目标的社交线索包含个人资料线索、表达风格线索和交流内容线索三大块，其中个人资料线索相对独立，而表达风格线索和交流内容线索则通常结合呈现。如此，则八个实验分组所需的刺激材料只需四种，即个人资料线索单独呈现材料、表达风格线索与交流内容线索结合呈现材料、表达风格线索单独呈现材料和交流内容线索单独呈现材料（见表5.3）。

表5.3 实验所需刺激材料类型

组别	编码	实验刺激材料
第1组	BSC	个人资料单独呈现材料＋表达风格与交流内容结合呈现材料
第2组	BS	个人资料单独呈现材料＋表达风格单独呈现材料
第3组	BC	个人资料单独呈现材料＋交流内容单独呈现材料
第4组	B	个人资料单独呈现材料
第5组	SC	表达风格与交流内容结合呈现材料
第6组	S	表达风格单独呈现材料
第7组	C	交流内容单独呈现材料
第8组	N	/

其中,个人资料单独呈现材料、表达风格与交流内容结合呈现材料、表达风格单独呈现材料都可直接采用第四章网络印象形成机制实验所使用的同类刺激材料(见附录六、附录七、附录八),仅交流内容单独呈现材料需要专门进行设计。

相比表达风格线索而言,交流内容线索的单独呈现较为困难。如果仍然采用在线对话记录的表现形式,就必须设法将文本中的表达风格线索控制到接近零水平,这意味着印象目标在对话中几乎不能表现出任何风格。有句俗语叫作"没风格也是一种风格",不同词语、句型之间的任何一种组合方式都暗含着特定的风格。因此,根本不存在完全没有表达风格的话语方式。可见,这一设计思路的可操作性存在极大的问题。考虑到整个实验采用的都是材料呈现而不是互动呈现的表达风格线索呈现方式,故采用了变通的办法,即为了使得交流内容线索能够单独呈现,在此种情况下不再使用在线对话记录的表现形式,而用第三人称叙述的形式形成包含五个指向印象目标人格特征的特殊事件(杯子事件、小猫事件、考分事件、打工事件、中秋事件)的文本材料(见附录九)。

(三)实验程序

首先向八个组的被试分别呈现相应的线索材料,要求被试仔细阅读并根据该线索材料按照指导语的指示对印象目标的个人特征进行推断。之后请被试按照自己的推断填写 NEO 五因素形容词评定量表。

(四)因变量的设置与测量

本实验的因变量仍然为人际印象效果,因此将沿用第四章网络印象机制实验研究所使用的四个测量的维度指标,即印象鲜明度、印象全面度、印象好感度以及印象失真度。每个指标的操作定义及其在本实验中的测量方法与第三、四章实验相同,在此从略。

三、实验结果

实验方案为 $2\times2\times2$ 的三因素组间(被试间)析因设计,测量结果包含了8组数据;实验目的是分析个人资料线索、表达风格线索和交流内容线索对印象形成的影响,故采用三因素方差分析(3-way ANOVA)和独立样本 t 检验(均选定显著性 $p<0.05$)的统计分析方法。各测量指标统计分析结果如下。

(一)印象鲜明度

数据分析结果(表5.4)显示,个人资料线索和表达风格线索分别表现出对印象鲜明度的主效应 $[F(1, 88)=10.584, \text{sig.}=0.001<0.01; F(1, 88)=14.687, \text{sig.}=0.000<0.01]$;三个因素之间存在三次交互效应 $[F(1, 88)=5.937, \text{sig.}=0.016<0.05]$。画出线图(图 5.1a、图 5.1b、图 5.1c)并使用独立样本 t 检验(表 5.4a、表 5.4b、表 5.4c)分析三次交互效应,发现在个人资料线索缺乏且内容线索缺乏的条件下,表达风格线索对印象鲜明度有显著影响 $[t(36.783)=-4.542, \text{sig.}=0.000<0.01]$(图 5.1a 虚线及表 5.4a 所示);若交流内容线索与表达风格线索均缺乏,个人资料线索则对印象鲜明度存在显著影响 $[t(44.669)=3.701, \text{sig.}=0.001<0.01]$(图 5.1b 虚线及表 5.4b 所示);若个人资料线索与表达风格线索缺乏,则交流内容线索对印象鲜明度也存在显著影响 $[t(41.579)=2.228, \text{sig.}=0.031<0.05]$(图 5.1c 虚线及表 5.4c 所示)。可以看到,在其他线索缺乏的情况下,表达风格线索对印象鲜明度的影响最大,个人资料线索次之,交流内容线索相对最小。

表 5.4 印象鲜明度的三因素方差分析结果

组间效应检验

因变量:印象鲜明度

来源	第三类平方和	自由度	均方	F 值	显著性
校正模型	10.307ª	7	1.472	6.522	.000
截距	628.136	1	628.136	2.783E3	.000
资料	2.389	1	2.389	10.584	.001
风格	3.315	1	3.315	14.687	.000
内容	.001	1	.001	.006	.938
资料 * 风格	1.864	1	1.864	8.259	.004
资料 * 内容	.353	1	.353	1.566	.212
风格 * 内容	1.042	1	1.042	4.618	.033
资料 * 风格 * 内容	1.340	1	1.340	5.937	.016
误差	52.372	232	.226		
总数	690.814	240			
校正后总数	62.679	239			

a. R 平方 = .164(调整后 R 平方 = .139)

图 5.1a 资料线索缺失情况下风格线索与内容线索对印象鲜明度的交互效应

图 5.1b 内容线索缺失情况下资料线索与风格线索对印象鲜明度的交互效应

图 5.1c 资料线索缺失情况下内容线索与风格线索对印象鲜明度的交互效应

表5.4a 资料线索与内容线索缺失情况下风格线索对印象鲜明度影响的t检验

分组统计

	分组	样本数	均值	标准差	均值标准误
印象鲜明度	S	30	1.8283E0	.2896688	.0528860
	N	30	1.1357E0	.7834676	.1430410

独立样本检验

		莱文方差齐性检验		均值等同性t检验						
									差值95%置信区间	
		F值	显著性	t值	自由度	显著性（双侧）	均值差	标准误差	下限	上限
印象鲜明度	同方差	18.451	.000	4.542	58	.000	.6926167	.1525046	.3873456	.9978878
	异方差			4.542	36.783	.000	.6926167	.1525046	.3835515	1.0016818

表 5.4b 内容线索与风格线索缺失情况下资料线索对印象鲜明度影响的 t 检验

分组统计

分组		样本数	均值	标准差	均值标准误
印象鲜明度	B	30	1.7377E0	.4243820	.0774812
	N	30	1.1357E0	.7834676	.1430410

独立样本检验

		莱文方差齐性检验		均值等同性 t 检验						
		F 值	显著性	t 值	自由度	显著性（双侧）	均值差	标准误差	差值95%置信区间	
									下限	上限
印象鲜明度	同方差	9.674	.003	3.701	58	.000	.6020367	.1626778	.2764018	.9276716
	异方差			3.701	44.669	.001	.6020367	.1626778	.2743198	.9297536

表 5.4c 资料线索与风格线索缺失情况下内容线索对印象鲜明度影响的 t 检验

分组统计

	分组	样本数	均值	标准差	均值标准误
印象鲜明度	C	30	1.4889E0	.3742386	.0683263
	N	30	1.1357E0	.7834676	.1430410

独立样本检验

		莱文方差齐性检验		均值等同性 t 检验					
								差值 95% 置信区间	
		F 值	显著性	t 值	自由度	显著性（双侧）	均值差	标准误差	下限	上限
印象鲜明度	同方差	12.144	.001	2.228	58	.030	.3532467	.1585219	.0359306	.6705628
	异方差			2.228	41.579	.031	.3532467	.1585219	.0332405	.6732529

178

(二) 印象全面度

数据分析结果(表5.5)显示,表达风格线索和交流内容线索呈现出对印象全面度的显著主效应[$F(1,88)=7.552$, sig. $=0.006<0.01$; $F(1,88)=26.314$, sig. $=0.000<0.01$];三个因素之间的三次交互效应达到显著水平[$F(1,88)=5.037$, sig. $=0.026<0.05$]。画出线图(图5.2a、图5.2b)并使用独立样本 t 检验(表5.5a、表5.5b)分析三次交互效应,发现在个人资料线索缺乏且交流内容线索缺乏的条件下,表达风格线索对印象全面度有显著的正向影响[$t(58)=2.908$, sig. $=0.005<0.01$](图5.2a虚线及表5.5a所示),而在表达风格线索和交流内容线索均缺乏的条件下,个人资料线索对印象全面度也有较为显著的影响[$t(40.83)=-2.571$, sig. $=0.014<0.05$](图5.2b虚线及表5.5b所示)。交流内容线索对印象全面度的影响则始终显著,只是程度大小依赖于其他自变量的取值水平,其主效应显著性较之表达风格线索更高,是影响印象全面度的首要因素。

表5.5 印象全面度的三因素方差分析结果

组间效应检验

因变量:印象全面度

来源	第三类平方和	自由度	均方	F值	显著性
校正模型	440.317[a]	7	62.902	7.917	.000
截距	38760.417	1	38760.417	4.879E3	.000
资料	25.350	1	25.350	3.191	.075
风格	60.000	1	60.000	7.552	.006
内容	209.067	1	209.067	26.314	.000
资料 * 风格	72.600	1	72.600	9.138	.003
资料 * 内容	19.267	1	19.267	2.425	.121
风格 * 内容	14.017	1	14.017	1.764	.185
资料 * 风格 * 内容	40.017	1	40.017	5.037	.026
误差	1843.267	232	7.945		
总数	41044.000	240			
校正后总数	2283.583	239			

a. R 平方 $=.193$(调整后 R 平方 $=.168$)

图 5.2a　资料线索缺失情况下风格线索与内容线索对印象全面度的交互效应

图 5.2b　内容线索缺失情况下线索资料与风格线索对印象全面度的交互效应

表 5.5a 资料线索与内容线索缺失情况下风格线索对印象全面度影响的 t 检验

分组统计

	分组	样本数	均值	标准差	均值标准误
印象全面度	S	30	12.8667	2.06336	.37672
	N	30	9.4667	6.06137	1.10665

独立样本检验

		莱文方差齐性检验		均值等同性 t 检验					差值95%置信区间	
		F 值	显著性	t 值	自由度	显著性（双侧）	均值差	标准误差	下限	上限
印象全面度	同方差	44.825	.000	2.908	58	.005	3.40000	1.16901	1.05997	5.74003
	异方差			2.908	35.632	.006	3.40000	1.16901	1.02828	5.77172

表 5.5b 内容线索与风格线索缺失情况下资料线索对印象全面度影响的 t 检验

分组统计

	分组	样本数	均值	标准差	均值标准误
印象全面度	B	30	12.6000	2.79901	.51103
	N	30	9.4667	6.06137	1.10665

独立样本检验

		莱文方差齐性检验		均值等同性 t 检验					
		F 值	显著性	t 值	自由度	显著性（双侧）	均值差	标准误差	差值 95% 置信区间 下限	差值 95% 置信区间 上限
印象全面度	同方差	27.519	.000	2.571	58	.013	3.13333	1.21894	.69335	5.57331
	异方差			2.571	40.830	.014	3.13333	1.21894	.67132	5.59535

(三) 印象好感度

数据分析结果(表5.6)显示,三个自变量因素中仅有表达风格线索对印象好感度表现出明显的主效应[$F(1,88)=9.582$, sig.$=0.002<0.01$],且不存在三次交互效应;个人资料线索与表达风格线索的二次交互效应显著[$F(1,88)=14.790$, sig.$=0.000<0.01$]。可以看出,印象好感度几乎不受交流内容线索影响。画出线图(图5.3)并使用独立样本t检验(表5.6a)分析个人资料线索与交流风格线索的二次交互效应,发现在个人资料线索缺乏的条件下,表达风格线索对印象好感度有非常显著的负向影响[$t(118)=4.990$, sig.$=0.000<0.01$](图5.3虚线及表5.6a所示);而个人资料线索较为充分的情况下,表达风格线索对印象好感度无显著影响。同时,无论表达风格线索充分与否,个人资料线索对印象好感度的影响均不显著。

表5.6 印象好感度的三因素方差分析结果
组间效应检验

因变量:印象好感度

来源	第三类平方和	自由度	均方	F值	显著性
校正模型	59.183ª	7	8.455	4.463	.000
截距	1.350	1	1.350	.713	.399
资料	.817	1	.817	.431	.512
风格	18.150	1	18.150	9.582	.002
内容	6.017	1	6.017	3.176	.076
资料*风格	28.017	1	28.017	14.790	.000
资料*内容	2.017	1	2.017	1.065	.303
风格*内容	1.350	1	1.350	.713	.399
资料*风格*内容	2.817	1	2.817	1.487	.224
误差	439.467	232	1.894		
总数	500.000	240			
校正后总数	498.650	239			

a. R平方$=.119$(调整后R平方$=.092$)

表 5.6a　资料线索缺失情况下风格线索对印象好感度影响的 t 检验

分组统计

	分组	样本数	均值	标准差	均值标准误
印象好感度	C&N	60	.4833	1.26881	.16380
	SC&S	60	.7500	1.43356	.18507

独立样本检验

		莱文方差齐性检验		均值等同性 t 检验					差值95%置信区间	
		F 值	显著性	t 值	自由度	显著性（双侧）	均值差	标准误差	下限	上限
印象好感度	同方差	2.683	.104	4.990	118	.000	1.23333	.24715	.74391	1.72276
	异方差			4.990	116.284	.000	1.23333	.24715	.74384	1.72283

图 5.3 资料线索与风格线索对印象好感度的交互效应

(四) 印象失真度

数据分析结果(表 5.7)显示,三个因素当中仅有交流内容线索对印象失真度表现出显著的主效应[$F(1, 88) = 43.362$, sig. $= 0.000 <0.01$],并同时与个人资料线索和表达风格线索分别存在二次交互效应[$F(1, 88) = 4.962$, sig. $= 0.027 < 0.05$; $F(1, 88) = 6.881$, sig. $= 0.009 < 0.01$];三次交互效应则不显著。若进一步分析交流内容线索与个人资料线索的交互效应线图(图 5.4a),以及交流内容线索与表达风格线索的交互效应线图(图 5.4b),可发现交流内容线索对印象失真度始终产生显著的负向影响;独立样本 t 检验的分析结果表明,图 5.4a 中个人资料线索呈现情况下(实线所示)$t(118) = 2.968$, sig. $= 0.004 < 0.01$(表 5.7a);个人资料线索缺失情况下(虚线所示)$t(96.329) = 5.443$, sig. $= 0.000 < 0.01$(表 5.7b);图 5.4b 中表达风格线索呈现情况下(实线所示)$t(118) = 2.656$, sig. $= 0.009 < 0.01$(表 5.7c);表达风格线索缺失情况下(虚线所示)$t(118) = 5.797$, sig. $= 0.000 < 0.01$(表 5.7d)。

表 5.7 印象失真度的三因素方差分析结果

组间效应检验

因变量:印象失真度

来源	第三类平方和	自由度	均方	F 值	显著性
校正模型	10.225ª	7	1.461	8.120	.000
截距	829.161	1	829.161	4.609E3	.000
资料	.220	1	.220	1.221	.270
风格	.025	1	.025	.138	.710
内容	7.800	1	7.800	43.362	.000
内容 * 风格	.044	1	.044	.246	.620
资料 * 内容	.893	1	.893	4.962	.027
风格 * 内容	1.238	1	1.238	6.881	.009
资料 * 风格 * 内容	.005	1	.005	.030	.862
误差	41.733	232	.180		
总数	881.119	240			
校正后总数	51.958	239			

a. R 平方 = .197(调整后 R 平方 = .173)

图 5.4a 内容线索与资料线索对印象失真度的交互效应

表5.7a 资料线索呈现情况下内容线索对印象失真度影响的 t 检验

分组统计

	分组	样本数	均值	标准差	均值标准误
印象失真度	BS&B	60	2.0082E0	.4764258	.0615063
	BSC&BC	60	1.7696E0	.4011000	.0517818

独立样本检验

		莱文方差齐性检验		均值等同性 t 检验					
		F值	显著性	t 值	自由度	显著性（双侧）	均值差	标准误差	差值95%置信区间	
									下限	上限
印象失真度	同方差	3.730	.056	2.968	118	.004	.2385917	.0804014	.0793751	.3978083
	异方差			2.968	114.670	.004	.2385917	.0804014	.0793272	.3978562

表 5.7b 资料线索缺失情况下内容线索对印象失真度影响的 t 检验

分组统计

	分组	样本数	均值	标准差	均值标准误
印象失真度	S&N	60	2.0386E0	.5515294	.0712021
	SC&C	60	1.5871E0	.3293360	.0425171

独立样本检验

		莱文方差齐性检验		均值等同性 t 检验					
		F 值	显著性	t 值	自由度	显著性（双侧）	均值差	标准误差	差值95%置信区间	
									下限	上限
印象失真度	同方差	3.996	.048	5.443	118	.000	.4514167	.0829304	.2871919	.6156414
	异方差			5.443	96.329	.000	.4514167	.0829304	.2868083	.6160250

表 5.7c 风格线索呈现情况下内容线索对印象失真度影响的 t 检验

分组统计

	分组	样本数	均值	标准差	均值标准误
印象失真度	BS&S	60	1.9773E0	.4855005	.0626778
	BSC&SC	60	1.7604E0	.4057575	.0523831

独立样本检验

		莱文方差齐性检验		均值等同性 t 检验					
		F 值	显著性	t 值	自由度	显著性（双侧）	均值差	标准误差	差值95%置信区间	
									下限	上限
印象失真度	同方差	3.810	.053	2.656	118	.009	.2169317	.0816854	.0551724	.3786909
	异方差			2.656	114.395	.009	.2169317	.0816854	.0551196	.3787437

表 5.7d 风格线索缺失情况下内容线索对印象失真度影响的 t 检验

分组统计

	分组	样本数	均值	标准差	均值标准误
印象失真度	B&N	60	2.0695E0	.5400047	.0697143
	BC&C	60	1.5964E0	.3285769	.0424191

独立样本检验

		莱文方差齐性检验		均值等同性 t 检验					
		F 值	显著性	t 值	自由度	显著性（双侧）	均值差	标准误差	差值 95%置信区间	
									下限	上限
印象失真度	同方差	3.298	.072	5.797	118	.000	.4730767	.0816055	.3114755	.6346778
	异方差			5.797	97.421	.000	.4730767	.0816055	.3111211	.6350322

图 5.4b　风格线索与内容线索对印象失真度的交互效应

四、解释与讨论

(一) 不同线索类型对印象鲜明度的影响

从分析结果可以看到,个人资料线索、表达风格线索和交流内容线索均对提升印象鲜明度有作用。其中,个人资料线索对印象鲜明度的作用早在马丁·塔尼斯和汤姆·珀斯特默斯的研究中就有类似发现。在该研究中,作为社交线索的头像照片和个人简介[①]对印象模糊度的影响都呈现出达到 0.005 水平的显著性,虽然二者的交互效应并不明显。从均值的变化可以看出,个人照片和文字简介的存在能够明显降低所形成印象的模糊程度,使其更加明晰。[②] 但分析结果也表明,

---

[①]　此处的个人简介主要包括姓名、年龄、教育背景、居住地、兴趣爱好等。
[②]　参见 M. Tanis & T. Postmes(2003). Social Cues and Impression Formation in CMC. *Journal of Communication*, 53, 676—693。

三种类型线索对印象鲜明度影响的显著水平并不一样,网络人际传播中对印象鲜明度的判断更多地依赖对方的表达风格和个人资料。

(二) 不同线索类型对印象全面度的影响

印象全面度的意义主要在于揭示人们通过何种社交线索获取关于互动对象更多的信息。实验结果表明,人们首先是依靠交流内容线索来获得一些更为全面的信息,然后才是根据表达风格来对对方的一些特征进行推断,而这两种策略对于降低印象的片面性都是行之有效的。

第三章网络人际印象效果实验的结果曾显示,网络条件下所形成印象的全面度与面对面情况下并没有显著差异。根据本实验的结果可以推知产生这一现象的深层次原因:一方面,网络传播条件(界面、速率、载体等)的改善和人们对网络互动熟悉程度的提升使得人们在网络交际中能够更为自然和流畅地运用谎言判断、言辞询问、自我表露等互动性策略来从内容线索中获取有用信息,降低交际的不确定性;另一方面,网络传播条件的改善和人们对网络互动熟悉程度的提升使得人们对于在线交流中具有各种特色的表达风格越来越敏锐,并越来越善于从中获取以前不易察觉的关于对方的信息。

可以预见,在匿名性作为网络虚拟社区(不包括以熟人互动为特征的社交网络)互动的标志性特色存在并长期延续下去的情况下,人们将会日趋擅长利用交流内容线索讯息的交换和对表达风格线索讯息的洞察来对互动对象进行更为全面的了解。

(三) 不同线索类型对印象好感度的影响

不同社交线索类型对印象好感度的影响仅包括个人资料线索和表达风格线索的二次交互效应,且只有表达风格线索对于好感度存在主要影响。

一些研究认为,关于一个人整体的信息越多,其给人的印象就越好,即社交线索对于印象的好感度有着直接的作用效果。德里克·拉特等人提出的人际传播的无线索模型就得出过这样的结论。

这一研究视角显然体现出浓厚的去人际效果论色彩,属于早期线索消除进路的组成部分,其局限性是明显的。从主观经验上来说,遥远的心理距离固然会带来某些任务性的内容和缺乏人情味的内容,但同时也有"距离产生美"的说法。从客观现实来看,网络人际传播平台技术的发展使得网络交流方式越来越生动、逼真,也出现了越来越多的补偿性线索,以致出现了网络人际传播的超人际效果。

因此,在新的研究框架下,完全有必要对社交线索与印象好感度的关系进行新的探索。马丁·塔尼斯和汤姆·珀斯特默斯在2003年对此进行了研究,得到的结论是:实验结果部分证实了线索会提升印象好感度的预测。具体的分析结果是:头像照片对印象好感度呈现出0.05水平的正向显著主效应;个人简介对印象好感度的主效应则未到达显著水平($p=0.07$);二者的交互作用不显著($p=0.07$)。[1] 但本次实验研究的结果与塔尼斯等的分析结果只是部分相符,并未发现个人资料线索作为一个整体对于印象好感度的作用。

至于表达风格线索对于印象好感度的负向影响,可以将之与马丁·利和拉塞尔·斯皮尔斯的研究作一比较分析。该研究考察了以拼写错误、输入错误、特殊符号等为代表的电子副语言对网络人际传播条件下互动者社会感知的影响,测量指标之一就是好感度。研究表明,在不使用电子副语言的情况下,好感度的均值高于使用电子副语言的情形,即电子副语言线索对于好感度呈现出显著的负向主效应。不使用电子副语言,意味着削弱在线语言表达的风格和特色,而不鲜明的风格反而获得较高的好感度评价,说明表达风格线索对于好感度的作用的确是阻碍性的。而且特别需要注意的是,利和斯皮尔斯的研究并没有设置个人资料线索,对于好感度的测量相当于在个人资料线索缺失的状态下完成的,因此其结论中表达风格线索对好感度的阻碍作用与本书的结果可以说是在基本相似的条件下获得的,二者形成了相互的印证,增加了结论的可靠性。

---

[1] 参见 M. Tanis & T. Postmes(2003). Social Cues and Impression Formation in CMC. *Journal of Communication*, 53, 676—693。

（四）不同线索类型对印象失真度的影响

交流内容线索是降低印象失真度的主要因素,尤其是在个人资料线索和表达风格线索缺失的情况下,交流内容线索的增加更能有效地提升印象形成的准确性。

交流内容线索主要包括通过感知者言辞询问和印象目标自我表露所获取的相关信息,特别是一些直接的特征信息和间接的事件信息。这一类型的社交线索能够提供相对真实的信息,其原因主要有二：

（1）获取交流内容线索的方式是互动者之间的言辞询问和自我表露,这是一种在各种传播模式和交流方式下都行之有效的降低不确定性的策略。这一策略在传统的面对面人际传播中早已有之,被社会语言学学者和人际传播学学者归类于三大降低不确定性策略中的互动性策略。[①] 丽莎·蒂德维尔和约瑟夫·瓦尔特的一项研究使用内容分析法对面对面人际传播和网络人际传播中所有会话要素和降低不确定性策略进行了分析,发现只有自我表露的有无对互动者的归因信心（attributional confidence）存在显著的影响。[②] 这说明,是其获取方式保证了交流内容线索在三大线索类型中的相对有效性和可靠性。

（2）交流内容线索是不同传播方式之间差异最小的一类社交线索。如果说面对面人际传播和网络人际传播中的个人资料线索存在真实资料与虚拟资料之分,表达风格线索存在口语风格与文字风格之分,那么最为接近的线索类型莫过于交流内容线索。大多数情况下,

---

① 参见 C. R. Berger, R. R. Gardner, M. R. Parks, L. Schulman & G. R. Miller (1976). Interpersonal Epistemology and Interpersonal Communication. In G. R. Miller (Ed.), *Explorations in Interpersonal Communication* (pp. 149—171). Beverly Hills, CA: Sage; C. R. Berger(1979). Beyond Initial Interaction: Uncertainty, Understanding, and the Development of Interpersonal Relationships. In H. Giles & R. St. Clair (Eds.), *Language and Social Psychology* (pp. 122—144). Oxford: Blackwell.

② L. C. Tidwell & J. B. Walther(2002). Computer-Mediated Communication Effects on Disclosure, Impressions, and Interpersonal Evaluations: Getting to Know One Another A Bit at A Time. *Human Communication Research*, 28(3), 317—348.

虚拟个人资料不仅不能反映真实情况,反而常常与真实情况完全相反;而一个人的口语风格与文字风格也不尽一致,何况后者还可以通过有意识地处理和加工进行整饰。只有交流内容线索指向一些直接的、关于印象目标的特征信息和间接的、能从中判断出印象目标个性特征的特定事件信息,这些信息在两种不同的传播方式中的差异只在于呈现方式的不同。

以上讨论的结果,作者将其梳理过后列在表5.8之中:

表5.8　网络传播条件下不同线索类型对印象效果不同维度的影响

网络印象效果维度	相关线索类型(作用效果及条件)
鲜明度	1. 个人资料线索(正向作用,仅其他线索缺乏时) 2. 表达风格线索(正向作用,仅其他线索缺乏时) 3. 交流内容线索(正向作用,仅其他线索缺乏时)
全面度	1. 交流内容线索(正向作用,不依赖于其他线索) 2. 个人资料线索(正向作用,仅其他线索缺乏时) 3. 表达风格线索(正向作用,仅其他线索缺乏时)
好感度	表达风格线索(负向作用,仅资料线索缺乏时)
失真度	交流内容线索(负向作用,不依赖于其他线索)

五、结 论

将讨论结果梳理之后,即可得到本章研究的结论(表5.9),假设H5.1、H5.2、H5.3均得到支持。其中,交流内容线索能够提供最可靠的信息而使印象变得准确、全面,对鲜明度也有一定的影响,是最有用且最可靠的社交线索类型;表达风格线索是唯一影响好感的因素,同时能提供信息使印象变得更鲜明、全面,是较为有用的社交线索类型;而个人资料线索则只能提供使印象变得鲜明和全面的信息,在所有线索类型中作用相对较小。

表 5.9 网络人际传播中不同线索类型对印象形成的有用性与可靠性

线索类型	相关印象维度(按作用大小排序)	有用性	可靠性
交流内容	1. 失真度(负向作用,不依赖于其他线索) 2. 全面度(正向作用,不依赖于其他线索) 3. 鲜明度(正向作用,仅其他线索缺乏时)	最有用	最可靠(可无条件降低失真度)
表达风格	1. 好感度(负向作用,仅资料线索缺乏时) 2. 鲜明度(正向作用,仅其他线索缺乏时) 3. 全面度(正向作用,仅其他线索缺乏时)	较有用	不可靠(与失真度无关)
个人资料	1. 鲜明度(正向作用,仅其他线索缺乏时) 2. 全面度(正向作用,仅其他线索缺乏时)	不太有用	不可靠(与失真度无关)

可见,网络人际传播中以文本形式呈现的表达风格线索与面对面条件下以视觉和听觉形式呈现的非言语线索相比,尽管都是作为一种"副语言"而存在,但在功能上仍然呈现出较大差异。由于表达风格线索可控性极高——在交流中展现什么样的表达风格,使用或不使用以及使用何种表情图标或个性文字都由互动者自行决定,从而导致其具有了自我展示的性质,可靠性大大降低。这就使得互动者在网络人际传播中不得不更多地信任交流内容线索所提供的信息。而个人资料线索相比于面对面条件下的姓名、相貌等线索,能增加互动者对对方的了解,却无法提升或降低对对方的好感,其作用与表达风格线索已十分接近。所以,网络人际传播的交流内容线索而非表达风格线索才是对印象形成最可靠且最有用的社交线索,此时面对面人际传播中存在的非言语线索主导效应及视觉主导效应不再适用,而是出现了网络传播内容线索主导效应。这意味着,在网络人际传播中最终决定印象质量的是交流内容,过分地整饰表达风格则会适得其反。

第六章 网络印象形成双因素模型

一、网络印象形成双因素模型的构建

(一) 网络印象形成双因素模型的基本结构

所谓模型,也称为模式①,是指"用图像形式对某一客观现象进行有意简化的描述","试图表明的是任何结构或过程的主要组成部分以及这些部分之间的相互关系"。② 在前面几章研究的基础上,一个关于网络人际传播中印象形成的理论模型已经呼之欲出。显然,这个模型应当包含印象形成过程中的社交线索和认知图式两个相辅相成的主要因素,并能反映网络人际传播方式所具有的线索消除和超人际效果的特点。我们将之命名为网络印象形成双因素模型(the dual-factor model of impression formation in CMC),其基本结构如图 6.1 所示。

---

① 《大众传播模式论》一书的译者祝建华曾经在"译者的话"中提到,为了与更狭义的数学模型相区别,他将"model"译为"模式"。但实际上,"数学模型"一词也有译为"数学模式"的,这样的区分意义不大。此外,"模型"一词本来就有"浓缩""仿真"的含义,而"模式"则通常是指某种标准样式,相比之下前者更为接近"model"的本义,因而此处仍然采用"模型"的译法。

② 〔英〕丹尼斯·麦奎尔、〔瑞典〕斯文·温德尔:《大众传播模式论》(第 2 版),祝建华译,上海:上海译文出版社 2008 年版,第 2 页。

图 6.1 网络印象形成双因素模型

(二) 网络印象形成双因素模型的要素

网络人际传播中的印象形成是一个信息加工的过程,因此网络印象双因素模型中也包含了三个关键的环节,即信息的接收环节、信息的加工环节以及印象效果环节。在这三个环节中,分别有相应的模型要素,以下逐一分析。

1. 社交线索:网络印象形成双因素模型的输入要素

社交线索(social cues,C)是位于网络印象形成双因素模型输入环节的要素,其中含有的关于印象目标个人的信息是印象形成过程中的加工对象。感知者通过人际传播获取与印象形成有关的线索讯息,然后从中提取相关信息并进行加工。网络人际传播中的社交线索可分为个人资料线索(C_B)、表达风格线索(C_S)和交流内容线索(C_C)三个类型:

(1) 个人资料线索(biography cues,C_B)包括网名、虚拟形象、在线个人资料和个性签名。

(2) 表达风格线索(style cues,C_S)包括语言风格和电子副语言。

(3) 交流内容线索(content cues,C_C)是网络互动参与者在网络交流中所谈及的内容。

2. 认知图式:网络印象形成双因素模型的加工过程要素

印象形成的信息加工方式是图式加工,不存在完全依赖社交线索讯息(完全使用个人化加工)形成印象的情况,因此认知图式(schemata,S)就是网络印象形成双因素模型中的加工过程要素。

认知图式是依据先前经验把各种相关概念有意义地组织起来的认知模式[①],它可以指导人如何对原始材料进行采集、记忆和推理。[②] 当人们接触外界事物时,常在记忆中检索那些与输入信息最符合的认知图式与之对照,加以理解与解释,这个过程称为图式加工。[③]

3. 印象效果:网络印象双因素模型的输出要素

印象效果(impression effect)是位于网络印象形成双因素模型输出环节的要素。印象形成的效果并非是单一的,不是简单的大或小、高或低、好或坏、美或丑,而是一个复合的效果。它至少包含鲜明度(I_I)、全面度(I_B)、好感度(I_V)、失真度(I_E)等四个维度。

(三) 网络印象形成双因素模型的作用机制

1. 社交线索对印象效果的作用:线索作用平均化

网络人际传播条件下,不同类型的线索对印象效果的作用是不同的,任何一种类型的线索,至少对印象的一个维度产生影响,而且这些影响既有正向,又有负向,互相之间并无绝对有用的线索和绝对无用的线索之分。这一现象称为"线索作用平均化"。三个类型的社交线索对于印象效果不同维度的显著作用如表6.1:

表 6.1　社交线索对印象效果的作用

	印象鲜明度	印象全面度	印象好感度	印象失真度
个人资料线索	正向作用 (其他线索缺乏时)	正向作用 (其他线索缺乏时)	/	/
表达风格线索	正向作用 (其他线索缺乏时)	正向作用 (其他线索缺乏时)	负向作用 (其他线索缺乏时)	
交流内容线索	正向作用 (其他线索缺乏时)	正向作用	/	负向作用

---

① 〔美〕罗伯特·斯滕伯格:《认知心理学》(第3版),杨炳钧等译,北京:中国轻工业出版社2006年版,第437页。

② 〔美〕S. T. 菲斯克、S. E. 泰勒:《社会认知:人怎样认识自己和他人》,张庆林等译,贵阳:贵州人民出版社1994年版,第148页。

③ 章志光主编:《社会心理学》,北京:人民教育出版社1996年版,第116页。

2. 认知图式对印象效果的作用：图式作用集中化

由于网络人际传播条件下网络媒介的中介作用，许多线索讯息被消除，仅有的线索不足以供感知者对互动对象形成完整的印象，认知图式的介入成为完成信息加工的必要条件。但图式对于印象效果的作用非常集中，主要是对印象的鲜明度和全面度产生影响，可谓"图式作用集中化"。认知图式对于印象效果不同维度的作用如表6.2：

表6.2 认知图式对印象效果的作用

	印象鲜明度	印象全面度	印象好感度	印象失真度
认知图式	正向作用（线索缺乏时）	负向作用（线索充分时）	/	/

3. 社交线索与认知图式的相互作用：启发与完形

从网络人际传播条件下社交线索与认知图式各自对印象效果的影响可以看出，二者有不同的作用范围。但更为深层次的，是社交线索与认知图式两个关键因素之间的相互作用。这种相互作用表现在线索对图式的启发和图式对线索的完形两个方面。

(1) 线索对图式的启发。社交线索是认知图式激活和调用的基本依据。研究者发现，在某方面信息缺失的情况下，人会自动利用一些特定的捷径来把复杂的问题变成较为单一的判断过程，这些捷径称为认知启发。从本质上看，认知启发的过程实际上就是在信息缺失的情况下以可获取的信息为依据激活和调用相应的认知图式的过程。在网络人际印象形成的特定情境下，通过认知启发可以基于线索调用各种类型的人物图式，从而完成图式加工过程。

一般而言，常用的认知启发有三种：代表性启发、可得性启发、锚定与调整启发。[①] 代表性启发（representativeness heuristic）就是人们根据当前的信息或事件与其认为的典型信息或事件的相似程度进行判断的一种认知启发。可得性启发（availability heuristic）是指人们根据对某种信息进行相关联想的容易程度来进行判断的一种认知启发。

---

① 参见 D. Kahneman & A. Tversky(1973). On the Psychology of Prediction. *Psychology Review*, 80, 237—251。

锚定与调整启发(anchoring and adjustment heuristic)是指人们在进行判断时,先抓住某一锚定点,然后根据已获取的信息逐渐地调整而最终得出判断结果的一种认知启发。除了上述三种主要的认知启发之外,还有各种各样反映个人认知思维特色的启发方式,这些启发方式在网络人际印象形成过程中激活和调取的图式不是一成不变的,但始终会以当前环境下已获取的信息为启发的依据。

对于网络人际传播条件下的印象形成而言,图式的激活和调用仍然依赖于认知启发。由于网络互动者调用认知图式的目的在于帮助自己对线索讯息进行理解和阐释,为了提高和保证理解的准确性,必然会参照线索讯息所具有的某一特征来搜索可用的图式。特别需要注意的是,线索对于图式的启发并非必须通过全部特征的匹配才能加以联结,而是只需利用其中的一个或数个特征进行触发即可。

(2)图式对线索的完形。一方面,社交线索起到一个激活图式的认知启发作用;另一方面,认知图式又能对社交线索进行知觉完形。这种完形作用来源于一个基本的感知原理:格式塔①原理。这一原理对人们如何感知构成一类的物体甚至对物体的部分如何形成整合的整体尤其有帮助,其核心是趋完形律(law of Prägnanz),即以稳定且连贯的形式把完全不同的元素简单加以组织。② 格式塔原理包括目标-背景原理、邻近原理、相似原理、连续原理、闭合原理、对称原理等一系列基本的认知作用原理。这一原理的运用领域非常广泛,除了心理学之外,美学、文学、艺术学、传播学等关注人类感知觉的学科中都有涉及。虽然最早的格式塔原理只是从视觉感知的规律性中提炼而出的法则,但它实际上适用于任何感知觉的过程。

格式塔原理中的闭合原理指出,人们倾向于闭合或完成并非完整的物体。网络人际传播中的感知者在形成关于互动对象的印象时也同样具有这一倾向。对于感知者而言,由于作为传播中介的网络对线

---

① "格式塔"(Gestalt)一词来自德语,原意为"形状",这里是指"完形"即具有不同部分分离特性的有机整体。心理学中有格式塔学派,后发展为今天的认知心理学,传播学四大奠基人之一的库尔特·勒温(Kurt Lewin)即为该学派代表人物。
② 参见〔美〕罗伯特·斯滕伯格:《认知心理学》(第3版),杨炳钧等译,北京:中国轻工业出版社2006年版,第91—94页。

索的屏蔽,他们所搜集到的关于印象目标特征的线索讯息在一定程度上始终是有限的,无法据之形成一个完整的印象,此时感知者若出于某种需要希图降低交流的不确定性,便会对这些线索所提示的碎片化的不完整形象加以闭合和完整化,从而初步形成一个完整的印象。而用于填补信息空白的,就是感知者在记忆结构中激活和调取的认知图式。这些图式来源于个体以往的经验,能够提供相似情形下的参照信息,所以能在部分特征吻合的情况下对已有的信息进行补充。正是通过图式的完形,感知者才能在线索的基础上形成印象。

4. 网络人际传播的印象效果

网络人际传播条件下,由于前述不同类型社交线索和认知图式各自以及共同对印象效果的显著作用,印象效果的四个维度均表现出与面对面人际传播条件下的差异,其中三个维度的差异达到显著水平,一个维度未达到显著水平(表6.3):

表 6.3 网络人际传播条件下印象效果与面对面的比较

CMC 印象效果的维度	与 FtF 的比较
鲜明度	高(显著)
全面度	无显著差异
好感度	高(显著)
失真度	高(显著)

总之,网络印象形成双因素模型是一个抽象概括网络人际传播条件下社交线索和认知图式双因素对印象效果作用过程和机制的理论模型,它反映了社交线索、认知图式、印象效果三者之间的相互作用关系。这一模型无论是对印象形成研究还是网络人际传播研究而言,都具有一定的理论意义。

二、网络印象形成双因素模型的理论意义

(一)网络印象形成双因素模型对于网络人际传播研究的意义

作为一个网络人际传播中印象形成过程和机制的描述与解释模型,网络印象形成双因素模型首先是网络人际传播研究的组成部分。

在本书开头的文献综述中我们已经谈及,当今网络人际传播研究中最为重要的理论进路是线索消除论,而建立在线索消除论基础上的超人际模型则吸收了 SIP 理论和 SIDE 模型的可取之处,成为当前最具概括力和解释力的网络人际传播模型。网络印象形成双因素模型既是超人际模型的补充和完善,也是对线索消除论的发展。

1. 网络印象形成双因素模型对超人际模型的补充

超人际模型不仅描述了效果本身,还包含了对效果形成的解释,即视觉线索缺失情况下讯息发送者的选择性自我展示和印象管理、以文本主导的传播信道对讯息整饰提供的有利条件、讯息接收者在线索贫乏的情况下对发送者的理想化,以及反馈过程中的行为确认和认知夸大循环。这一套解释体系涉及网络人际传播过程的讯息发送者、传播信道、讯息接收者和反馈四个结构性要素,所以构成了整个网络人际传播过程的描述模型。

超人际模型问世以后,迅速受到众多学者的关注,不断有论文对其进行验证或质疑,但总体而言,几乎所有的实验结果都提供了对其有利的证据。不过,这并不意味着该模型已经尽善尽美,至少现阶段其局限性还是存在的。其中最大的局限在于,它缺少更为细节化的解释。例如,在假定的传播起始端,讯息发送者通常是怎样进行选择性自我展示和印象管理的?因此而导致的形象偏差有多大?在传播的过程中,究竟包含了哪些能够提供印象信息的社交线索?它们各自提供什么样的印象信息?在传播的中继端,讯息接收者又是怎样将对方理想化的?理想化到什么程度?它与接收到的线索讯息之间有什么关系?只有将这些问题都探索清楚,才能使超人际模型得到完善。模型的提出者约瑟夫·瓦尔特正是认识到了这一点,才对讯息发送者的选择性自我展示展开了更为细致的研究。①

网络印象形成双因素模型的提出,则尝试为传播信道和讯息接收

---

① 参见 J. B. Walther (2007). Selective Self-Presentation in Computer-Mediated Communication: Hyperpersonal Dimensions of Technology, Language, and Cognition. *Computers in Human Behavior*, 23, 2538—2557; D. C. DeAndrea & J. B. Walther(2011). Attributions for Inconsistencies between Online and Offline Self-Presentations. *Communication Research*, 38(6), 805—825。

者两个环节提供细节化的描述和解释。它对超人际模型的补充主要有以下几点：

第一，在传播信道环节，对网络人际传播中传输的社交线索进行了归纳，在网名、虚拟形象、在线个人资料、个性签名、语言风格、电子副语言、语言内容七种线索的基础上将其归并为个人资料线索、表达风格线索、交流内容线索三个类型。

第二，在讯息接收者环节，对其理想化互动对象的程度（印象效果）使用鲜明度、全面度、好感度及失真度等 4 项分维度指标进行描述。

第三，在讯息接收者环节，明晰了七类社交线索讯息对印象效果的作用，提出了"线索作用平均化"的命题。

第四，在讯息接收者环节，明晰了认知图式对印象效果的作用，提出了"图式作用集中化"的命题，同时指出认知图式对于讯息接收者理想化互动对象的关键性。

从以上论点可以看出，网络印象形成双因素模型是超人际模型向微观层面的延伸，是超人际模型走向完善的必要补充。

2. 网络印象形成双因素模型对线索消除论进路的支持

线索消除论进路是在社交在场感理论、信息丰度理论/媒介丰度理论和社交情境线索缺失假说的基础上构筑而成的，后"误入歧途"地发展成为网络人际传播的去人际效果论，受到一部分学者的批评和否定。

然而，约瑟夫·瓦尔特敏锐地指出，去人际效果论并非线索消除论的必然推论，在相同的理论前提下，网络互动中的人际效果和超人际效果是同样存在的。他论述道："许多抛弃线索消除论的人无法解释那些通过实验得到的结论。他们在否定这一理论的外在合理性的同时，忽视了内在合理性的问题。他们……把婴儿连同洗澡水一道泼了出去，忽略了一些很可能具有意义的启示。"[①]因此，他在构建超人际模型的过程中，特别重视和强调了模型的线索消除论基础。

---

① 参见 J. B. Walther(1996). Computer-Mediated Communication: Impersonal, Interpersonal and Hyperpersonal Interaction. *Communication Research*，23(1)，3—43。

网络印象形成双因素模型在这一问题上取得了能够支持超人际模型理论立场的研究证据。其中最为主要的证据有：

第一，模型表明，社交线索是无条件显著影响印象失真度的因素，且与后者呈反向变化；另外，网络人际传播条件下所形成的印象明显不如面对面条件下的准确（失真度相对较高）。结合这两点可以推断，网络人际传播中互动者所获得的关于对方的线索的确要少于面对面的情形，这直接导致了印象偏差的增大。

第二，模型表明，认知图式是显著影响印象鲜明度的因素，其影响为正向，且主要在线索缺乏的条件下产生。这就是说，当线索不足之时，网络互动者若要形成关于对方的印象，必须激活和调取相关的图式，一旦图式参与印象形成的信息加工过程，最终所形成的印象会非常鲜明。由此可以推断，之所以网络人际传播条件下所形成的印象比面对面条件下的更为鲜明，是因为网络人际传播中的印象形成过程有更多的图式成分在线索缺乏的情况下参与其中。可见，在网络人际传播中，线索的确是较为缺乏的。

以上证据充分证明，正是网络媒介对人际传播的中介作用导致的线索消除形成了网络人际传播特殊的传播效果。因此，网络印象形成双因素模型的提出巩固了线索消除论进路的基本理论框架地位，也是对这一理论框架的进一步发展。

（二）网络印象形成双因素模型对印象形成研究的意义

网络印象形成双因素模型的提出不仅有利于网络人际传播理论体系的构建，对于推动印象形成研究的发展也具有一定的意义。印象形成是人际感知的重要组成部分，在很大程度上决定了人在怎样看待周围的客观物质世界之外是怎样看待由无数的他人构成的社会世界的。这也决定了印象形成是社会认知领域的一个核心课题。

网络印象形成双因素模型是一个描述和反映网络人际传播条件下印象形成过程和机制的理论模型，是印象形成研究的一部分。这一模型对于后者的理论意义在于，它尝试回答了经典印象形成模型中所遗留的一些问题。

正如绪论的文献综述中所提到的，从1946年美国心理学家所罗门·阿希的著名实验得到人际印象的中心特质理论以来,印象形成研究至今已有70余年的历史。其中对于印象形成信息加工机制的研究,是整个课题中最为关键的部分之一。然而相关研究一直踯躅不前,直到近20年来才取得了一些进展,提出了两个重要的理论模型。

其中之一是玛丽琳·布鲁尔(Marilynn B. Brewer)于1988年提出的印象形成双重加工模型。该模型的主要观点是:关于印象目标的信息是从长时记忆中所存储的相关信息中通过两种不同的方式所调取出来的,这两种不同的方式互相补充而形成一个完整的印象加工系统。其中一种加工方式称为"以类别为基础的加工"或"自顶向下的加工",是印象形成的早期阶段所使用的加工方式;而另一种加工方式称为"以个体为基础的加工"或"自底向上的加工",是印象形成的深入阶段所使用的加工方式。对于同样的信息,两种加工方式会形成不同的心理表征。

苏珊·菲斯克等人在双重加工模型的基础上更进一步,于1990年提出了连续印象形成模型。这一模型吸取了双重加工模型的核心部分,并首次指出了印象形成是一个连续而非间断的过程,是一个积少成多、化零为整的过程:最初在个人信息不足的情况下,感知者会将该个体归于某一个类别之中,然后用这个类别所具备的特征来同化其个人特征,形成一个带有刻板色彩的初步印象。之后在获取到足够多的个人信息之后,感知者会在对这些信息进行评断的基础上,将之融入已有的整体印象中去,以替换之前印象中相应的刻板特征。直到所有的刻板特征几乎都被替换完毕,最终形成一个相对具有个人色彩的印象。换言之,完全的刻板印象和完全个人化的印象是这一谱系的两极,印象形成的过程就是一个从前者到后者的连续渐变过程。

这两个著名的理论模型,都注意到了图式加工(以类别为基础的加工、刻板化加工)在其中的作用,并且认为图式加工是人际印象形成的基础。但是,它们并没有指出,图式加工的具体机制是怎样的,如图式是怎样参与到印象形成的信息加工中去的?它对于印象形成有什么样的影响?感知者所获取到的关于印象目标的个人信息,是怎样在图式的介入下进行加工的?这些信息来自何处?与所形成的印象有什么联系?这些都是需要进一步加以探究的。

网络印象形成双因素模型则在新的技术中介环境（计算机网络环境）下对这些问题进行了尝试性的探索，提出了以下命题：

（1）印象形成的效果不是一个单一的量度指标，而是包含了鲜明度、全面度、好感度和失真度四个维度，任何情况下所形成的印象都可以从这四个维度进行测量和描述。

（2）社交线索和认知图式是印象形成的关键要素，其中社交线索可以划分为个人资料线索、表达风格线索和交流内容线索三个基本类型，不同类型的线索对于印象形成效果的不同维度具有不同的作用；认知图式也仅仅对印象效果的某些维度产生影响。

（3）社交线索是印象形成这一信息加工过程的基础，早期印象形成过程中的认知图式是由线索激活并调用（启发）的；同时，图式对线索所不能提供的信息加以补充（完形），以形成一个完整的印象。

不难看出，传统的人际传播中的印象形成研究所要解决的问题，也恰是网络人际传播中的印象形成研究所要解决的问题。但传播条件的不同，又使得两者的结论必定存在差异。而网络印象形成双因素模型对这些问题的初步回答，使得传统的印象形成理论模型有了参照对比的对象，又有了延展和扩充的可能，对于推动印象形成研究的继续深入，是有一定价值的。

三、本书的不足与未来研究的建议

（一）本书的不足

本书主要存在以下几个不足之处：

（1）除了第三章的网络印象形成效果实验之外，第四章的网络印象形成机制实验和第五章的线索作用实验出于加强变量控制的目的，都未采用互动方式进行真正的网络人际传播，而只是阅读文字材料并在此基础上完成量表，其结果在保证内部效度的同时也损害了外部效度。这一问题实际上是实验研究方法多年来的痼疾，至今不能很好地解决，有待将来研究方法或是操作技术上的革新。

（2）部分实验未能得到预期的结果。如对网络人际传播条件下印象全面度的测量，就未能发现与面对面人际传播的显著差异。虽然在数据分析之后的讨论中已经对可能的原因做了一定的推断，但此次的实验结果究竟是偶然因素导致还是归因于尚未发现的影响因素，尚需进一步的实验验证。此外，一些与前人经典研究不符的实验结果，也需要更加深入以及具有针对性地验证和分析。所以，对于这些问题，目前还不便做出较为确定的结论。

（3）不同的网络人际传播形式可能在印象形成的效果或机制上有一定的差异，本书并没有对之进行分别测量。第三、四、五章的三个实验都以即时通信作为网络人际传播的具体技术平台，故实验的结果应当说是在即时通信条件下得到的。之所以选择即时通信作为传播方式，是因为其在网络人际传播的诸多方式中最为普及（在 BBS、SNS、微博中通常均绑定有 IM 工具）、最具代表性且与面对面人际传播的可比性最高。因此，在 BBS、网络游戏、SNS 和微博等情境下的网络人际传播，是否具有同样的结论，尚需专门的验证和确认。

以上这些问题，有的可以在以后的研究中逐步改进和解决，但有的问题，只能寄望于学科领域中的较大突破才能彻底克服。

（二）对未来研究的建议

从现有的文献来看，网络人际传播研究虽然已经形成了自身的分析框架，也具有一定的发展历史，但是显然还只是一个开头。由于为这一研究领域奠基的几个基础学科分支——人际传播学、社会心理学、认知心理学都还处于远远说不上成熟的初级阶段，所以网络人际传播研究的发展只能伴随着这些学科在摸索中前进。更不容乐观的是，构成其研究对象物质基础的计算机与网络技术在当今时代的飞速发展，使得这一领域的研究者随时处在一个变动不安的历史进程之中，一刻也不停歇地追逐着游移不定的研究目标。同时，这一领域将"人"的因素与"技术"因素结合得越来越紧密，对研究者的学术背景提出了更高的要求，在相当程度上加大了进一步深入研究的难度。

就网络人际传播中的印象形成而言，未来的研究可从以下几个方面展开：

(1) 通过相似或相关实验检验和验证本书的研究结论,为进一步的深入研究打下扎实的基础。在绪论中笔者曾经提到,控制实验这一研究方法的逻辑在于以不断地重复来提高和保证研究的效度。只有经过重复验证的结论才能被接受,并以此为基础展开后续研究。

(2) 网络人际传播条件下,印象效果的四个维度指标随时间变化的特点尚需研究。本书所考察的印象效果主要是网络互动初期的情形,从访谈中涉及的一些情况来看,初期的印象形成和长期的印象形成应当是存在差异的。约瑟夫·瓦尔特在其1993年关于印象发展的经典研究中指出,网络人际传播中所形成的印象随着时间的延长会逐渐接近面对面人际传播的印象水平。但该研究仅仅考察了印象的全面度这一个指标。至于网络传播条件下的人际印象在其他三个维度上是否随时间变化以及存在何种变化,则需要另行开展专门的研究。

(3) 对BBS、网络游戏、SNS、微博等情境下的网络人际传播中的印象形成进行研究,以便与本书的结果进行比较。不同技术平台和传播模式下的网络人际传播,既有共同点也有差异性,这种差异性是否会体现在印象形成的效果或机制中,是非常值得进一步展开研究的。研究的结果对于网络媒介改变人的感知的理论体系构建和实践指导都具有一定的价值。

不过必须指出的是,这一研究方向在其支撑学科基础还未臻扎实和完善之前,很难取得突破性的进展。社会心理学中的印象形成研究迄今经过了多年的研究,虽然提出了许多相关现象效应和理论,各种特殊效应也都相继得到了一些研究的验证,但整个认知机制仍然还显得不十分明朗。而社会认知涉及的人的认知过程中的一些根本问题,如假设考验说与刺激物说的争论,概念驱动加工与数据驱动加工的争论等,还没有得到最终答案的趋势,这为深入研究的开展设置了不小的阻碍。可以预知,网络人际传播中的印象形成以及更为宽泛的技术中介对社会认知的影响这一系列研究主题在未来还有很长的路要走。

附录一 论"computer-mediated communication"的中译定名问题
——基于学术史与技术史的考察

"computer-mediated communication"(CMC)这一名词在网络传播研究领域具有非常核心的地位,该领域最为重要的学术期刊 *Journal of Computer-Mediated Communication*(JCMC)即以此命名。但长期以来其中文译名却并不统一,先后有"计算机(电脑)中介传播"①②③"以计算机(电脑)为媒介的传播"④⑤⑥"以计算机为中介的传

---

① 张咏:《美国电子报纸的发展及展望》,《国际新闻界》1997年第6期。
② 吴筱玫:《计算机中介传播:理论与回顾》,杜骏飞、黄煜主编:《中国网络传播研究》,上海:复旦大学出版社2007年第1卷第1辑,第35—61页。
③ 〔美〕Crispin Thurlow、Laura Lengel、Alice Tomic:《电脑中介传播:人际互动与网际网路》,谢光萍、吴怡萱译,台北:韦伯文化事业出版社2006年版。
④ 〔美〕约瑟夫·B. 瓦尔特:《以电脑为媒介的传播:非人际性、人际性和超人际性的互动》,刘铁花译、关世杰校,常昌富、李依倩编选:《大众传播学:影响研究范式》,北京:中国社会科学出版社2000年版,第408—459页。
⑤ 茅丽娜:《从传统人际传播角度观瞻CMC人际传播》,《国际新闻界》2000年第3期。
⑥ 谢新洲:《"沉默的螺旋"假说在互联网环境下的实证研究》,《现代传播》2003年第6期。

播"①②"网络传播"③"网络传播沟通"④"网络人际传播"⑤"计算机辅助传播"⑥⑦等不同的用法。

尽管中英文文献中关于CMC⑧的论著不少,但其含义界定却相当模糊。如伊莱恩·克尔(Elaine B. Kerr)和斯塔尔·洛克赛因·希尔茨(Starr Roxanne Hiltz)所著《CMC系统:地位与评价》仅提及CMC"意味着商务、行政、教育等领域中大量的人都可以使用计算机来保持连续的传播和信息交换"⑨。克里斯平·瑟洛(Crispin Thurlow)等人所著《CMC:社会互动与互联网》也是只说"CMC始于第一台数字计算机发明之时,或者说,至少从20世纪60年代早期第一次有记载的原始形态电子邮件出现之时就已经付诸现实了"⑩。詹姆斯·切斯布罗(James W. Chesebro)和唐纳德·邦索尔(Donald G. Bonsall)所著《CMC:计算机化世界中人与人的关系》⑪和马丁·利(Martin Lea)主编的《CMC情境》⑫两书更是通篇未对CMC做出界定。

国内学界情况也是如此。吴筱玫在《计算机中介传播:理论与回顾》一文中只提到"计算机中介传播研究始于20世纪70年代末期,发展至今近30年,中介系统从最初的电子邮件、电子布告栏、泥巴,到近

---

① 胡春阳:《西方人际传播研究的问题系及其由来》,《新闻大学》2007年第2期。
② 王怡红:《论"人际传播"的定名与定义问题》,《新闻与传播研究》2015年第7期。
③ 杜骏飞、黄煜主编:《中国网络传播研究》,上海:复旦大学出版社2007年,封面。
④ 夏云:《网络传播沟通学》,鲁曙明主编:《沟通交际学》,北京:中国人民大学出版社2008年版,第301—327页。
⑤ 张放:《网络人际传播效果研究的基本框架、主导范式与多学科传统》,《四川大学学报(哲学社会科学版)》2010年第2期。
⑥ 徐敬宏、张为杰、李玲:《西方新闻传播学关于社交网络中隐私侵权问题的研究现状》,《国际新闻界》2014年第10期。
⑦ 戴佳:《2014年国际新媒体研究综述》,《全球传媒学刊》2015年第1期。
⑧ 为行文方便起见,在得出最终结论之前,本文中所有涉及的应将"computer-mediated communication"译为中文之处均用CMC暂代。
⑨ E. B. Kerr & S. R. Hiltz(1982). *Computer-Mediated Communication Systems: Status and Evaluation*. New York: Academic Press, p. ix.
⑩ C. Thurlow, L. Lengel & A. Tomic(2004). *Computer-Mediated Communication: Social Interaction and the Internet*. London: Sage, p. 14.
⑪ J. W. Chesebro & D. G. Bonsall(1989). *Computer-Mediated Communication: Human Relationships in A Computerized World*. Tuscaloosa, AL: The University of Alabama Press, p. 7.
⑫ M. Lea(Ed.)(1992). *Contexts of Computer-Mediated Communication*. London: Harvester Wheatsheaf.

期流行的博客、实时通信,甚至行动手机"①。夏云将之定义为"运用计算机网络进行人与人之间的交流沟通"②。胡春阳则称"20 世纪 90 年代以来,以计算机为中介的传播互动成为人类越来越普遍的经验,似乎为人际传播带来前所未有的多种可能性和选择灵活性,促使思考人际传播的新动向和意义"③。

这就导致该名词的中译定名成为一个特殊现象,即组成该名词的三个单词在翻译上均有分歧:一是"communication"究竟是仅指互动性的"人际传播"还是一般意义上的"传播"? 二是"mediated"究竟是"以……中介"还是"以……为媒介"? 如果是后者,为何未见其与"television"或"radio"甚至"paper"搭配? 三是"computer"是不是一定指"计算机",有没有可能具有其他含义? 以上种种,都使得这个名词的定名成为一个值得厘清且必须厘清的问题。

一、"computer-mediated communication"的起源及"communication"的含义

社科学界公认的 CMC 奠基之作是斯塔尔·洛克赛因·希尔茨和莫雷·图洛夫(Murray Turoff)于 1978 年出版的《网的国度:通过计算机进行的人类传播》(*The Network Nation: Human Communication via Computer*)。该著作在序言中提到:"在美国,其通常被称为计算机化会议(computerized conferencing),而在加拿大,则被称为'computer-mediated interaction'。"这就初步解释了这一重要名词的大致来源:一是说明该名词最早的雏形起源于加拿大而非美国;二是明确了该名词最早所指的传播技术形态是于 1970 年问世的计算机化会议。④ 不仅如此,该书在界定计算机化会议时也给出了这样的一个定义——"计算机化会议是指'任何使用计算机对人们之间的传播予以中介的

---

① 吴筱玫:《计算机中介传播:理论与回顾》,杜骏飞、黄煜主编:《中国网络传播研究》第 1 卷第 1 辑,上海:复旦大学出版社 2007 年版,第 35—61 页。
② 夏云:《网络传播沟通学》,鲁曙明主编:《沟通交际学》,北京:中国人民大学出版社 2008 年版,第 301—327 页。
③ 胡春阳:《经由社交媒体的人际传播研究述评》,《新闻与传播研究》2015 年第 11 期。
④ S. R. Hiltz & M. Turoff(1978). *The Network Nation: Human Communication via Computer*. Reading, MA: Addison-Wesley, p. xxix.

系统'(any system that uses the computer to mediate communication among human beings)"①,这个定义进一步明确了二者之间的紧密关系。而后作者在该书的第一章"概览:计算机化会议与相关技术"中,正式提出了"computer-mediated communication"一词。②

可见,要了解"computer-mediated communication"的原初含义,就必须了解什么是计算机化会议。《网的国度》一书对计算机化会议这一新兴传播技术形态进行了大篇幅的介绍,认为 CMC 以电子信息交换系统(Electronic Information Exchange System,EIES)技术为基础,而后者的主要功能包括讯息(messages)、会议(conferences)、笔记(notebooks)和公告(bulletin)。③ 其中"笔记"是指系统可以将参与者在借助计算机进行的工作中形成的草稿(draft)、预印本(preprint)等文本与其他参与者共享甚至共同编辑的功能。不难发现,这四大功能中的讯息功能、会议功能和笔记功能都带有明显的交流属性,而公告功能类似于后来的 BBS(电子公告牌系统),也带有很强的互动性。因此,笔者认为计算机化会议实际上是一种以交流为主要目的的技术工具,其特征在于使用者之间相互对称的互动性,属于典型的人际传播形态。对这一观点可提供两个佐证:一是计算机化会议的技术基础——电子信息交换系统,其名称中所包含的"信息交换"一词明显体现了一种互动性和对称性;二是前文所提到的,计算机化会议在加拿大通常被称为"computer-mediated interaction",直接使用了"interaction"(互动)而不是内涵更为广泛的"communication"(传播)。当然,更直接的证据是,早年"虚拟社区"一词的提出者、美国作家霍华德·莱茵戈德(Howard Rheingold)就曾说过"CMC 就是一种联系另一个人的方式"④;传播学学者梅里尔·莫里斯(Merrill Morris)的一篇讨论互联网媒介属性的经典论文也明确指出"CMC 首先来说是类似

---

① S. R. Hiltz & M. Turoff(1978). *The Network Nation*: *Human Communication via Computer*. Reading, MA: Addison-Wesley, p. xix.
② Ibid., p. 26.
③ Ibid., p. 21.
④ H. Rheingold(1994). *The Virtual Community*: *Finding Connection in A Computerized World*. London: Secker and Warburg, p. 147.

于(resembled)人际传播的"[①]。

根据以上文献分析梳理,可以得出第一个结论:至少在问世之初,该名词中的"communication"有强调"交流"和"互动",或者说,"人际传播"的含义。

二、"computer-mediated communication"中"mediated"的含义

第二个需要回答的问题是"mediated"是"以……为中介"还是"以……为媒介"？笔者认为是前者。首先,从构词法的角度而言,"mediated"是"mediate"一词的分词形式,后者是"居间调停"之义,对应的名词形式是"mediation"而非"media",所以其内涵本身就更接近"中介"。其次,将"mediated"解释为"以……为媒介",显然不如采用更能体现对称和互动色彩的"以……为中介"更为恰当。也正因如此,非对称的、单向性的大众媒介如电视、广播、报纸等,通常就不会使用"mediated"与之搭配。

那么,除"computer"之外还有哪些与"mediated-communication"搭配的名词呢？使用 EBSCO 数据库以"mediated-communication"为检索词对论文题名检索,可以得到 700 余条结果,其中绝大部分都是"computer-mediated communication"。尽管如此,也仍然有少数例外,包括:"technology-mediated communication"(technologically-mediated communication)"video-mediated communication""Internet-mediated communication""blog-mediated communication""web-mediated communication""avatar-mediated communication""ICT-mediated communication""electronically-mediated communication"(e-mediated communication)和"digitally-mediated communication"。以上可大致分为两类:一类涉及具体的技术形态,如"computer""video""Internet""blog""web"和"avatar"(化身);而另一类是总括式的,如"technology""electronically(e)""digitally"和"ICT"(信息通信技术)。特别需要注意的是,这里的视频(video)并非是指类似影视节目的网络视频,而是

[①] M. Morris & C. Ogan(1996). The Internet as Mass Medium. *Journal of Communication*, 46(1), 39—50.

特指在通过计算机联网进行的互动中使参与者能够相互看到彼此的可视化技术——视频会议。① 不难发现,除"technology"之外,所有搭配都是数字时代的产物。

对此,著名人际传播学学者朱迪·伯贡(Judee K. Burgoon)认为,虽然"mediated communication"在理论上可以通过电话、电报甚至纸笔等方式来进行,但在研究实践中它主要是针对计算机而言的。② 事实上"mediated communication"本身即是诞生于人机互动(human-computer interaction,HCI)研究传统的一个概念,该传统特别关注电子信息环境对"人对人传播"(human-to-human communication)过程与效果的影响,并将之聚焦为两个相互关联又略有区别的关键词——"mediation"和"propinquity";前者是指某种电子媒介或机械媒介对交流者之间讯息传递的介入程度,往往用于衡量某种互动形态中可资利用的非言语信息(nonverbal information)范围较之面对面的差距③,可译为"中介性";后者是指传播参与者在电子信息环境中进行交流时相互之间在时间和空间上的接触程度④,可译为"接近性"。不难看出,二者是从完全相反的两个方向描述了电子信息环境对人际交流的影响,故通常研究者仅取其中之一。而对中介性/接近性的研究,早在1969年就已展开⑤,并于1978年取得了足以成为日后相关研究基本理论框架的重要成果(6个基本命题和15个推论)。⑥

以上分析说明,"computer-mediated communication"中的"media-

---

① B. O'Conaill & S. Whittaker(1993). Conversations over Video Conferences: An Evaluation of the Spoken Aspects of Video-Mediated Communication. *Human-Computer Interaction*,8,389—428.

② J. K. Burgoon, J. A. Bonito, Jr. A. Ramirez, N. E. Dunbar, K. Kam & J. Fischer(2002). Testing the Interactivity Principle: Effects of Mediation, Propinquity, and Verbal and Nonverbal Modalities in Interpersonal Interaction. *Journal of Communication*,52,657—677.

③ Ibid.

④ F. Korzenny(1978). A Theory of Electronic Propinquity: Mediated Communications in Organizations. *Communication Research*,5(1),3—24.

⑤ B. Collins & B. Raven(1969). Group Structure: Attraction, Coalitions, Communication and Power. *The Handbook of Social Psychology*,4,156—183.

⑥ F. Korzenny(1978). A Theory of Electronic Propinquity: Mediated Communications in Organizations. *Communication Research*,5(1),3—24.

ted"只能是"以……为中介"之义。

三、"computer-mediated communication"中"computer"的含义

第三个问题是为什么是"computer-mediated communication"而非"Internet communication"或"network communication"？这依然需要从技术史和学术史的共同视角寻找答案。

尽管文顿·瑟夫（Vinton G. Cerf）等早在1974年就首次使用了"internet"[①]的概念，[②]但此时的"internet"只是计算机专业术语"inter-network"即"互联网络"的简写，是指使用特定的通信协议将不同的计算机网络（computer network）相互联结而形成的更大规模的计算机网络。直到1991年，才正式将作为专有名词的首字母大写的"Internet"与首字母小写的"internet"区分开来，指由大型国家主干网和遍布世界的无数区域性和局域性的校园网共同组成的世界上最大的互联网（internet）。[③] 因此，计算机领域一般将"internet"译为"互联网"，而将专指跨国尺度互联网的"Internet"译为"因特网"或"国际互联网"。[④][⑤] 这就意味着，当社科学界于1978年提出"computer-mediated communication"之时，还并不存在"Internet"一说；直到"因特网"概念问世，才出现了"Internet communication"的搭配（如1996年的论文《因特网传

---

① V. G. Cerf, Y. Dalal & C. Sunshine(1974). Specification of Internet Transmission Control Program. *Request for Comments*, 675, 1—70.

② B. M. Leiner, V. G. Cerf, D. D. Clark, R. E. Kahn, L. Kleinrock, D. C. Lynch, J. Postel, L. G. Roberts & S. Wolff(2012, Oct 15). Brief History of the Internet, http://www.internetsociety.org/internet/what-internet/history-internet/brief-history-internet, Retrieved Mar 2, 2016.

③ O. Jacobsen & D. Lynch(1991). A Glossary of Networking Terms. *Request for Comments*, 1208, 1—18.

④ 如:〔荷〕Andrew S. Tannenbaum、〔美〕David J. Wetherall:《计算机网络》（第5版），严伟、潘爱民译，北京：清华大学出版社2011年版，第50页;〔美〕June Jamrich Parsons、Dan Oja:《计算机文化》（第13版），吕云翔、傅尔也译，北京：机械工业出版社2011年版，第186页;谢希仁编著:《计算机网络》（第6版），北京：电子工业出版社2013年版，第4页。

⑤ 然而国内新闻传播学界对此少有区分，例《全球新闻传播史》中就称"因特网（Internet）即互联网"。李彬:《全球新闻传播史（公元1500—2000年）》，北京：清华大学出版社2005年版，第424页。《新闻传播学辞典》中也将词条写为"互联网（因特网）"。程曼丽、乔云霞主编:《新闻传播学辞典》，北京：新华出版社2012年版，第268页。彭兰也提到"互联网（Internet）是目前世界上最大的国际性互联网络"。彭兰:《网络传播概论》（第2版），北京：中国人民大学出版社2009年版，第7页。

播的分析单元》①),但其与 CMC 并非同义词。有学者曾说"直到近期,大众传播研究者们才开始检视整个 CMC 领域而不仅仅只是因特网","本文将因特网而非 CMC 视为一个整体"②。

那为何没有称之为"network communication"呢?实际上,"computer-mediated communication"并不是当时社科学界唯一的用法,同义词至少还有"computerized communication"③"human communication via computer"④等,但无论哪种用法,其中体现技术背景的用词都是"computer"。从技术史角度来看,"computer network"(计算机网络)一词尽管出现时间不可确考,但绝不会晚于前文所述的"internet"(互联网)问世的 1974 年,因为前者是后者的技术基础和概念基础。也就是说,"computer-mediated communication"在社科界文献中出现时,科技界已有"computer network"的说法,同时也惯于将其简称为"network"(网络)。⑤ 从技术本身来看,最基本的网络由两台计算机组成。⑥ 在这一定义下,显然一切基于"computer-mediated"的传播都是网络传播。因此从语言层面而言用"computer"而弃"network"并无充分理由。

笔者就这一问题直接请教了《网的国度》一书的作者希尔茨和图洛夫。希尔茨表示,较完整的表达应当是"computer network-mediated communication",然而由于该词"太长"(too long)未被采用。之所以最终保留"computer",是因为在这一传播形式革新中"计算机扮演

---

① J. December(1996). Units of Analysis for Internet Communication. *Journal of Communication*,14(1),14—38.

② M. Morris & C. Ogan(1996). The Internet as Mass Medium. *Journal of Communication*,46(2),39—50.

③ J. W. Chesebro & D. G. Bonsall (1989). *Computer-Mediated Communication: Human Relationships in A Computerized World*. Tuscaloosa, AL: The University of Alabama Press, p.7.

④ S. R. Hiltz & M. Turoff(1978). *The Network Nation: Human Communication via Computer*. Reading, MA: Addison-Wesley.

⑤ 如:A. S. Tannenbaum & D. J. Wetherall(2011). *Computer Networks*. NY: Pearson Education; J. F. Kurose & K. W. Ross(2010). *Computer Networking: A Top-Down Approach*. NY: Pearson Education。

⑥ 〔美〕Greg Tomsho 等编著:《计算机网络教程》(第 4 版),冉晓旻、郭炎等译,北京:清华大学出版社 2005 年版,第 1 页。

了更为积极主动的角色"①,而所谓"网络"(network)则"只是一种传递交流的方式"(passing on the communication)。图洛夫认为,"网络化运行"(network operation)是一种"像老式座机电话(old black phone)一样的工作模式",真正凸显技术进步的是计算机——"正是计算机使得人们可以针对特定的问题和此时群体传播的性质来调整交流过程"②。由此看到,在该名词的提出者眼中,如果不是计算机之间的互联,而仅仅是以传统的电话或广播电视进行互联(电信网或广电网)的话,是毫无新奇之处的,因而这一新的传播方式以"computer"为核心词就是应有之义。

以上分析的结论是:"computer-mediated"是"computer network-mediated"的简洁表达,只是基于计算机在其中所起的作用更为核心而省略了"network",其内涵与中文名词"网络传播"中的"网络"基本等同。

四、"computer-mediated communication"内涵的变迁

一个名词的内涵很难保持一成不变,尤其是技术不断发展与变革中的传播学名词更是如此。那么,"computer-mediated communication"的内涵究竟有无变化?对于该名词的准确定名而言,这是非常有必要回答的问题。

要厘清这一点,需对有关 CMC 的主要学术论著进行考察。在所有相关论著中,最具代表性的当属学术期刊 *JCMC*。*JCMC* 于 1995 年创刊,至 2015 年为止共历经二十一年,先后出版 20 卷③,总计发表学术论文 765 篇。鉴于论文数量并非特别巨大,一个初步想法是直接采用普查的方式对所有论文的研究对象进行分析,归类统计出所有与 CMC 原初内涵不符的论文所研究的对象,并以此为依据考察出该名词内涵的变化。然而这一设计有个很大的逻辑漏洞,即期刊名并不一定和所刊载论文的领域完全一致,特别是随着期刊历史的延续,所刊

---

① 希尔茨发给笔者的邮件,2016 年 6 月 12 日。
② 图洛夫发给笔者的邮件,2016 年 6 月 16 日。
③ 由于该期刊系网络出版,故与大多数期刊每年一卷不同,部分年份的期刊存在跨卷的情况。

载论文的范围可能随着学科边界的变迁有所变化,此时期刊名更多地代表着一种品牌或是传统。例如国内新闻传播学的代表性学术期刊《国际新闻界》和《新闻大学》,虽名之为"新闻",但刊载论文仍然包括传播学、广告学、出版学等领域的研究,这并不能说明随着时间的推移,新闻学已经涵盖了传播学、广告学、出版学等领域。事实上,JCMC在某种程度上可以说也出现了类似的情况:由于20世纪90年代国际互联网(因特网)的迅速普及,其不少论文均已以此为主题(标题中含有"Internet"的论文共计116篇),然而国际互联网(因特网)传播是否完全包含于"computer-mediated communication"仍是尚待解决的问题。所以,希图通过直接对JCMC的全部论文进行统计分析来获得结论是不可靠的。要想避免这一逻辑漏洞,只有将该期刊中全部以CMC为主题的论文列为考察对象,方不致产生较大偏差。

由于JCMC刊载论文在EBSCO数据库中未全部收入,故笔者最终选择使用其出版方Wiley的数据库进行检索;但后者的缺点是无法通过主题语进行查询,遂代之以对标题中含有"computer-mediated communication"和"CMC"的论文进行检索,获得前者19篇,后者7篇,其中1篇同时包含,共计25篇。对于这25篇论文中CMC所指的传播方式,主要目标是考察其属于何种计算机网络尺度及何种传播形态,因此只需构建两个类目:一是计算机网络尺度,包括"国际互联网(因特网)""国际互联网以下尺度网络""单一计算机"3种编码情形,若某一论文中CMC所指传播方式必须依靠计算机网络实现且仅能在国际互联网(因特网)尺度上实现,则归为"国际互联网(因特网)",否则归为"国际互联网以下尺度网络";若仅在单机上即可实现者,归为"单一计算机"。二是传播形态,包括人际传播、大众传播、混合形态三种情形。其中,人际传播指包括群体传播在内的广义的人际传播;混合形态则是指无法明晰判断属于人际传播还是大众传播的传播形态。统计结果如表附1所示:

表附1　JCMC 标题含有 CMC 论文的内容分析

类目	编码	频数(百分比)
计算机网络尺度	国际互联网(因特网)	12(48%)
	国际互联网以下尺度网络	13(52%)
	单一计算机(非网络)	0(0%)
传播形态	人际传播	20(80%)
	大众传播	1(4%)
	混合形态	4(16%)

可以看到，在计算机网络尺度这一维度上，"computer-mediated communication"的内涵确实要比"Internet communication"更为宽泛，并且能够涵盖后者；不仅如此，其所包含的对象中，并不存在通过单一计算机即可实现的情况，验证了希尔茨和图洛夫所说的"computer-mediated"源于"computer network-mediated"之简化的结论。而对传播形态的频数分析，则显示出尽管 CMC 仍然以人际传播为主，但也开始涵盖部分大众传播(涉及大众传播形态的研究对象占到20%)。

以上内容分析的结果说明，近二十年来"computer-mediated communication"的内涵确实发生了变化：一是国际互联网(因特网)研究在其中所占比例大幅度上升；二是从最初仅指人际传播形态演变为以人际传播为主同时兼含大众传播的形态。这些情况，都是在对其进行中译定名时断然不能忽略的。

五、结论

通过上述辨析，可对现有的各种译名做出大致评判："以计算机为媒介的传播"和"计算机辅助传播"未能准确把握"mediated"一词的含义，严格来说属于错译；"计算机中介传播"的译法中规中矩，完全按照原文逐字对译，但不太符合汉语表达习惯，略显生硬拗口；"以计算机为中介的传播"既符合原意，也符合汉语表达习惯，然而又不够简洁。——以上三种译名属于直译。而意译的几种情况似乎也不能完全令人满意："网络人际传播"则是将大众传播排除在外，忽略了名词内涵发展变化的趋势；"网络传播沟通"将"传播"与"沟通"并列，虽涵盖完整,但在"传播"本身即包含双向含义的情况下稍嫌冗余;译为"网络传播",与原文内涵相吻合,同时包含了原初意义和发展变化趋势,又符合汉语表达习惯,指涉对象清晰明确,但问题是无法体现该名词产生的历史、文化和技术背景。

  在这样的情况下,中译定名既要准确体现其内涵和不断变化的语境,又要符合汉语的表达习惯,二者显然难以兼顾。笔者认为,作为一个专业名词,两相权衡,准确体现内涵和语境比之符合语言表达习惯更为重要。尤其是在如今常常对西方理论不加批判审视即照搬的风气之下,在定名时要充分考虑原始语境的呈现,这是一条必要的原则。因此,笔者建议一律采用直译"计算机中介传播",既相对简洁,又足以体现该名词产生的特定历史、文化和技术背景。如前文引用的美国著名 CMC 研究者约瑟夫·瓦尔特(Joseph B. Walther)的经典论文"Computer-Mediated Communication: Impersonal, Interpersonal, and Hyperpersonal Interaction",就应当译为《计算机中介传播:去人际互动、人际互动与超人际互动》。当然,考虑到 CMC 与网络传播的内涵基本相同,那么中文论著中所提及的"网络传播",若要译为英文则可以采用"computer-mediated communication"的译名,以便与西方学界更好地对话。如国内新闻传播学界著名学术集刊《中国网络传播研究》的英文刊名即是 *China Computer-Mediated Communication Studies*。

附录二　NEO 五因素印象测评量表

以下各题项中，左边和右边是一对反义词，表示程度的两个极端的含义，而中间的 7 个方框表示程度大小。如果你认为对方在某一特质方面处于一定的程度，请把 7 个方框中代表相应程度的方框涂成红色。如果你认为还没有把握进行判断，请把题项后面的"目前还看不出来"涂成红色。

例如，你认为他（她）为人十分乐观，那么所做的选择应当是：

悲观 □□□□□□■ 乐观

如果你认为他（她）为人十分悲观，那么所做的选择则是：

悲观 ■□□□□□□ 乐观

如果你认为他（她）既不算悲观也不算乐观，那么所做的选择则为：

悲观 □□□■□□□ 乐观

如果你觉得目前还没有足够的依据对此做出判断，那么则做如下选择：

悲观 □□□□□□□ 乐观（**目前还看不出来**）

（注：7 个方框都可以选择，并不仅限于示例中的 3 个方框）

填写人：
互动对象：

你认为他（她）在以下各项特质上的程度如何？

1. 容易紧张　　　□□□□□□□　沉得住气
   （目前还看不出来）

2. 缺乏安全感　□□□□□□□　有安全感
   （目前还看不出来）

3. 自怜　　　　□□□□□□□　自满
   （目前还看不出来）

4. 喜欢独处　　□□□□□□□　热爱交际
   （目前还看不出来）

5. 不苟言笑　　□□□□□□□　幽默风趣
   （目前还看不出来）

6. 矜持内敛　　□□□□□□□　率直外露
   （目前还看不出来）

7. 现实　　　　□□□□□□□　爱幻想
   （目前还看不出来）

8. 喜欢稳定　　□□□□□□□　喜欢变化
   （目前还看不出来）

9. 敢于突破　　□□□□□□□　墨守成规
   （目前还看不出来）

10. 冷漠无情　　□□□□□□□　心肠柔软
    （目前还看不出来）

11. 容易怀疑他人 □□□□□□□　容易相信他人
    （目前还看不出来）

12. 喜欢单打独斗 □□□□□□□　乐于与人共事
    （目前还看不出来）

13. 做事杂乱无章 □□□□□□□　做事有条不紊
    （目前还看不出来）

14. 粗心大意　　□□□□□□□　认真谨慎
    （目前还看不出来）

15. 意志力薄弱　□□□□□□□　自控力强
    （目前还看不出来）

你对这个人总体印象如何？不好 □□□□□□□ 好

附录三 印象目标人物基本特征设定

印象目标人物人口特征参数基本设定

用户昵称	Memory	头 像	
年 龄	21岁		
性 别	女		
血 型	B型	生 日	9月15日
职 业	学生	星 座	处女座
毕业院校	绿星学园	生 肖	兔
个人说明	你看那一场寂灭的繁花/消磨了盛夏/刷白了年华		
个性签名	那一年,那一天		

印象目标人物人格特质文字描述

NEO人格特质维度	人物人格基本特征描述
情绪性(Neuroticism)	感性,多虑,易受环境暗示或影响
外向性(Extraversion)	内向,不善表达
开明性(Openness)	谨慎,保守,墨守成规
宜人性(Agreeableness)	待人柔和,缺乏主见,对他人较信任
严谨性(Conscientiousness)	学习认真,追求完美,自律性强,但生活中常粗心大意

1. 容易紧张　　□■□□□□□ 沉得住气 （目前还看不出来）
2. 缺乏安全感　□□□■□□□ 有安全感 （目前还看不出来）
3. 自怜　　　　□□■□□□□ 自满　　 （目前还看不出来）

附录三 印象目标人物基本特征设定

4. 喜欢独处　　■□□□□□□ 热爱交际（目前还看不出来）
5. 不苟言笑　　□■□□□□□ 幽默风趣（目前还看不出来）
6. 矜持内敛　　□□■□□□□ 率直外露（目前还看不出来）
7. 现实　　　　□□□□■□□ 爱幻想　（目前还看不出来）
8. 喜欢稳定　　■□□□□□□ 喜欢变化（目前还看不出来）
9. 敢于突破　　□□□■□□□ 墨守成规（目前还看不出来）
10. 冷漠无情　　□□□□■□□ 心肠柔软（目前还看不出来）
11. 容易怀疑他人□□□□□□■ 容易相信他人
（目前还看不出来）
12. 喜欢单打独斗□■□□□□□ 乐于与人共事
（目前还看不出来）
13. 做事杂乱无章□■□□□□□ 做事有条不紊
（目前还看不出来）
14. 粗心大意　　□□■□□□□ 认真谨慎（目前还看不出来）
15. 意志力薄弱　□□□□□■□ 自控力强（目前还看不出来）

附录四 强启动材料

下面是五组形容词,每组十个词中有三个是通常用于直接形容人的词,请将它们挑选出来,填入下面的表格中。

第1组			
第2组			
第3组			
第4组			
第5组			

1. 清淡、优柔、繁复、敏感、华丽、简洁、明晰、拘谨、清朗、便利
2. 黏稠、萧瑟、严肃、沧桑、廉价、多虑、苦涩、绚烂、刻板、蜿蜒
3. 寥落、单纯、陈旧、蓬勃、孤僻、锋利、珍奇、嘈杂、温和、细微
4. 脆弱、柔软、顺畅、马虎、薄弱、精良、古朴、忍让、昌盛、磅礴
5. 缤纷、真诚、斑驳、杂乱、博爱、清幽、轻松、滞重、坚毅、空灵

正确答案如下:

第1组	优柔	敏感	拘谨
第2组	严肃	多虑	刻板
第3组	单纯	孤僻	温和
第4组	脆弱	马虎	忍让
第5组	真诚	博爱	坚毅

附录五　弱启动材料

下面是五组形容词,每组十个词中有三个是通常用于形容人的词,请将它们挑选出来,填入下面的表格中。

第1组			
第2组			
第3组			
第4组			
第5组			

1. 清淡、敏感、繁复、华丽、开朗、简洁、明晰、拘谨、清朗、便利
2. 黏稠、多虑、萧瑟、沧桑、廉价、刻板、苦涩、绚烂、干练、蜿蜒
3. 寥落、陈旧、明智、蓬勃、锋利、孤僻、珍奇、嘈杂、温和、细微
4. 柔软、马虎、顺畅、薄弱、热情、精良、古朴、忍让、昌盛、磅礴
5. 缤纷、斑驳、果敢、杂乱、清幽、轻松、博爱、滞重、真诚、空灵

正确答案如下:

第1组	敏感	开朗	拘谨
第2组	多虑	刻板	干练
第3组	明智	孤僻	温和
第4组	马虎	热情	忍让
第5组	果敢	博爱	真诚

附录六　个人资料线索单独呈现材料

个人设置—个人资料

用户帐号：

使用Email地址作为帐号

用户昵称：Memory

个性签名：那一年，那一天

☐ 始终显示个性签名

会员阶段：　　QQ等级：

性　别：女　　年龄：21　　姓名：

生　肖：兔　　血型：B型　　生日：9月15日

毕业院校：绿星学园　　星座：处女座

个人主页：　　职业：学生

个人说明：你看那一场寂灭的繁花/消磨了盛夏/刷白了年华

设置手机绑定　设置音乐收藏　生成在线状态　送礼许愿

附录七　表达风格线索与交流内容线索结合呈现材料

2011-10-09 14:25:44 马小努力跳
在不在？

2011-10-09 14:27:21 Memory
在

2011-10-09 14:27:54 马小努力跳
怎么不高兴了？

2011-10-09 14:29:10 Memory
我把同宿舍女生的杯子打破了

2011-10-09 14:29:53 马小努力跳
那有什么？再买一个给她好了

2011-10-09 14:32:30 Memory
可是买不到同样的……

2011-10-09 14:32:49 马小努力跳
那赔她些钱，让她自己买

2011-10-09 14:34:55 Memory
她原来的那个是赠送的，也不知多少钱……

2011-10-09 14:35:21 马小努力跳
那就别赔了，反正你们关系很好

2011-10-09 14:38:03 Memory
不行，那是限量赠送的，很难得而且她又那么喜欢

2011-10-09 14:38:44 马小努力跳
那也只能买一个相似的

2011-10-09 14:40:58 Memory
你说买什么样的好？

2011-10-09 14:41:23 马小努力跳
和那个差不多的

2011-10-09 14:45:06 Memory
可是没有呀……

2011-10-09 14:45:37 马小努力跳
也不用特别相似的，差不多就行了

2011-10-09 14:46:48 Memory
哪里去找呢？

2011-10-09 14:49:25 马小努力跳
对了！我现在促销的那种咖啡也在赠送杯子，你打破的是什么样的？

2011-10-09 14:51:49 Memory
就是那种瓷的,有盖、有把手……
2011-10-09 14:52:13 马小努力跳
那差不多
你不用买了,我给你找一个
2011-10-09 14:55:26 Memory
真的?太好了!
2011-10-09 14:56:02 马小努力跳
就这样,有空我给你送去
2011-10-09 14:57:47 Memory
好
2011-10-09 14:59:14 Memory
对了,给你看张照片
2011-10-09 14:59:57 马小努力跳
什么?
2011-10-09 15:05:32 Memory
你看
2011-10-09 15:07:49 马小努力跳
啊!是小猫!
真可爱,你养的?
2011-10-09 15:10:31 Memory
不是
是刚刚在楼下花园里捡到的
2011-10-09 15:11:55 马小努力跳
哦对!!!我才想起学校规定不能养
2011-10-09 15:14:07 Memory
不知是从谁家跑出来的,这么小
看起来刚断奶的样子
2011-10-09 15:16:32 马小努力跳
是啊,一定是别人家养的
你看这白毛,这么干净

2011-10-09 15:19:28 Memory
人家一定很着急
2011-10-09 15:20:45 马小努力跳
你打算怎么办
2011-10-09 15:24:16 Memory
我也不知道……
我在花园里等了一会儿了,也没见有找猫的
2011-10-09 15:25:36 马小努力跳
也许不在这附近,它没准走了很远才到这儿的
2011-10-09 15:27:39 Memory
有可能
它一直叫,可能是饿了
2011-10-09 15:28:52 马小努力跳
要不去给它买点吃的
鱼片?
香肠也行吧?
2011-10-09 15:31:33 Memory
……不行,它太小了,要喝牛奶
2011-10-09 15:32:58 马小努力跳
牛奶?你那没有吗?
酸奶行不行?
2011-10-09 15:35:44 Memory
我想……
要不……
2011-10-09 15:36:23 马小努力跳
你想怎么样?
2011-10-09 15:37:31 Memory
要不,给你抱回家养吧
宿舍里不让养……

2011-10-09 15:37:59 马小努力跳
好啊！太好了！！
2011-10-09 15:40:48 Memory

2011-10-09 15:42:09 马小努力跳
我奶奶天天在家，正闷着呢
正好解解闷
2011-10-09 15:43:38 Memory
……她老人家多大岁数了？
2011-10-09 15:44:49 马小努力跳
快九十了
2011-10-09 15:47:41 Memory
那，她能照顾好自己吗？
2011-10-09 15:48:12 马小努力跳
你放心吧，我奶奶身体好着呢
原来还养好几只大狼狗
2011-10-09 15:52:03 Memory
狗！？
2011-10-09 15:52:56 马小努力跳
别害怕，现在不是不让养狗了吗？
都送人了
2011-10-09 15:55:31 Memory
哦……这样啊，那行嘛……
2011-10-09 15:56:27 马小努力跳
好，我这就过来拿
2011-10-09 15:58:45 Memory
现在？！
2011-10-09 15:59:30 马小努力跳
你舍不得它？以后上我家来和它玩嘛
2011-10-09 16:02:57 Memory
不是，我现在手上还有一点事……

2011-10-09 16:03:46 马小努力跳
哦，那晚点儿我再过来
2011-10-09 16:05:13 马小努力跳
对了
这次测验你考得怎么样？
2011-10-09 16:09:42 Memory

2011-10-09 16:10:24 马小努力跳
怎么了？考得不好？
2011-10-09 16:14:09 Memory
嗯
2011-10-09 16:15:26 马小努力跳
没关系，反正大家都不好
你多少分？
2011-10-09 16:18:58 Memory

2011-10-09 16:19:24 马小努力跳
哎呀，没事儿，我保证保密！
多少？
2011-10-09 16:23:43 Memory
59……
2011-10-09 16:24:01 马小努力跳
哇
能排进前十名了！
2011-10-09 16:27:25 Memory
？
2011-10-09 16:27:51 马小努力跳
你不知道吗？
这次测验全年级只有五个人及格！！
2011-10-09 16:28:45 Memory
……会是这样？

2011-10-09 16:30:17 马小努力跳
你消息太不灵通了
这个杨老师,全校有名的
最爱出一些难题怪题难住学生,
好显得他有本事
真是变态!
2011-10-09 16:31:39 Memory
……
2011-10-09 16:33:45 马小努力跳
不要太在意
2011-10-09 16:36:21 Memory
我是不想在意,可是心情总是不好😟
2011-10-09 16:37:29 马小努力跳
想点开心的事,换换心情
其实我的分数比你还低
2011-10-09 16:40:47 Memory
……你不在乎吗?
2011-10-09 16:41:49 马小努力跳
无所谓,反正成绩也就是学校里面有用
到了社会上人家更看重的是能力
2011-10-09 16:43:33 Memory
好像也是……
经你这么一说,我心情好多了😊
2011-10-09 16:43:57 马小努力跳
嘿嘿
2011-10-09 16:46:13 Memory
你经常去打工吗?
2011-10-09 16:47:04 马小努力跳
是啊
挣点钱,又是社会实践,一举两得

2011-10-09 16:49:31 Memory
那做什么工作比较好呢?
2011-10-09 16:49:58 马小努力跳
你也想打工?
2011-10-09 16:51:35 Memory
有点……
2011-10-09 16:51:49 马小努力跳
要是没钱了我先借给你
2011-10-09 16:52:52 Memory
不,不是,我只是想锻炼锻炼……
2011-10-09 16:53:27 马小努力跳
要不做家教?
2011-10-09 16:55:18 Memory
做家教啊
2011-10-09 16:55:54 马小努力跳
你成绩这么好,一定行的
2011-10-09 16:57:23 Memory
可是我不会哄小孩子……
2011-10-09 16:58:01 马小努力跳
你没有去学校勤工俭学中心问过吗?
2011-10-09 17:00:41 Memory
我去了,也是这些😟
2011-10-09 17:01:33 马小努力跳
有时候会有些特别的
比如礼仪小姐呀、群众演员呀什么的,很适合你
2011-10-09 17:03:19 Memory
可这些不是经常有的
2011-10-09 17:06:20 马小努力跳
你愿不愿意做打字?

2011-10-09 17:07:13 Memory
当然!
☺有这种工作吗?
2011-10-09 17:09:44 马小努力跳
我家街坊有一个作家,原来写东
西都是夫人打字的
可是他夫人最近病了,急需一个
打字员
而且要可靠的
2011-10-09 17:10:51 Memory
那我行吗?
2011-10-09 17:11:03 马小努力跳
其实他就是怕把他写的东西透
出去
2008-10-09 17:12:41 Memory
我不会的
2011-10-09 17:12:59 马小努力跳
你打字快吗?
2011-10-09 17:13:40 Memory
没问题,就是得租台电脑了。
2011-10-09 17:14:24 马小努力跳
没关系,人家那儿有手提,可以
借给你。
2011-10-09 17:15:32 Memory
那就行
你……去帮我说说?
2011-10-09 17:16:46 马小努力跳
行啊!
不过成了要请客的
2011-10-09 17:17:01 Memory
嗯

2011-10-09 17:20:32 马小努力跳
今天晚上学校有活动
2011-10-09 17:21:53 Memory
什么活动?
2011-10-09 17:22:13 马小努力跳
中秋游园会呀,你来不来参加?
2011-10-09 17:23:42 Memory
呀,今天是中秋节呀……
你不回家吗?
2011-10-09 17:24:34 马小努力跳
不回,我平时周末也不怎么回
就是要多参加集体活动才有大
学的感觉!
2011-10-09 17:25:23 Memory
可我不喜欢去那么闹哄哄的地
方……
2011-10-09 17:25:49 马小努力跳
没关系,你反正心情不太好
去热闹一下也许好一些呢?
2011-10-09 17:29:35 马小努力跳
?
2011-10-09 17:31:35 Memory
那……那好吧
2011-10-09 17:31:54 马小努力跳
你去吃饭不?
2011-10-09 17:32:30 Memory
嗯,快了
2011-10-09 17:33:02 马小努力跳
不用去食堂了
我从家里带来些月饼,比学校卖
的好多了
我等会儿过来的时候给你拿来

2011-10-09 17:34:21 Memory
不用了……
2011-10-09 17:34:55 马小努力跳
你等着啊,我现在就拿过来
你爱吃什么样的?
2011-10-09 17:35:31 Memory
我爱吃……
2011-10-09 17:35:50 Memory
这个,什么都行……
2011-10-09 17:36:17 马小努力跳
你说一种呀

要不我都拿来,让你挑
2011-10-09 17:37:20 Memory
……
2011-10-09 17:37:44 马小努力跳
嘿嘿
那我过来了
到了闪你电话!
2011-10-09 17:38:12 Memory
哎……

附录八　表达风格线索单独呈现材料

2011-10-09 14:25:44 马小努力跳
昨天去参加婚礼了？
怎么样？

2011-10-09 14:27:21 Memory
昨天有点事没去成……
只是回来听她们说了一下……

2011-10-09 14:27:54 马小努力跳
她们怎么说？
说说呀，我一次都没去过呢

2011-10-09 14:29:10 Memory
……不知道怎么说呢

2011-10-09 14:29:53 马小努力跳
婚礼在哪里举行的？

2011-10-09 14:32:30 Memory
嗯，我想想，是叫五洲大酒店

2011-10-09 14:32:49 马小努力跳
啊！我知道，好像是个五星级的！

2011-10-09 14:34:55 Memory
也许是，我也不太清楚

2011-10-09 14:35:21 马小努力跳
请了多少桌？
来了多少人？

2011-10-09 14:38:03 Memory
她们说，大概有40多桌……
嗯……500来人吧

2011-10-09 14:38:44 马小努力跳
天！！500？？
没有那么夸张吧？？

2011-10-09 14:40:58 Memory

2011-10-09 14:41:23 马小努力跳
这么大的排场！！太有气势了！！！

2011-10-09 14:45:06 Memory
这……算是很有排场吗？

2011-10-09 14:45:37 马小努力跳
当然了
一般婚宴就在一二百人左右，十多桌差不多了吧

2011-10-09 14:46:48 Memory
原来这样的呀……

2011-10-09 14:49:25 马小努力跳
酒席如何？
有些什么菜？

2011-10-09 14:51:49 Memory
……菜好像不太多
有鸡、鱼、虾、蟹、牛肉这些……

2011-10-09 14:52:13 马小努力跳
这还叫不多？这不什么都有了吗？
2011-10-09 14:55:26 Memory
嗯，可她们都说没有吃饱呢
2011-10-09 14:56:02 马小努力跳
晕
看来是分量太少
不知道味道如何
2011-10-09 14:57:47 Memory
啊，想起来了
她们说那个鱼好像叫清蒸鳜鱼什么的
2011-10-09 14:59:57 马小努力跳
哦！这菜很清淡的嘛
2011-10-09 14:16:36 马小努力跳
大家吃得怎样？
2011-10-09 15:05:32 Memory
？什么怎样？
2011-10-09 15:07:49 马小努力跳
就是说，大家觉得菜好不好吃吃了满不满意？
2011-10-09 15:10:31 Memory
她们好像觉得一般……
2011-10-09 15:11:55 马小努力跳
看来是不好吃！嘿嘿，五星级酒店呀五星级
知道多少钱一桌不？
2011-10-09 15:14:07 Memory
……两千五吧
2011-10-09 15:16:32 马小努力跳
天，两千五！！
40多桌就是10多万呀！！！
2011-10-09 15:19:28 Memory
……

2011-10-09 15:20:45 马小努力跳
10多万银子呀！！白花花的呀
可不是个小数目！！
2011-10-09 15:24:16 Memory
好吧
2011-10-09 15:25:36 马小努力跳
新郎新娘家里是做什么的？
2011-10-09 15:27:39 Memory
是做生意的……
2011-10-09 15:28:52 马小努力跳
做什么生意这么有钱啊？
2011-10-09 15:31:33 Memory
不知道呀，可能是房地产一类的吧
2011-10-09 15:32:58 马小努力跳
房地产！
难怪这么多钱！不义之财啊！！
2011-10-09 15:35:44 Memory
……
2011-10-09 15:36:23 马小努力跳
难道不是么
现在房地产行业根本就是暴利！
2011-10-09 15:37:31 Memory
好吧……唉，希望他们真的能幸福
2011-10-09 15:37:59 马小努力跳
嘿嘿，嘿嘿
2011-10-09 15:41:02 Memory
我先下了，我手上还有些事情没做完呢
2011-10-09 15:41:29 马小努力跳
哦，那拜拜～～
2011-10-09 15:43:38 Memory
嗯，拜拜

附录九 交流内容线索单独呈现材料

　　10月9日,这一天正是中秋节。但 Memory 把这事儿给忘了。因为她正在赶做一个任务,必须在今天之内完成。这对于她这样成绩好的学生而言,并非什么难事。更重要的是,她可以借此忘记几天前发生的不快,虽然并不能使问题得到彻底的解决——她打碎了同寝室另一个女孩的杯子。当然这本身也不是什么大不了的事,但坏就坏在那杯子是限量赠送的那种非卖品,样式独特,市面上压根儿买不到,而且就连价格也无从知晓。这件事已经烦了她好几天了,只有此刻,她似乎才暂时把它抛在了脑后。她甚至觉得自己最近是不是触了什么霉头,烦心的事接连不断地光临自己。刚刚结束的一次专业课中期测验,昨天拿到成绩,居然是哑巴吃黄连的59分。59分!这前所未有的分数使她更加的愁眉不展,并且在一定程度上对自己能否学好现在这个专业在信心上产生了动摇。这个分数还打乱了她最近一段时间的计划。本来,Memory 的专业成绩一直在班上名列前茅,属于学有余力的那种,然而在周围一些比较活跃的同学的影响下,她觉得自己是不是也应该去参加一些社会实践,增强一下自己一贯偏弱的交际能力和处事能力。但这一次测验,却明明白白告诉自己,还远不到松懈的时候。那还要不要去打工呢?好不容易下定的决心又变得犹豫不定了。

　　寝室的窗外逐渐喧哗起来,她忽然意识到自己走神了,不知不觉已经到了午饭时间。她略一犹豫,便放下手中的活儿,出了宿舍往食堂走去。中间好几个认识的人跟她打招呼,她都只是机械地笑了笑,脑子似乎还停留在刚才的思绪之中。例行公事地迅速吃完饭,Memory转身就往回走。走到宿舍楼下,一阵熟悉的声音从草丛中传来:"喵～喵～。"呀,一只小猫!一团白色的毛茸茸,看上去只有三四个月大。Memory不禁停下脚步,眼里闪现出一丝暖意。那小猫看见了她,不但没有跑开,反而走到她面前继续喵喵地叫着。她蹲下来,轻轻地把小猫抱在怀里。是谁家的呢?附近是学生宿舍区,学校规定在寝室不许饲养宠物,小猫也许是走了很远从教职工家属区跑到这边来的。她想。不如等一会儿吧,也许会有人来寻。Memory从小就喜欢花花草草和小动物,她总觉得它们善解人意,能读懂人的心,于是她总是在最寂寞的时候和它们说话,告诉它们自己的心事。她家里也养了好几只小猫,只是因为到外地上大学,几个月都见不到它们,她还曾经因此而黯然了许久。如今看见这样一只小猫,她怎能不心生怜爱呢?可是左等右等,就是不见人来问起。没办法,只能先带回寝室。好在她与宿舍管理员李阿姨还算熟悉(因为她时常忘记带钥匙于是不得不在李阿姨那里登记然后借了钥匙去开门),李阿姨并没多说什么,只是表示尽快送走就行。

安置好小猫,Memory又开始继续忙活。也不知过了多久,忽然一直挂着的QQ在闪动,是有人发来讯息。她一看,是马小陶,同专业邻班的一个男生。马小陶跟她是一个偶然的机会认识的,是她在男生里面为数不多的几个朋友之一。由于手上有事,所以她原本并不打算对收到的QQ讯息进行回复。但马小陶让她改变了主意,原因在于她通常难以决断的一些事,马小陶往往能够给出很好的参考意见,所以她决定再听听马小陶的建议。果然,马小陶根本不把这些事情当回事儿,很爽快地给出了解决方案,其中还包括领养那只小猫,因为马小陶家在本地,来回都很方便。她顿时觉得心里轻松了许多。只是让她很不好意思的是,自己竟然忘了今天是中秋节。马小陶还邀约她去参加学校的中秋游园活动,这也让她很是为难。她从来不喜欢那种闹哄哄的场合,而是宁愿一个人独自静静地看书,或是想一些事情。但马小陶又说出去热闹一下可以换换心情,这又或许是她目前摆脱烦恼最具可能性的途径。在马小陶的极力怂恿之下,她最终还是答应了。

参考文献

中文著作：

毕耕：《网络传播学新论》,武汉大学出版社 2007 年版。

常昌富、李依倩编：《大众传播学：影响研究范式》,中国社会科学出版社 2000 年版。

陈崇山、孙五三主编：《媒介·人·现代化》,中国社会科学出版社 1997 年版。

陈秋珠：《赛博空间的人际交往——大学生网络交往与心理健康关系的研究》,吉林大学出版社 2012 年版。

代天宇编著：《网络社会：点与线的生存》,科学普及出版社 2004 年版。

戴元光、苗正民编著：《大众传播学的定量研究方法》,上海交通大学出版社 2000 年版。

党静萍：《如何应对网络时代？——网络文化下的青少年主体性建构研究》,法律出版社 2007 年版。

刁生富：《21 世纪网络人生指南：网络空间的社会问题与社会控制》,广东高等教育出版社 2003 年版。

丁未：《社会结构与媒介效果：知沟现象研究》,复旦大学出版社 2003 年版。

董天策：《传播学导论》,四川大学出版社 1993 年版。

杜骏飞主编：《网络传播概论》,福建人民出版社 2004 年版。

方兴东、王俊秀：《博客：E 时代的盗火者》,中国方正出版社 2003 年版。

甘怡群等编著：《心理与行为科学统计》,北京大学出版社 2005 年版。

郭良：《网络创世纪：从阿帕网到互联网》,中国人民大学出版社 1998 年版。

郭玉锦、王欢：《网络社会学》,中国人民大学出版社 2005 年版。

何明升：《叩开网络化生存之门》,中国社会科学出版社 2005 年版。

何明升、白淑英主编：《网络互动：从技术幻境到生活世界》,中国社会科学出版社 2008 年版。

贺善侃主编:《网络时代:社会发展的新纪元》,上海辞书出版社 2004 年版。

侯宏虹:《颠覆与重建——博客主流化研究》,中国社会科学出版社 2010 年版。

胡春阳:《寂静的喧嚣 永恒的联系:手机传播与人际关系》,上海三联书店 2012 年版。

胡翼青:《传播学:学科危机与范式革命》,首都师范大学出版社 2004 年版。

黄合水主编、雷莉副主编:《品牌与广告的实证研究》,北京大学出版社 2006 年版。

黄荣怀编著:《信息技术与教育》,北京师范大学出版社 2002 年版。

黄瑞玲、肖尧中:《现代人际传播视野中的手机传播研究》,吉林大学出版社 2010 年版。

黄少华、翟本瑞:《网络社会学:学科定位与议题》,中国社会科学出版社 2006 年版。

黄少华、陈文江主编:《重塑自我的游戏——网络空间的人际交往》,兰州大学出版社 2002 年版。

黄晓钟等主编:《传播学关键术语释读》,四川大学出版社 2005 年版。

江潜:《数字家园:网络传播与文化》,复旦大学出版社 2001 年版。

蒋原伦、陈华芳:《我聊故我在:IM,人际传播的革命》,广西师范大学出版社 2006 年版。

金志成、何艳茹编著:《心理实验设计及其数据处理》,广东高等教育出版社 2002 年版。

匡文波:《网民分析——新技术环境下的受众研究》,北京大学出版社 2003 年版。

匡文波:《网络传播学概论》,高等教育出版社 2004 年版。

匡文波:《网络传播理论与技术》,中国人民大学出版社 2007 年版。

雷建军:《视频互动媒介》,清华大学出版社 2008 年版。

李凌凌:《网络传播理论与实务》,郑州大学出版社 2004 年版。

黎民、张小山主编:《西方社会学理论》,华中科技大学出版社 2005 年版。

李玉华、卢黎歌等编著:《网络世界与精神家园——网络心理现象透视》,西安交通大学出版社 2002 年版。

林德宏:《科技哲学十五讲》,北京大学出版社 2005 年版。

刘大椿:《科学哲学》,中国人民大学出版社 2006 年版。

刘德寰等：《正在发生的未来：手机人的族群与趋势》，机械工业出版社 2012 年版。

刘海龙：《大众传播理论：范式与流派》，中国人民大学出版社 2008 年版。

刘津：《博客传播》，清华大学出版社 2008 年版。

刘文富：《网络政治——网络社会与国家治理》，商务印书馆 2002 年版。

刘文富等：《全球化背景下的网络社会》，贵州人民出版社 2001 年版。

刘晓红、卜卫：《大众传播心理研究》，中国广播电视出版社 2001 年版。

鲁曙明、洪浚浩主编：《西方人文社科前沿述评·传播学》，中国人民大学出版社 2007 年版。

鲁兴虎：《网络信任：虚拟与现实之间的挑战》，东南大学出版社 2003 年版。

孟建、祁林：《网络文化论纲》，新华出版社 2002 年版。

孟威：《网络互动：意义诠释与规则探讨》，经济管理出版社 2004 年版。

倪桓：《手机短信传播心理探析》，中国传媒大学出版社 2009 年版。

欧阳友权主编：《网络传播与社会文化》，高等教育出版社 2005 年版。

彭兰：《网络传播概论》，中国人民大学出版社 2001 年版。

秦艳华、路英勇：《全媒体时代的手机媒介研究》，北京大学出版社 2013 年版。

覃征等编著：《网络应用心理学》，科学出版社 2007 年版。

秦州：《网络"客"文化》，福建人民出版社 2006 年版。

舒华：《心理与教育研究中的多因素实验设计》，北京师范大学出版社 1994 年版。

苏振芳主编：《网络文化研究——互联网与青年社会化》，社会科学文献出版社 2007 年版。

唐盛明：《社会科学研究方法新解》，上海社会科学院出版社 2003 年版。

陶国富、王祥兴主编：《大学生网络心理》，立信会计出版社 2004 年版。

童清艳：《超越传媒——揭开媒介影响受众的面纱》，中国广播电视出版社 2002 年版。

童星等：《网络与社会交往》，贵州人民出版社 2002 年版。

屠忠俊：《网络传播概论》，武汉大学出版社 2007 年版。

汪民安主编：《文化研究关键词》，江苏人民出版社 2007 年版。

王少磊：《网络传播与社会发展》，新华出版社 2006 年版。

王四新：《网络空间的表达自由》，社会科学文献出版社 2007 年版。

王甦、汪安圣：《认知心理学》，北京大学出版社 2006 年版。

王怡红：《人与人的相遇——人际传播论》，人民出版社 2003 年版。

文军等:《网络阴影:问题与对策》,贵州人民出版社 2002 年版。
吴风:《网络传播学:一种形而上的透视》,中国广播电视出版社 2004 年版。
项家祥、王正平主编:《网络文化的跨学科研究》,上海三联书店 2007 年版。
谢新洲:《网络传播理论与实践》,北京大学出版社 2004 年版。
杨伯溆编:《因特网与社会:论网络对当今西方社会及国际传播的影响》,华中科技大学出版社 2003 年版。
杨鹏:《网络文化与青年》,清华大学出版社 2006 年版。
杨雄主编:《网络时代行为与社会管理》,上海社会科学院出版社 2007 年版。
叶琼丰:《时空隧道:网络时代话传播》,复旦大学出版社 2001 年版。
殷晓蓉:《网络传播文化:历史与未来》,清华大学出版社 2005 年版。
隐晓云:《众人狂欢:网络传播与娱乐》,复旦大学出版社 2001 年版。
俞国良:《社会心理学》,北京师范大学出版社 2006 年版。
喻国明等:《微博:一种新传播形态的考察影响力模型和社会性应用》,人民日报出版社 2011 年版。
袁方主编:《社会研究方法教程》,北京大学出版社 1997 年版。
云贵彬:《非语言交际与文化》,中国传媒大学出版社 2007 年版。
张海鹰、滕谦编著:《网络传播概论》,复旦大学出版社 2001 年版。
张基温编著:《计算机网络基础》,中国人民大学出版社 2002 年版。
张品良:《网络文化传播:一种后现代的状况》,江西人民出版社 2007 年版。
张咏华:《媒介分析:传播技术神话的解读》,复旦大学出版社 2002 年版。
章志光、金盛华主编:《社会心理学》,人民教育出版社 2004 年版。
赵士林、彭红编著:《网络传播论》,上海交通大学出版社 2002 年版。
赵志立:《从大众传播到网络传播:21 世纪的网络传媒》,四川大学出版社 2001 年版。
赵志立:《网络传播理论与实践前沿》,四川大学出版社 2007 年版。
周晓虹:《现代社会心理学》,上海人民出版社 1997 年版。
朱滢主编:《心理实验研究基础》,北京大学出版社 2006 年版。

中文论文、报告:

白淑英:《基于 BBS 的网络交往特征》,《哈尔滨工业大学学报(社会科学版)》2002 年第 3 期。

陈共德:《互联网精神交往形态分析》,中国社会科学院博士学位论文,2002 年。

陈锡钧:《网络即时传播软件使用者需求研究》,复旦大学博士学位论文,2007年。

陈敏、罗会棣:《分布式协同虚拟学习环境的交互技术》,《第六届全球华人计算机教育应用大会论文集》,2002年。

陈向明:《质性研究的理论范式与功能定位》,陈向明主编:《质性研究:反思与评论》,重庆大学出版社2008年版。

陈云松:《分析社会学:寻求关于微观与宏观连接的机制性解释》,《浙江社会科学》2008年第5期。

丁道群、伍艳:《国外有关互联网去抑制行为的研究》,《国外社会科学》2007年第3期。

丁君风、姜进章、伍凌燕:《FTF和CMC的沟通满意度、沟通效率与个体主义和群体主义价值观相关性分析》,《学海》2013年第1期。

杜骏飞:《我们研究了什么?——1994年以来中国大陆网络传播领域学术进展与趋势分析》,杜骏飞、黄煜主编:《中国网络传播研究》(总第1卷第1辑),复旦大学出版社2007年版。

杜骏飞、巢乃鹏:《认同之舞:虚拟社区里的人际交流》,《新闻大学》2003年夏。

方建移、葛进平、章洁:《缺陷范式抑或通用范式——准社会交往研究述评》,《新闻与传播研究》2006年第3期。

胡春阳:《西方人际传播研究的问题系及其由来》,《新闻大学》2007年第2期。

胡春阳:《经由社交媒体的人际传播研究述评——以EBSCO传播学全文数据库相关文献为样本》,《新闻与传播研究》2015年第11期。

胡春阳、周劲:《经由微信的人际传播研究》(一),《新闻大学》2015年第6期。

黄旦、李洁:《消失的登陆点:社会心理学视野下的符号互动论与传播研究》,《新闻与传播研究》2006年第3期。

姜进章、王姗姗:《FTF与CMC与冲突强度、沟通满意度的关系研究》,《工业工程与管理》2010年第6期。

姜伟、武金刚:《即时通信 风雨十年》,《电脑报》2005年8月8日第31期。

匡文波:《基于技术接受模型的微信使用行为研究》,《国际新闻界》2015年第10期。

李彪:《新闻传播学研究方法的构造:对1995—2007年我国四种主要学术期刊的考察》,《国际新闻界》2008年第1期。

李刚:《电子邮件发展史》,《中国计算机报》2005年第66期。

李宏利、雷雳:《计算机为中介的人际沟通研究进展》,《首都师范大学学报(社会科学版)》2003年第4期。

李艳、韩金龙:《IRC——聊天室非语言交际研究》,《外语电化教学》2003年第6期。

刘本军、魏文胜:《历史回顾:究竟谁是E-mail之父》,《中国电脑教育报》2005年第19期。

罗春明:《人际传播媒介论——对一种蓬勃兴起的传播媒介的评说》,《西南师范大学学报(哲学社会科学版)》1998年第5期。

茅丽娜:《从传统人际传播角度观瞻CMC人际传播》,《国际新闻界》2000年第3期。

梅琼林:《架筑传播学方法论的桥梁——浅析拉扎斯菲尔德的经验主义研究》,《青年记者》2004年第11期。

彭兰:《网络中的人际传播》,《国际新闻界》2001年第3期。

申琦:《自我表露与社交网络隐私保护行为研究——以上海市大学生的微信移动社交应用(APP)为例》,《新闻与传播研究》2015年第4期。

石磊:《个人真实身份在网络人际传播中的影响》,《当代传播》2007年第1期。

石蓉蓉:《虚拟世界的真实交流——试析网络人际传播》,《当代传播》2001年第6期。

汤允一、吴孟轩:《博客书写之自我揭露行为对网络人际关系之影响》,杜骏飞、黄煜主编:《中国网络传播研究》(总第一卷第一辑),复旦大学出版社2007年版。

唐蕴玉、孔克勤、宋怡:《网络论坛情境中的人际知觉准确性及影响因素》,《心理科学》2007年第4期。

王德芳、余林:《虚拟社会关系的心理学研究及展望》,《心理科学进展》2006年第3期。

王静、师家升、余秋梅:《导致网络去抑制行为的原因理论综述》,《哈尔滨学院学报》2007年第7期。

王玲宁:《采纳、接触和依赖:大学生微信使用行为及其影响因素研究》,《新闻大学》2014年第6期。

王玲宁:《微信使用行为对个体社会资本的影响》,《新闻大学》2015年第6期。

王墨耘、傅小兰:《内隐人格理论的实体论——渐变论维度研究述评》,《心理科学进展》2003年第2期。

王沛:《刻板印象的社会认知研究述论》,《心理科学》1999年第4期。

吴筱玫:《计算机中介传播:理论与回顾》,杜骏飞、黄煜主编:《中国网络传播研究》(总第一卷第一辑),复旦大学出版社 2007 年版。

夏雨禾:《微博互动的结构与机制——基于对新浪微博的实证研究》,《新闻与传播研究》2010 年第 4 期。

夏云:《网络传播沟通学研究》,鲁曙明主编:《沟通交际学》,中国人民大学出版社 2008 年版。

徐志刚:《走进 BBS》,《微电脑世界》2000 年第 12 期。

阳志平、陈猛:《虚拟与现实的互动:对 CSSN 的初步研究》,《思想理论教育》2003 年第 1 期。

殷晓蓉:《传播学方法论的第一次冲突及其后果》,《新闻与传播研究》2002 年第 4 期。

詹恂、严星:《微信使用对人际传播的影响研究》,《现代传播》2013 年第 12 期。

张放:《非语言符号在信息传播中的特点与功能》,《东莞理工学院学报》2006 年第 5 期。

张敏、杨翠:《网络传播(CMC)理论研究体系与价值取向——基于 SSCI 数据库(1983—2012 年)的科学计量分析》,《情报杂志》2013 年第 5 期。

张玥晗:《腾讯与自己赛跑》,《新电子·IT 经理人商业周刊》2002 年第 5 期。

中国互联网络信息中心(CNNIC):《中国互联网络发展状况统计报告》2006 年至 2015 年。

周军荣:《互联网上的电子公告牌》,《电脑》1997 年第 4 期。

周玉黍:《趋向现实的虚拟交流——基于博客传播的个案研究》,《南京社会科学》2006 年第 5 期。

周玉黍:《Blog 使用对人际友情的影响研究》,《新闻与传播研究》2007 年第 2 期。

朱炜等:《基于社会资本视角的微信和微博的对比研究》,《情报杂志》2014 年第 6 期。

中文译著:

〔美〕戴维·迈尔斯:《社会心理学》(第 8 版),乐国安等译,人民邮电出版社 2005 年版。

〔美〕查尔斯·霍顿·库利:《人类本性和社会秩序》,包凡一、王湲译,华夏出版社 1999 年版。

〔美〕菲利普·津巴多、迈克尔·利佩:《态度改变与社会影响》,邓羽等译,人民邮电出版社 2007 年版。

〔美〕弗雷德里克·格雷维特尔、洛里-安·弗扎诺:《行为科学研究方法》,邓铸等译,陕西师范大学出版社 2005 年版。

〔加〕哈罗德·伊尼斯:《传播的偏向》,何道宽译,中国人民大学出版社 2003 年版。

〔美〕杰瑞·伯格:《人格心理学》(第 6 版),陈会昌等译,中国轻工业出版社 2004 年版。

〔法〕居伊·德波:《景观社会》,王昭凤译,南京大学出版社 2006 年版。

〔英〕卡尔·波普尔:《猜想与反驳:科学知识的增长》,傅季重等译,上海译文出版社 2005 年版。

〔英〕凯西·卡麦兹:《建构扎根理论:质性研究实践指南》,边国英译,重庆大学出版社 2009 年版。

〔美〕理查德·哈里斯:《媒介心理学》,相德宝译,中国轻工业出版社 2007 年版。

〔美〕罗伯特·斯滕伯格:《认知心理学》(第 3 版),杨炳钧等译,中国轻工业出版社 2006 年版。

〔美〕马科斯·弗里德里:《在线游戏互动性理论》,陈宗斌译,清华大学出版社 2006 年版。

〔美〕迈克尔·海姆:《从界面到网络空间——虚拟实在的形而上学》,金吾伦、刘钢译,上海科技教育出版社 2000 年版。

〔美〕迈克尔·罗洛夫:《人际传播:社会交换论》,王江龙译,上海译文出版社 1997 年版。

〔美〕曼纽尔·卡斯特:《网络社会的崛起》,夏铸九、王志弘译,社会科学文献出版社 2006 年版。

〔美〕曼纽尔·卡斯特:《网络星河:对互联网、商业和社会的反思》,郑波、武炜译,社会科学文献出版社 2007 年版。

〔美〕帕特里夏·华莱士:《互联网心理学》,谢影、苟建新译,中国轻工业出版社 2001 年版。

〔美〕乔纳森·布朗:《自我》,陈浩莺等译,人民邮电出版社 2004 年版。

〔美〕莎伦·布雷姆等:《亲密关系》,郭辉等译,人民邮电出版社 2005 年版。

〔美〕斯蒂芬·里特约翰:《人类传播理论》(第 7 版),史安斌译,清华大学出版社 2003 年版。

〔美〕斯坦利·巴兰、丹尼斯·戴维斯:《大众传播理论:基础、争鸣与未来》(第 3 版),曹书乐译,清华大学出版社 2004 年版。

〔美〕特里·甘布尔、迈克尔·甘布尔:《有效传播》(第7版),熊婷婷译,清华大学出版社2005年版。

〔美〕托马斯·库恩:《科学革命的结构》,金吾伦、胡新和译,北京大学出版社2003年版。

〔美〕希伦·洛厄里、梅尔文·德弗勒:《大众传播效果研究的里程碑》(第3版),刘海龙等译,中国人民大学出版社2004年版。

〔英〕亚当·肯顿:《行为互动:小范围相遇中的行为模式》,张凯译,社会科学文献出版社2001年版。

〔美〕约翰·甘柏兹:《会话分析》(第1版),徐大明、高海洋译,社会科学文献出版社2001年版。

〔美〕约瑟夫·A.马克斯韦尔:《质的研究设计:一种互动的取向》,朱光明译,重庆大学出版社2007年版。

〔美〕詹姆斯·E.凯茨、罗纳德·E.莱斯:《互联网使用的社会影响》,郝芳、刘长江译,商务印书馆2007年版。

其他中文文献:

Brad Stone、Sarah Frier:《Facebook下个十年:这个公司正面临怎样的成长的烦恼》,贾慧娟译,《商业周刊(中文版)》2014年第4期。

Tech2IPO:《前Facebook时代的社交网站失败史:Friendster和Myspace是如何死掉的?》,http://tech2ipo.com/57761,2013年1月26日。

博客中国:《世界网络游戏发展历程》,网易科技:http://tech.163.com/05/1011/12/1VPJ4QA6000915BF_all.html,2005年10月11日。

梁爽:《腾讯QQ你做得太绝了》,计算机世界网:http://chengdu.ccw.com.cn/it/08/06_20_3.asp,2008年6月20日。

王瑞斌:《明天我们将怎样聊天:IM2.0的魅力和狂迷》,http://blog.sina.com.cn/s/blog_53f36050010006s9.html,2007年1月18日。

志翔编译:《Twitter发展简史:从纸上创意到10亿美元估值》,新浪科技:http://tech.sina.com.cn/i/2009-10-01/00483483052.shtml,2009年10月1日。

英文文献:

Aiken, L. R. (2003). *Psychological Testing and Assessment* (11th ed.). Boston, MA: Allyn & Bacon.

Allport, G. W. & Odbert, H. S. (1936). Trait Names: A Psycho-lexical

Study. *Psychological Monographs*, 47 (1), 1—211.

Anderson, N. H. (1981). *Foundations of Information Integration Theory*. New York: Academic Press.

Anderson, N. H. (2001). *Empirical Direction in Design and Analysis*. Mahwah, NJ: Erlbaum.

Asch, S. E. (1946). Forming Impressions of Personality. *Journal of Abnormal and Social Psychology*, 41, 258—290.

Axelrod, R. (1973). Schema Theory: An Information Processing Model of Perception and Cognition. *The American Political Science Review*, 67 (4), 1248—1266.

Barnes, S. B. (2003). *Computer-mediated Communication: Human-to-human Communication across the Internet*. Boston, MA: Allyn & Bacon.

Berger, C. R. (1979). Beyond Initial Interaction: Uncertainty, Understanding, and the Development of Interpersonal Relationships. In H. Giles & R. St. Clair (Eds.), *Language and Social Psychology* (pp. 122—144). Oxford: Blackwell.

Berger, C. R. (1986). Uncertain Outcome Values in Predicted Relationships: Uncertainty Reduction Theory then and Now. *Human Communication Research*, 13, 34—38.

Berger, C. R. (2005). Interpersonal Communication: Theoretical Perspectives, Future Prospects. *Journal of Communication*, 55, 415—447.

Berger, C. R. & Calabrese, R. J. (1975). Some Explorations in Initial Interaction and Beyond: Toward A Developmental Theory of Interpersonal Communication. *Human Communication Research*, 1, 99—112.

Berger, C. R., Gardner, R. R., Parks, M. R., Schulman, L. & Miller, G. R. (1976). Interpersonal Epistemology and Interpersonal Communication. In G. R. Miller (Ed.), *Explorations in Interpersonal Communication* (pp. 149—171). Beverly Hills, CA: Sage.

Burgoon, J. K. (1985). The Relationship of Verbal and Nonverbal Codes. In B. Dervin & M. J. Voight (Eds.), *Progress in Communication Sciences: Vol. 6* (pp. 263—298). Norwood, NJ: Ablex Publishing.

Burgoon, J. K. (1994). Nonverbal Signals. In M. L. Knapp & G. R. Miller (Eds.), *Handbook of Interpersonal Communication* (pp. 344—390). Beverly

Hills, CA: Sage.

Burgoon, J. K., Bonito, J. A., Bengtssen, B., Ramirez, A., Jr., Dunbar, N. & Miczo, N. (2000). Testing the Interactivity Model: Communication processes, Partner Assessments, and the Quality of Collaborative Work. *Journal of Management Information Systems*, 16, 35—38.

Burgoon, J. K., Buller, D. B., Dillman, L. & Walther, J. B. (1995). Interpersonal Deception. IV: Effects of Suspicion on Perceived Communication and Nonverbal Behavior Dynamics. *Human Communication Research*, 22 (2), 163—196.

Burgoon, J. K., Bonito, J. A., Ramirez, A., Jr., Dunbar, N. E., Kam, K. & Fischer, J. (2002). Testing the Interactivity Principle: Effects of Mediation, Propinquity, and Verbal and Nonverbal Modalities in Interpersonal Interaction. *Journal of Communication*, 52, 657—677.

Burgoon, J. K. & Hale, J. L. (1984). The Fundamental Topoi of Relational Communication. *Communication Monographs*, 51, 193—214.

Burgoon, J. K. & Hale, J. L. (1987). Validation and Measurement of the Fundamental Themes of Relational Communication. *Communication Monographs*, 54, 19—41.

Burgoon, J. K. & Le Poire, B. A. (1993). Effects of Communication Expectancies, Actual Communication, and Expectancy Disconfirmation on Evaluations of Communicators and Their Communication Behavior. *Human Communication Research*, 20, 67—96.

Burgoon, J. K. & Saine, T. (1978). *The Unspoken Dialogue: An Introduction to Nonverbal Communication*. Boston: Houghton Miffin.

Burgoon, J. K. & Walther, J. B. (1990). Nonverbal Expectancies and the Evaluative Consequences of Violations. *Human Communication Research*, 17, 232—265.

Cattell, H. E. P. (2001). The Sixteen Personality Factor (16PF) Questionnaire. In W. I. Dorfman & M. Hersen (Eds.), *Understanding Psychological Assessment* (pp. 187—215). New York: Plenum.

Chovil, N. (1991). Functions of Facial Displays. *Journal of Nonverbal Behavior*, 15, 141—154.

Clark, H. H. (1996). *Using Language*. Cambridge, UK: Cambridge University Press.

Collins, A. M. & Loftus, E. F. (1975). A Spreading Activation Theory of Semantic Processing. *Psychological Review*, 82, 407—428.

Constantin, C., Kalyanaraman, S., Stavrositu, C. & Wagoner, N. (2002). To Be or Not to Be Emotional: Impression Formation Effects of Emoticons in Moderated Chatrooms. Paper Presented at the Communication Technology and Policy Division at the 85th Annual Convention of the Association for Education in Journalism and Mass Communication (AEJMC), Miama, Fl, August.

Costa, P. T., Jr. & McCrae, R. R. (1992). *Revised NEO Personality Inventory (NEO-PI-R) and NEO Five-Factors Inventory (NEO-FFI) Professional Manual*. Odessa, FL: Psychological Assessment Resources.

Costa, P. T., Jr. & McCrae, R. R. (1998). The Revised NEO Personality Inventory (NEO-PI-R). In S. R. Briggs, J. M. Cheek & E. M. Donahue (Eds.). *Handbook of Adult Personality Inventories*. New York: Plenum.

Crystal, D. (2001). *Language and the Internet*. Cambridge: Cambridge University Press.

Culnan, M. J. & Markus, M. L. (1987). Information Technologies. In F. M. Jablin, L. L. Putnam, K. H. Roberts & L. W. Porter (Eds.), *Handbook of Organizational Communication: An Interdisciplinary Perspective* (pp. 420—443). Newbury Park, CA: Sage.

Daft, R. L. & Lengel, R. H. (1984). Information Richness: A New Approach to Managerial Information Processing and Organizational Design. In L. L. Cummings & B. M. Staw (Eds.), *Research in Organizational Behavior* (pp. 191—234). Greenwich, CT: JAI Press.

Daft, R. L. & Lengel, R. H. (1986). Organizational Information Requirement, Media Richness and Structural Determinants. *Management Science*, 32, 554—571.

DeAndrea, D. C. & Walther, J. B. (2011). Attributions for Inconsistencies between Online and Offline Self-presentations. *Communication Research*, 38(6), 805—825.

DeCoster, J. & Claypool, H. M. (2004). A Meta-analysis of Priming effects on Impression Formation Supporting A General Model of Information Biases. *Personality and Social Psychology Review*, 8(1), 2—27.

DePaulo, B. M. & Jordan, A. (1982). Age Changes in Deceiving and Detecting Deceit. In R. S. Feldman (Ed.), *Development of Nonverbal Behavior in Children* (pp. 151—180). New York: Springer-Verlag.

Derks, D., Bos, A. E. R. & Von Grumbkow, J. (2007). Emoticons and Social Interaction on the Internet: The Importance of Social Context. *Computers in Human Behavior*, 23, 842—849.

Derks, D., Fischer, A. H. & Bos, A. E. R. (2008). The Role of Emotion in Computer-mediated Communication: A Review. *Computers in Human Behavior*, 24, 766—785.

DeSanctis, G. & Gallupe, R. B. (1987). A Foundation for the Study of Group Decision Support Systems, *Management Science*, 33(5), 589—609.

DeVito, J. A. (2004). *The Interpersonal Communication Book* (10th ed.). Boston: Allyn & Bacon.

Dubrovsky, V. J., Kiesler, S. & Sethna, B. N. (1991). The Equalization Phenomenon: Status Effects in Computer-mediated and Face-to-face Decision-making Group. *Human Computer Interaction*, 6, 119—146.

Ekman, P., Friesen, W. V., O'Sullivan, M. & Scherer, K. (1980). Relative Importance of Face, Body, and Speech in Judgments of Personality and Affect. *Journal of Personality and Social Psychology*, 38, 270—277.

Fiske, S. T. & Taylor, S. E. (1984). *Social Cognition*. Reading, MA: Addison-Wesley.

Fulk, J., Schmitz, J. A. & Schwarz, D. (1992). The Dynamics of Context Behaviour Interactions in Computer-mediated Communication. In M. Lea (Ed.), *Context of Computer mediated Communication* (pp. 7—29). London: Harvester-Wheatsheaf.

Glaser, B. G. & Strauss, A. L. (1967). *The Discovery of Grounded Theory: Strategies for Qualitative Research*. Chicago: Aldine.

Goffman, E. (1969). *The Presentation of Self in Everyday Life*. London: Allen Lane, Penguin Press.

Goffman, E. (1974). *Frame Analysis: An Essay on the Organization of Experience*. New York: Harper & Row.

Goffman, E. (1981). *Forms of Talk*. Philadelphia, PA: University of Pennsylvania Press.

Goffman, E. (1983). The Interaction Order: American Sociological Association, 1982 Presidential Address. *America Sociological Review*, 48(1), 1—17.

Gonzales, A. L. & Hancock, J. T. (2011). Mirror, Mirror on My Facebook Wall: Effects of Exposure to Facebook on Self-esteem. *Cyberpsychology, Behavior, and Social Networking*, 14, 79—83.

Hancock, J. T. & Dunham, P. J. (2001). Impression Formation in Computer-mediated Communication Revisited: An Analysis of the Breadth and Intensity of Impressions. *Communication Research*, 28 (3), 325—347.

Hancock, J. T. & Toma, C. L. (2009). Putting Your Best Face Forward? The Accuracy of Online Dating Photographs. *Journal of Communication*, 59, 367—386.

Herr, P. M., Sherman, S. J. & Fazio, R. H. (1983). On the Consequences of Priming: Assimilation and Contrast Effects. *Journal of Experimental Social Psychology*, 19(4), 323—340.

Hesse, B. W., Werner, C. M. & Altman, I. (1988). Temporal Aspects of Computer-mediated Communication. *Computers in Human Behavior*, 4, 147—165.

Higgins, E. T., Bargh, J. A. & Lombardi, W. J. (1985). The Nature of Priming Effects on Categorization. *Journal of Experimental Psychology: Learning, Memory, and Cognition*, 11(1), 59—69.

Higgins, E. T., Rholes, W. S. & Jones, C. R. (1977). Category Accessibility and Impression Formation. *Journal of Experimental Social Psychology*, 13(1), 141—154.

Hiltz, S. R., Johnson, K. & Turoff, M. (1986). Experiments in Group Decision Making: Communication Processes and Outcome in Face-to-Face Versus Computerized conferences. *Human Commnunication Research*, 13(2), 225—252.

Hiltz, S. R. & Turoff, M. (1978). *The Network Nation*. Reading, MA: Addison-Wesley.

Jacobson, D. (1999). Impression Formation in Cyberspace: Online Expectations and Offline Experiences in Text-based Virtual Communities. *Journal of Computer-Mediated Communication*, 5(1).

Jacobson, D. (2001). Presence Revisited: Imagination, Competence, and Activity in Text-based Virtual Worlds. *CyberPsychology & Behavior*, 4(6),

653—673.

Jones, E. E. (1990). *Interpersonal Perception*. New York: W. H. Freeman.

Jones, S. G. (1995). Understanding Community in the Information Age. In S. G. Jones(Ed.), *CyberSociety: Computer-mediated Communication* (pp. 10—35). Thousand Oaks, CA: Sage.

Kiesler, S. (1986). The Hidden Messages in Computer Nerwork. *Harvard Business Review*, 64, pp. 46—54, 58—60.

Kiesler, S., Siegel, J. & McGuire, T. W. (1984). Social Psychological Aspects of Computer-mediated Communication. *American Psychologist*, 39, 1123—1134.

Kiesler, S., Zubrow, D., Moses, A. M. & Geller, V. (1985). Affect in Computer-mediated Communication: An Experiment in Synchronous Terminal-to-terminal Discussion. *Human Computer Interaction*, 1, 77—104.

Lea, M., O'Shea, T., Fung, P. & Spears, R. (1992). "Flaming" in Computer-mediated Communication. In M. Lea (Ed.), *Contexts of Computer Mediated Communication* (pp. 89—112). Hemel Hempstead: Harvester-Wheatsheaf.

Lea, M. & Spears, R. (1991). Computer-mediated Communication, De-individuation and Group Decision-making. *International Journal of Man-Machine Studies*, 39, 283—301.

Lea, M. & Spears, R. (1992). Paralanguage and Social Perception in Computer-mediated Communication. *Journal of Organizational Computing*, 2, 321—341.

Lea, M. & Spears, R. (1995). Love at First Byte? Building Personal Relationships over Computer Networks. In J. T. Wood & S. Duck (Eds.) *Understudied: Relationship: Off the Beaten Track* (pp. 197—233). Thousand Oaks, CA: Sage.

Lea, M., Spears, R. & de Groot, D. (2001). Knowing Me, Knowing You: Anonymity Effects on Social Identity Processes within Groups. *Personality & Social Psychology Bulletin*, 27, 526—537.

Lea, M., Rogers, P. & Postmes, T. (2002). SIDE-VIEW: Evaluation of A System to Develop Team Players and Improve Productivity in Internet Collaborative Groups. *British Journal of Educational Technology*, 33(1), 53—64.

Lee, V. & Wagner, H. (2002). The Effect of Social Presence on the Facial and Verbal Expression of Emotion and the Interrelationships among Emotion Components. *Journal of Nonverbal Behavior*, 26(1), 3—25.

Levine, T. R., Anders, L. N., Banas, J., Baum, K. L., Endo, K., Hu, A. D. S. & Wong, N. C. H. (2000). Norms, Expectations, and Deception: A Norm Violation Model of Veracity Judgments. *Communication Monographs*, 67, 123—137.

Lincoln, Y. S. & Guba, E. G. (1985). *Naturalistic Inquiry*. Beverly Hills, CA: Sage.

Liu, Y. L., Ginther, D. & Zelhart, P. (2002). An Exploratory Study of the Effects of Frequency and Duration of Messaging on Impression Development in Computer-Mediated Communication. *Social Science Computer Review*, 20(1), 73—80.

Markey, P. M. & Wells, S. M. (2002). Interpersonal Perception in Internet Chat Rooms. *Journal of Research in Personality*, 36, 134—146.

Martin, L. L. (1986): Set/Reset: Use and Disuse of Concepts in Impression Formation. *Journal of Personality and Social Psychology*, 51(3), 493—504.

Matheson, K. (1991). Social Cues in Computer-mediated Negotiations: Gender Makes A Difference. *Computers in Human Behavior*, 7, 137—145.

Matheson, K. & Zanna, M. P. (1988). The Impact of Computer-mediated Communication on Self-awareness. *Social Science Computer Review* (Special Issue: Computing: Social and Policy Issues), 8, 1—12.

McCrae, R. R. & Costa, P. T., Jr. (1986). Clinical Assessment Can Benefit from Recent Advances in Personality Psychology. *American Psychologist*, 41, 1001—1003.

McKenna, K. Y. A. & Bargh, J. A. (1999). Causes and Consequences of Social Interaction on the Internet: A Conceptual Framework. *Media Psychology*, 1, 249—269.

McKenna, K. Y. A. & Bargh, J. A. (2000). Plan 9 from Cyberspace: The Implications of the Internet for Personality and Social Psychology. *Personality and Social Psychology Review*, 4, 57—75.

McKenna, K. Y. A., Green, A. S. & Gleason, M. E. J. (2002). Relationship Formation on the Internet: What's the Big Attraction? *Journal of Social*

Issues, 58(1), 9—31.

Moskowitz, G. B. & Skurnik, I. W. (1999). Contrast Effects as Determined by the Type of Prime: Trait Versus Exemplar Primes Initiate Processing Strategies That Differ in How Accessible Constructs Are Used. *Journal of Personality & Social Psychology*, 76(6), 911—927.

Mutton, P. (2005). *IRC Hacks*. Cambridge, MA: O'Reilly.

Newhagen, J. E. & Rafaeli, S. (1996). Why Communication Researchers Should Study the Internet: A Dialogue. *Journal of Communication*, 46(1), 4—13.

Nisbett, R. E. & Bellows, N. (1977). Verbal Reports about Causal Influences on Social Judgments: Private Access vs. Public Theories. *Journal of Personality and Social Psychology*, 35, 613—624.

Noller, P. (1980). Misunderstandings in Marital Communication: A Study of Couples' Nonverbal Communication. *Journal of Personality and Social Psychology*, 39, 1135—1148.

Noller, P. (1985). Video Primacy: A Further Look. *Journal of Nonverbal Behavior*, 9, 28—47.

Osgood, C. E., Suci, G. J. & Tannenbaum, P. H. (1957). *The Measurement of Meaning*. Urbana: University of Illinois Press.

Parks, M. R. & Floyd, K. (1996). Making Friends in Cyberspace. *Journal of Communication*, 46(1), 80—97.

Peters, J. D. (1989). Democracy and American Mass Communication Theory: Dewey, Lippmann, Lazarsfeld. Communication, 11, 199—220.

Plutchik, R. (1983). *Foundations of Experimental Research* (3rd ed.). Cambridge, MA: Harper and Row.

Poole, M. S. & DeSanctis, G. (1992). Microlevel Structuration in Computer-supported Decision Making. *Human Communication Research*, 18(1), 5—49.

Postmes, T. (1997). Social Influences in Computer-mediated Groups. Ph. D. thesis. Amsterdam: University of Amsterdam.

Postmes, T., Spears, R. & Lea, M. (1998). Breaching or Building Social Boundaries? SIDE Effects of Computer-mediated Communication. *Communication Research*, 25(6), 689—715.

Postmes, T., Spears, R. & Lea, M. (1999). Social Identity, Group

Norms, and "Deindividuation": Lessons from Computer-mediated Communication for Social Influence in the Group. In N. Ellemers, R. Spears & B. Doosje (Eds.), *Social Identity: Context, Commitment, Content* (pp. 164—183). Oxford, UK: Blackwell.

Postmes, T., Spears, R. & Lea, M. (2000). The Formation of Group norms in Computer-mediated Communication. *Human Communication Research*, 26(3), 341—371.

Ramirez, Jr., Artemio. (2007). The Effect of Anticipated Future Interaction and Initial Impression Valence on Relational Communication in Computer-mediated Interaction. *Communication Studies*, 58(1), 53—70.

Reicher, S. D., Spears, R. & Postmes, T. (1995). A Social Identity Model of Deindividuation Phenomena. *European Review of Social Psychology*, 6, 161—198.

Reicher, S. D., Levine, M. & Gordijn, E. (1998). More on Deindividuation, Power Relations between Groups and the Expression of Social Identity: Three Studies on the Effects of Visibility to the In-group. *British Journal of Social Psychology*, 37, 15—40.

Reid, E. (1995). Virtual Worlds: Culture and Imagination. In S. G. Jones (Ed.), *CyberSociety: Computer-mediated Communication* (pp. 164—183). Thousand Oaks, CA: Sage.

Rezabek, L. L. & Cochenour, J. J. (1998). Visual Cues in Computer-mediated Communication: Supplementing Text with Emoticons. *Journal of Visual Literacy*, 18, 201—215.

Rheingold, H. (1993). *The Virtual Community: Homesteading on the Electronic Frontier*. Reading, MA: Addison-Wesley.

Rice, R. E. (1984). Mediated Group Communication. In R. E. Rice & Associates (Eds.), *The New Media: Communication, Research, and Technology* (pp. 129—156). Beverly Hills, CA: Sage.

Rice, R. E. (1990). Computer-mediated Communication System Network Data: Theoretical Concerns and Empirical Examples. *International Journal of Man-Machine Studies*, 30, 1—21.

Rice, R. E. (1993). Media Appropriateness: Using Social Presence Theory to Compare Traditional and New Organizational Media. *Human Communication*

Research, 19(4), 451—484.

Rice, R. E. & Case, D. (1983). Electronic Message Systems in the University: A Description of Use and Utility. *Journal of Communication*, 33(1), 131—152.

Rice, R. E. & Love, G. (1987). Electronic Emotion: Socioemotional Content in A Computer-mediated Network. *Communication Research*, 14, 85—108.

Rice, R. & Shook, D. (1990). Relationships of Job Categories and Organizational Levels to Use of Communication Channels, Including Electronic Mail: A Meta-analysis and Extension. *Journal of Management Studies*, 27, 195—229.

Rogers, P. & Lea, M. (2005). Social Presence in Distributed Group Environments: The Role of Social Identity. *Behavior & Information Technology*, 24(2), 151—158.

Rosenberg, M. (1979). *Conceiving the Self*. New York: Basic Books.

Rosenberg, S. & Sedlak, A. (1972). Structural Representations of Implicit Personality Theory. In B. Leonard (Ed.), *Advances in Experimental Social Psychology* (pp. 235—297). New York: Academic Press.

Rutter, D. R. (1987). *Communicating by Telephone*. Oxford, UK: Pergamon.

Rutter, D. R. & Stephenson, G. M. (1977). The Role of Visual Communication in Synchronizing Conversation. *European Journal of Social Psyclology*, 2, 29—37.

Rutter, D. R. & Stephenson, G. M. (1979). The Role of Visual Communication in Social Interaction. *Current Anthropology*, 20, 124—125.

Sanderson, D. W. (1993). *Smileys*. Sebastopol, CA: O'Reilly.

Shiu, E. & Lenhart, A. (2004). *How Americans Use Instant Messaging*. Washington. D. C.: PEW Internet & American Life Project.

Short, J., Williams, E. & Christie, B. (1976). *The Social Psychology of Telecommunication*. London: Wiley.

Siegel, J., Dubrovsky, V., Kiesler, S. & McGuire, T. W. (1986). Group Process and Computer-mediated Communication. *Organizational Behavior and Human Decision Processes*, 37, 157—187.

Skowronski, J. J. & Carlston, D. E. (1989). Negativity and Extremity Biases in Impression Formation: A Review of Explanations. *Psychological Bulletin*,

105(1), 131—142.

Smith, E. R. & DeCoster, J. (1998). Knowledge Acquisition, Accessibility, and Use in Person Perception and Stereotyping: Simulation with A Recurrent Connectionist Network. *Journal of Personality and Social Psychology*, 74(1), 21—35.

Smyth, J. M. (1998). Written Emotional Expression: Effect Sizes Outcome types, and Moderating Variables. *Journal of Consulting and Clinical Psychology*, 66, 174—184.

Snyder, M., Tanke, E. D. & Berscheid, E. (1977). Social Perception and Interpersonal Behavior: On the Self-fulfilling Nature of Social Stereotypes. *Journal of Personality and Social Psychology*, 35, 656—666.

Spears, R. & Lea, M. (1992). Social Influence and the Influence of the "Social" in Computer-mediated Communication. In M. Lea (Ed.), *Contexts of Computer-mediated Communication* (pp. 30—65). Hemel-Hempstead: Harvester-Wheatsheaf.

Spears, R. & Lea, M. (1994). Panacea or Panopticon? The Hidden Power in Computer-mediated Communication. *Communication Research*, 21, 427—459.

Spears, R., Lea, M., Corneliussen, R. A., Postmes, P. & Ter Haar, W. (2002). Computer-mediated Communication as A Channel for Social Resistance: The Strategic Side of SIDE. *Small Group Research*, 33(5), 555—574.

Sproull, L. & Kiesler, S. (1986). Reducing Social Context Cues: Electronic Mail in Organizational Communication. *Management Science*, 32, 1492—1512.

Sproull, L. & Kiesler, S. (1991). *Connections: New Ways of Working in the Networked Organization*. Cambridge, MA: MIT Press.

Srull, T. K. & Wyer, R. S. (1979). The Role of Category Accessibility in the Interpretation of Information about Persons: Some Determinants and Implications. *Journal of Personality & Social Psychology*, 37(10), 1660—1672.

Srull, T. K. & Wyer, R. S. (1980). Category Accessibility and Social Perception: Some Implications for the Study of Person Memory and Interpersonal Judgments. *Journal of Personality and Social Psychology*, 38(6), 841—856.

Srull, T. K. & Wyer, R. S. (1989). Person Memory and Judgment. *Psychological Review*, 96(1), 58—83.

Sunnafrank, M. (1986). Predicted Outcome Value During Initial Interactions: A Reformulation of Uncertainty Reduction Theory. *Human Communication Research*, 13(1), 3—33.

Tanis, M. & Postmes, T. (2003). Social Cues and Impression Formation in CMC. *Journal of Communication*, 53, 676—693.

Taylor, S. E., Peplau, L. A. & Sears, D. O. (2004). *Social Psychology* (11th ed.). Beijing: Peking University Press.

Tidwell, L. C. & Walther, J. B. (2002). Computer-mediated Communication Effects on Disclosure, Impressions, and Interpersonal Evaluations: Getting to Know One Another A Bit at A Time. *Human Communication Research*, 28(3), 317—348.

Turkle, S. (1997). *Life on the Screen: Identity in the Age of the Internet*, New York: Simon & Schuster.

Turkle, S. (2005). *The Second Self: Computers and the Human Spirit* (*Twentieth Anniversary Edition*), The MIT Press.

Walther, J. B. (1992). Interpersonal Effects in Computer-mediated Interaction: A Relational Perspective. *Communication Research*, 19(1), 52—90.

Walther, J. B. (1993). Construction and Validation of A Quantitative Measure of Impression Development. *Southern Communication Journal*, 59, 27—33.

Walther, J. B. (1993). Impression Development in Computer-mediated Interaction. *Western Journal of Communication*, 57, 381—398.

Walther, J. B. (1994). Anticipated Ongoing Interaction Versus Channel Effects on Relational Communication in Computer-mediated Interaction. *Human Communication Research*, 20(4), 473—501.

Walther, J. B. (1995). Relational Aspects of Computer-mediated Communication: Experimental Observations Over Time. *Organizational Science*, 6, 186—203.

Walther, J. B. (1996). Computer-mediated Communication: Impersonal, Interpersonal and Hyperpersonal Interaction. *Communication Research*, 23(1), 3—43.

Walther, J. B. (1997). Group and Interpersonal Effects in Interpersonal Computer-mediated Collaboration. *Human Communication Research*, 23(3), 342—369.

Walther, J. B. (2007). Selective Self-presentation in Computer-mediated

Communication: Hyperpersonal Dimensions of Technology, Language, and Cognition. *Computers in Human Behavior*, 23, 2538—2557.

Walther, J. B., Anderson, J. F. & Park, D. W. (1994). Interpersonal Effects in Computer-mediated Interaction: A Meta-analysis of Social and Antisocial Communication. *Communication Research*, 21(4), 460—487.

Walther, J. B. & Burgoon, J. K. (1992). Relational Communication in Computer-mediated Communication. *Human Communication Research*, 19(1), 50—88.

Walther, J. B. & D'Addario, K. P. (2001). The Impacts of Emoticons on Message Interpretation in Computer-mediated Communication. *Social Science Computer Review*, 19, 324—347.

Walther, J. B., Gay, G. & Hancock, J. T. (2005). How Do Communication and Technology Researchers Study the Internet. *Journal of Communication*, 55(3), 632—657.

Walther, J. B., Slovacek, C. & Tidwell, L. C. (1994). Is A Picture Worth A Thousand Words? Photographic Imanges in Long Term Virtual Teams. *Communication Research*, 28(1),105—134.

Walther, J. B., Van der Heide, B., Kim, S. Y., Westerman, D. & Tong, S. T. (2008). The Role of Friends' Appearance and Behavior on Evaluations of Individuals on Facebook: Are We Known by the Company We Keep? *Human Communication Research*, 34(1), 28—U60.

Wegener, D. T. & Petty, R. E. (1995). Flexible Correction Processes in Social Judgment: The Role of Naive Theories in Corrections for Perceived Bias. *Journal of Personality & Social Psychology*, 68(1), 36—51.

Williams, E. (1977). Experimental Comparisons of Face-to-face and Mediated Communication: A Review. *Psychological Bulletin*, 84(5), 963—976.

Wimmer, R. D. & Dominick, J. R. (2003). *Mass Media Research: An Introduction*(7th ed.). Belmont: Wadsworth.

Wolf, A. (2000). Emotional Expression Online: Gender Differences in Emotion Use. *CyberPsychology and Behavior*, 3(5), 827—833.

Wyer, R. S., Swan, S. & Gruenfeld, D. H. (1995). Impression Formation in Informal Conversations. *Social Cognition*, 13(3), 243—272.

后　　记

　　转眼离本书初稿的完成已经过去了七年。尽管后来有幸获得了 2012 年度全国百篇优秀博士学位论文提名,但研究仍有不少遗憾之处,时时如鲠在喉,于是终于下定决心进行了一次大规模的修订。

　　这次修订的一个最主要的改动,是弥补了初稿在"本研究的不足"部分提到的实验被试数量偏少的问题。严格来说,这算是一个"硬伤",故而笔者早在初稿完成之后就开始着手以满足大数定律要求的足额被试重新实施实验,最终获得了全新的数据进行分析,实验中的图表也几乎都因此而全部更新。所以,特别需要提醒读者的是,所有的研究结论都应以本次修订为准。

　　第二个比较大的改动是在网络人际传播技术形态发展趋势和作为预研究的访谈调查部分,补入了近年来迅速崛起并广泛普及的两大平台:SNS 和微博。2010 年号称"微博元年",而 2012 年微信朋友圈的推出也使得 SNS 成为在中国网民中最为普及的移动应用之一。这使得我们绝对无法将其排除在本书的研究范围之外。

　　第三个改动是在文献回顾中补充了近年来的相关研究论著,并对其中与本研究关联特别密切的论著进行了较为详细的介绍,一方面是再次检验本书成果的时效性,另一方面也为读者进行同类研究提供一个参考。

　　由于这次修订的缘故,本书向大家呈现的其实是一个从 2008 年一直延续到 2015 年的研究。可能这个研究持续时间对于网络媒介的演化周期而言实在是太长了一点,但笔者仍然希望研究能够提供给大家一些稍稍能经得起时间考验的东西。除此之外,本书包含了控制实验(单因素设计与多因素设计)、访谈与扎根理论分析、文献考据等多种量化和质性研究方法,因专著几乎不设篇幅限制,对方法设计均呈现得较为完整,可供对方法有兴趣的读者参详。

本书的核心部分第三、四、五章以及附录一的内容曾先后单独发表于《国际新闻界》2011年第2期和《新闻与传播研究》2012年第3期、2014年第1期、2016年第9期,并获得2012年度《新闻与传播研究》杂志"十佳"论文奖和首届全国新闻传播学优秀论文奖,在此对《新闻与传播研究》和《国际新闻界》表示诚挚的感谢。

就在本书即将付梓之际,儿子卡方已快满两周岁。那么,就让这本小书作为送给他的生日礼物吧。

张　放

2017年初冬

于成都锦江畔